I0818010

EL CORAZÓN DE AUSCHWITZ

DARCY LEE

EL CORAZÓN DE AUSCHWITZ

Una historia real
de amor y supervivencia

Traducción de
Ana Duque de Vega

PLAZA & JANÉS

Papel certificado por el Forest Stewardship Council®

Título original: *Das Herz von Auschwitz: Eine wahre Geschichte von Liebe und Überleben*
Primera edición: enero de 2026

Printed in Spain – Impreso en España

ISBN: 978-84-01-03785-6
Depósito legal: B-19619-2025

Compuesto en Comptex & Ass., S. L.

Impreso en Rodesa
Villatuerta (Navarra)

L 0 3 7 8 5 6

La historia de Genie y Feliks, ambos supervivientes del Holocausto, ha quedado reflejada en este libro por su nieta, Darcy Lee.

Darcy se ha basado principalmente en el relato oral que le contaron sus abuelos. Al trasladar lo que vivieron y lo que le transmitieron, también se consultaron archivos de audio de la misma Genie. Asimismo, se incluyó la información que se desprende de los diarios de Halina Nelken, la cuñada de Genie, quien estuvo con ella en Auschwitz.

Por esa razón no es posible demostrar todo lo que se describe en esta obra. Para proteger el derecho a la intimidad y la privacidad de ciertas personas fue necesario también modificar algunos datos y hechos aislados, como por ejemplo en el caso de la relación de la cuñada de Genie con un oficial de las SS. Por razones obvias, no hay constancia de ello, pero la familia cuenta con conocimientos fidedignos al respecto.

Índice

Prólogo
2008

Un día que iba por el jardín en busca de alguna aventura, bajo los pinos que se elevaban altos como torreones, recogí una piña con la mano y observé admirada sus escamas dispuestas en hileras. Estaba deslizando el pulgar sobre la afilada punta de una de ellas, cuando de pronto sentí una gota de lluvia cayendo justo sobre ese dedo. Alcé la vista hacia el cielo frunciendo el ceño. A lo lejos se estaban acumulando nubes oscuras.

Oí una voz familiar procedente de la casa. Mi madre estaba de pie en el umbral, con las manos apoyadas en las caderas. Su mensaje era inconfundible: vuelve a casa antes de que empiece a llover. Con la piña todavía en la mano, busqué desesperadamente un pretexto para poder quedarme. Pero ella empezó a contar en voz alta.

—Uno, dos, tres…

Involuntariamente, mi rostro se iluminó. Eché a correr hacia la casa, sorteando el cuerpo de mi madre en la entrada, para empezar a dar vueltas corriendo por el salón y la cocina en busca de un buen escondite. Uno en el que jamás pudiera encontrarme.

—… seis, siete…

Con el corazón desbocado, seguía buscando el escondrijo perfecto. De repente me encontré en la parte posterior de la casa, en un cuarto de invitados en el que casi nunca entraba nadie. Iba a arrastrarme para meterme debajo de la cama, pero no. Demasiado evidente. Giré sobre mí misma en busca de algo mejor.

—... ocho, nueve, diez...

Mis ojos se posaron en el armario y sonreí. Me planté de un salto ante sus puertas y las abrí. La nube de polvo que salió de su interior me hizo toser. Agitando las manos para apartar el polvo me metí dentro. Cerré las puertas y me oculté en la oscuridad. Me deslicé cada vez más hacia el fondo entre fundas de plástico llenas de ropa vieja.

—... quince, dieciséis...

Aparté algunos juguetes antiguos y me encogí todo lo que pude, buscando la manera de ocupar el hueco tras una caja. Por fin lo conseguí, tras moverla un poco, no sin esfuerzo. Satisfecha, me hice un ovillo rodeando las rodillas con los brazos.

—... dieciocho, diecinueve, ¡veinte!

Nunca me había escondido ahí dentro; seguramente tardaría una eternidad en encontrarme. Y en efecto así fue. Empecé a aburrirme y levanté la tapa de la caja de almacenaje dando un suspiro. Un fino haz de luz se colaba a través de la rendija entre las puertas, iluminando mis manos en algunos puntos. Dejé vagar la mirada hacia el fondo del armario, hasta que esta se posó en una caja de zapatos en un rincón, cubierta por una capa de polvo y telas de araña. Alargué la mano sigilosamente para hacerme con ella, mi madre no debía oírme. Sostuve la caja ante mis ojos y di un respingo. «NO ABRIR», podía leerse escrito en diagonal sobre la tapa, en gruesas letras negras, como un conjuro mágico. ¿Qué podría haber dentro? ¿Alimañas rastreras? ¿O un monstruo, encerrado allí por mi madre desde hacía años?

Ladeé la cabeza pensativa. Si había escrito aquel aviso, era por algo, y debería obedecer. Por otro lado...

Tenía que averiguarlo, no había remedio. La niña en mí ansiaba descubrir cosas nuevas, quería conocer un poco mejor el mundo que me rodeaba. ¿Debería Pandora abrir la caja?

Con manos temblorosas, levanté un poco la tapa, pero me detuve un momento. ¿Realmente quería saberlo? ¿Qué oscuros secretos se ocultarían en ella? ¿Y qué poder tendrían para cambiar quien yo creía ser? La caja estaba provocando mi espíritu travieso, como haciéndole cosquillas. No tendría que esperar mucho más. Mi inocente curiosidad le ganó la mano al miedo a lo desconocido.

Con el corazón en un puño y labios trémulos susurré para mí: «Allá voy».

Retiré la tapa por completo, y mi mirada se posó en un montón de fotos. Cogí la que estaba arriba del todo: mis abuelos cuando eran jóvenes en un trasatlántico a vapor. Di un suspiro de alivio y me relajé un poco. Habían emigrado de Polonia después de la guerra. Sacudí la cabeza de un lado a otro ante mi desbordante fantasía. El monstruo en aquel armario era un producto de mi imaginación. Ya más calmada, devolví la foto a su lugar y me dispuse a tapar la caja.

Pero justo en ese momento mis ojos se posaron sobre un objeto fuera de lo común. Extraje una pequeña bolsa de plástico y palpé su contenido. En su interior había un viejo y desgastado corazón de cuero. Lo examiné desde todos los ángulos. Eran dos trozos de cuero que presentaban una estrecha hendidura en el lugar donde se encontraban unidos, apenas visible debido a una pringosa capa de suciedad. Me temblaron los dedos al separarlos y abrir aquel corazón. El haz de luz iluminó dos pálidos rostros: uno de ellos besaba al otro, y ni siquiera las décadas que habían transcurrido desde que se tomara esa foto podía menoscabar la dicha que emanaba de la sonrisa de ambos. Entonces lo percibí: un amor que lo trascendía todo. Me quedé sin aliento, abrumada. Sentí cómo mi propio corazón se estremecía mientras sostenía ese pequeño objeto de cuero en la mano. ¿Qué tragedia podría haber hecho un amor tan fuerte? ¿Cómo había comenzado ese amor, y cómo me afectaba a mí?

Volví a dejar el corazón en la bolsita y aparté las fotos a un lado. Como por arte de magia ahora tenía otra foto en la mano. La expuse al rayo de luz. Un tatuaje: A26460. Y el antebrazo sobre el que se encontraba. Sobresaltada, dejé caer la foto, me golpeé la espalda con la caja de mayor tamaño tras la que me había escondido, y me desestabilicé por un instante.

Vacilé un poco antes de coger la siguiente foto. Recorrí con el pulgar la cara de mi abuela, de pie debajo de un arco con la inscripción «El trabajo os hará libres».

Desde el fondo de mi mente se abrieron camino a través de mi conciencia imágenes de mis libros de texto y la voz de mi maestra. Recordé lo que habíamos aprendido en la clase de historia sobre el Holocausto. En una mano sostenía la foto de mi abuela en Auschwitz, y en la otra el corazón de cuero. El pasado estaba a mi alcance, y sin embargo seguía sin comprender. ¿Qué tenía que ver mi familia con aquel horror? Me sentía como un pajarillo que sobrevolara su nido, pudiera verlo, pero no consiguiera llegar a él. Estaba tan ensimismada en la caja de zapatos y su siniestro contenido, que ni siquiera oí abrirse las puertas del armario.

Ahora una brillante luz lo inundaba todo. Me puse en pie y lentamente me volví hacia mi madre. Su sonrisa se esfumó al posar la vista sobre el corazón de cuero que tenía todavía en mi mano.

—¿Cómo has...? —Su voz se quebró.

Sus ojos delataban un dolor inefable. El trauma que había reprimido durante tantos años. Intentó parpadear para ahuyentar las lágrimas, pero yo hice como si no me diera cuenta. La miré con la esperanza, el anhelo, no, más bien la necesidad de saber, de comprender. ¿Qué me había estado ocultando durante tanto tiempo? Alargó la mano hacia mí con un quedo suspiro.

—Ven. Algún día tenías que enterarte. —Sonrió débilmente—. Tienes que saber que somos judíos.

Arrugué la frente, y ella se enjugó las lágrimas. Judíos. Pero eso era... imposible. Éramos católicos. Mis dedos aferraron con más fuerza el corazón de cuero, y pregunté:

—¿Qué significa esto?

Vimos juntas la película *La Lista de Schindler*, y mis lágrimas suscitaron más preguntas. Esa película había animado a mi abuela a contar su historia, explicó mi madre. Los secretos familiares habían estado guardados bajo llave para salir a la luz por primera vez cincuenta años después. La historia de mis abuelos era una que hablaba de música, amor y genocidio. Me enteré de que mi abuelo había recortado ese corazón del cuero de sus zapatos, y de cómo llegó de Dachau a Auschwitz. El amor de mis abuelos había comenzado con su boda en el gueto, y había resistido hasta el final de la guerra. También supe de otro amor, un amor prohibido entre un oficial de las SS y una muchacha judía. Fue un nazi, para el cual el amor fue más importante que su uniforme, quien salvó a mi tía abuela. Y por último, el tío de mi abuela y supuestamente un espía, el gerente de la cafetería, también aparecía en la película.

Al terminar de ver la película, sentí el peso de millones de personas asesinadas. Mis tías, tíos, sus primas, abuelos..., eran tantísimos. Noté una mano sobre el hombro, pero sacudí la cabeza de un lado a otro, incrédula.

—No te conté nada porque..., bueno, porque es un tema difícil de abordar. Noche tras noche pudiste oír los gritos de mi madre por toda la casa, ahora ya sabes por qué. Pero no quería que tú también sufrieras bajo esta carga —me susurró mi madre angustiada.

Le tomé la mano y cerré los ojos. Entonces noté algo posado sobre mi regazo, y mi vista se posó en una vieja foto de familia.

—Ahora somos su herencia —explicó con voz más firme.

Cogí la foto y examiné sus rostros. No los conocía, y sin embargo... Se me revolvió el estómago. Mi corazón empezó a acelerarse, como si deseara salírseme del pecho y rozarlos. Tenía la pregunta en la punta de la lengua, pero no llegué a formularla.

De alguna manera, ya sabía quiénes eran esas personas. Apreté los labios y aferré aún con más fuerza la foto.

—Es nuestra familia. A esas dos niñitas las dispararon en las alcantarillas al intentar huir del gueto. La mujer mayor en el medio fue secuestrada por los nazis y nunca regresó. A este de aquí le dispararon junto a esta hermosa mujer, y no sabemos qué fue de esta otra. Entonces...

—¡Basta! Ya lo he entendido. —Indignada, interrumpí a mi madre.

Siempre me había preguntado por qué nuestra familia era tan reducida. Ahora la respuesta a esa pregunta me daba escalofríos. Los nazis nos la habían arrebatado. Y su odio, que no conocía límites. Las palabras de mi madre seguían resonando en mis oídos: «Ahora somos su herencia». Sí, lo éramos. Me puse en pie y me llevé la foto de nuestra familia al pecho. Apreté la mano de mi madre con más fuerza y alcé la vista con la mirada perdida en aquel futuro que habían creado para nosotros.

Genie con la autora sobre el regazo, a quien le puso el nombre de Darcy.

El final
1945

Los rayos del sol bailaban entre las hojas. Se posaban deslumbrantes sobre los enormes troncos y en los patios, e incluso debían de sentirlos también las hormigas que avanzaban por el suelo. Qué absurdo. El sol incitaba cruel a la esperanza; su luz se desparramaba sin trabas sobre el mundo, tal como fluye la sangre.

Esa luz también debía de estar calentando sus botas ahora, pero no lo notaba. Tenían los pies congelados. Sus cuerpos ya solo eran piel y huesos que obedecían apenas a una voluntad apática. Muchos se habían dado por vencidos ante el frío glacial. Y ni los chillidos de los niños que sacudían los cuerpos de sus madres, ni los gritos que proferían los hombres sobre los miembros retorcidos de sus esposas, hicieron que se volviera a mirar. Había visto la mirada de la muerte en tantos ojos que reconocía sin temor a dudas cuándo alguien se hallaba al borde del abismo. Cuándo un corazón sucumbía a la constante lucha contra el hambre y el alma cedía al agotamiento.

Sin pensar extrajo aquella bala del tacón y la arrojó a un costado. De haber imaginado que sobreviviría, la habría conservado. Pero estaba convencida de que todos morirían de todas formas. Lo venía escuchando desde hacía años, y ahora finalmente lo creía. Por fin serían escuchadas sus últimas oraciones. Ni siquiera se inmutó cuando oyó el impacto de un cráneo al chocar contra una piedra, y apenas parpadeó cuando vio un cuerpo desplomarse destrozado. Los nazis la matarían de un disparo, como a todos los demás.

Seis años cara a cara frente a la muerte, y ahora al fin le tocaba a ella. Casi tuvo una sensación de solemnidad, sí, se entregaría a sus brazos de buena gana. Ni en una sola ocasión había cedido ante su llamada. Y a medida que los oficiales de las SS iban arrojando cada vez más cadáveres por encima del puente, ella iba aceptando su destino.

—Halina, no puedo seguir. No puedo más.

—Tienes que aguantar.

—No puedo, este debe ser el fin —dijo en un murmullo que quedó amortiguado bajo el estrépito de las botas y el ruido de los cuerpos al caer sobre el frío y duro suelo.

De no poder seguir caminando, la matarían. Solo esperaba que le dispararan en la cabeza y que todo acabara enseguida. Cuando se había contemplado tan a menudo cómo los cuerpos se retorcían y doblaban de dolor hasta que exhalaban su último aliento, uno acababa deseando para sí mismo no acabar así.

Con los ojos enturbiados por las lágrimas, alzó la vista hacia la hermana de su marido, al tiempo que volvía a oír a los guardas.

—*¡En marcha! ¡Adelante, en marcha!* —oyeron gritar en alemán desde el puente en su dirección.

—Ay, mi pequeña. Me temo que esto todavía no ha acabado.

Sin miedo a los dragones
1938

—¡No, no puedo! Tengo que practicar. Simplemente no lo entiendes.

—¡Claro que lo entiendo! Por favor, por favor, no me dejes sola con Jurek.

—Lo he oído.

Genie le hizo un guiño a su hermana pequeña, Halinka, de forma que su hermano no pudiera darse cuenta. Amaba a sus hermanos profundamente, pero se sentía unida de forma especial a Halinka. ¿Quién podría echárselo en cara? Genie había elegido incluso el nombre de su hermana cuando nació.

—*Tat*, ¿crees de veras que servirá? Este vestido no parece apropiado para que lo lleve Esther —dijo Genie dirigiéndose a su padre.

Alisó el vestido azul claro con estampado de puntos y se puso en pie para hacer que se balanceara de un lado a otro, mientras su padre retrocedía un paso con una sonrisa.

—Probablemente eso se deba a que esta noche no vas a representar a la reina Esther, cariño. Faltan un par de meses. Pero hoy…, esta noche celebraremos Yom Kipur. ¿No oyes las trompetas? Ven, siéntate. Quiero acabar de peinarte.

Halinka salió tambaleándose de la habitación; seguro que su hermana pequeña iba en busca de su madre. Mientras tanto, su hermano no se movió, sino que se quedó tirado en la cama. Dejó de jugar lanzando su pelota al aire, y le sacó la lengua a Genie. Ella le devolvió la mueca, mientras su padre se sentaba a su lado y empezaba a cepillar su pelo negro largo hasta la cintura.

Jurek simplemente estaba celoso. Genie había sido elegida entre todo el alumnado de secundaria para representar a la reina Esther en la obra de teatro escolar. ¡Pero si acababa de empezar la secundaria! Sería ella quien salvaría a todos los judíos, la heroína vitoreada.

Además, los amigos de Genie —Irina, Henka, Rutka y Mietek— también estarían allí para verla con aquel vestido increíblemente elegante y con una refulgente corona sobre el escenario. Bueno, Genie todavía tendría que hablar con Henka y Rutka para que convencieran a Mietek de que las acompañara. Era imprescindible que la viera en su papel de reina. Incluso era posible que le dejaran llevar la corona en su boda. Mietek le dedicaría aquella sonrisa de dientes torcidos, mientras sus rizos de color ámbar oscilaban de un lado a otro al jurarle amor eterno. Genie le devolvería la sonrisa, y todo eso ante los ojos de toda su familia...

—¡Eugenia!

Genie dio un respingo cuando Kogut se puso delante de ella con las manos en la cadera.

—Tienes catorce años, Eugenia. Ahora eres ya una jovencita, o sea que no deberías pasar tanto tiempo con tu padre. Y por cierto tú tampoco, Jurek. Sigo sin entender por qué os empeñáis en molestar a vuestro padre en su cámara. Pensaba que habíamos acordado que solo podríais estar aquí los sábados. Venga, yo acabaré de peinarte, y, cielo santo..., ¿quién te ha puesto ese ridículo vestido? —resopló Kogut.

—Lo eligió *tat*. ¿No te gusta?

—No.

Genie entrecerró los ojos, y dando un suspiro dejó que Kogut la empujara fuera de la habitación.

Kogut lanzó una última mirada rápida a Jurek, quien ya se estaba quejando a su padre de la criada, aunque solo consiguió que le reprendiera porque siempre la llamaba Kogut. Genie tuvo que reprimir una sonrisa. Kogut, «gallo», un apodo que encajaba bastante bien.

Genie no paraba de moverse mientras Kogut le trenzaba los cabellos. No le gustaba el cuarto de la criada porque era muy pequeño, pero así por lo menos evitaba que ella subiera a su dormitorio.

Cuando por fin Kogut acabó de recogerle el pelo en dos trenzas, Genie subió corriendo al primer piso. Sonriendo, miró la pared del fondo de su habitación, oculta tras sus muñecas y juguetes. No quedaba ni un centímetro libre en los estantes, y eso que solo mostraban parte de sus cosas.

Aunque Genie ya era mayor para eso, Kogut no había sido capaz de convencerla de que guardara todas aquellas cosas. Al fin y al cabo, las quería conservar para Halinka, todavía un poco demasiado pequeña para los preciosos juguetes y muñecas de Genie. Pero algún día le pertenecerían.

Genie se sentó en la cama y cogió una de sus muñecas preferidas, una de porcelana que le habían traído de Viena. Recorrió con las yemas de los dedos los ojos azules de cristal y sonrió. Para dormir solo necesitaba una muñeca cuando le asaltaba aquella pesadilla: que no conseguía entrar en el conservatorio. Tocar el piano lo era todo para ella, tanto que tenía la intención de dedicarse profesionalmente a ello. De poder pasar cada segundo de cada día sentada al piano, moriría feliz.

Genie oyó que Kogut la llamaba desde el salón. No pudo evitar poner los ojos en blanco, mientras devolvía la muñeca a su estante. Una vez en la escalera, se demoró todo lo que pudo, bajando lentamente cada escalón, de uno en uno. Cogió una manzana del frutero que había sobre la mesa de caoba y se dejó caer en el sofá. Mamá bailaba y cantaba como de costumbre al son de *Carmen*, ya ataviada con el vestido que había elegido para aquella noche y que Kogut contemplaba con admiración de camino a la cocina.

—¿No puedes dejar de cantar en tu perfecto alemán, y poner algo de música persa? Tengo que practicar para mi papel de la reina Esther —suplicó Genie.

—*«Tanzen will ich zu Eurer Ehr...»*.

Genie profirió un gemido, pero de un salto se acercó al piano en busca de consuelo por el hecho de que no hablaba alemán tan bien como su madre. Por otra parte, Genie no sabía por qué tenía que aprender ese idioma precisamente ahora.

Los rumores sobre la guerra eran para todos ellos un ruido de fondo casi constante. Ya durante todo 1938 había reinado la más pura paranoia. Sin embargo, todo iba bien. Los que se las daban de listos en la radio decían que Polonia no cedería el mar Báltico y que ganarían porque Alemania solo tenía tanques de cartón. Sin dejar de sonreír, decidieron sintonizar una emisora en la que sonaba Chopin, algo sin duda de mucho mejor gusto.

Precisamente estaba tocando uno de sus valses preferidos de este compositor, cuando Halinka se le echó encima. La arrancó de las teclas y la llevó a rastras junto al resto de la familia. Se rieron de Jurek, con su túnica de lino absurda, pero agacharon la cabeza cuando Kogut se volvió hacia ellas y les lanzó una mirada fulminante. Después rodeó a Jurek por los hombros con el brazo con aire protector y le condujo hacia el exterior por la puerta principal en pos de su madre.

Genie cogió de la mano a Halinka, y juntas siguieron a su hermano. Hasta que una amplia sonrisa las detuvo, una que ya no estaba enojada hacía rato.

—Venid aquí, mis niñas.

Halinka miró de forma inquisitiva a Genie, antes de seguir los pasos de su padre hasta el cenador. *Tat* tomó asiento, y ellas le imitaron. Era un anochecer precioso. La luz de las farolas iluminaba las flores de su pequeño paraíso. El cenador se hallaba en mitad de su jardín, y Genie sabía que si se subía a uno de los árboles sería capaz de avistar incluso el castillo de Wawel en la otra orilla del río. El bullicio de los festejos nocturnos era ya tan ruidoso que casi podía imaginarse al dragón de la leyenda resoplando sobre la colina, vigilando el castillo del que nunca se separaría.

—A ver, vosotras dos, no más bromas hoy. Es la celebración de Yom Kipur, tiempo de alegría. Por favor, no se lo hagáis pasar mal a Jadwiga. Trabajar para nuestra familia ya debe de resultar bastante difícil. Y dejad de llamarla Kogut, por lo menos cuando ella pueda oíros.

—¡Pero *tat*! No me deja estar contigo. Dice que soy demasiado mayor —se lamentó Genie.

—No digo que eso no sea cierto. Pero dejadnos disfrutar por lo menos esta noche, niños, jovencitas y adultos todos juntos. ¿Qué os parece mi propuesta, hijas?

Genie y Halinka asintieron encantadas, y su padre les dio a ambas un beso en la mejilla. Subió a Halinka a uno de sus brazos y con el otro rodeó a Genie por los hombros, mientras pasaban entre los arriates situados a ambos lados de la entrada principal. Y al salir a la calle, Genie se dio cuenta de que era verdad lo que había dicho su padre. Ahora ella también podía oír las trompetas.

Genie iba saludando a los tenderos agitando la mano durante el trayecto a través de las calles. Saludó a su panadero preferido, y él le devolvió una sonrisa. Cracovia era más una atracción turística que una moderna gran ciudad, por eso iba a la escuela en bicicleta. No era peligroso, y sus padres no podían llevarla porque estaban demasiado ocupados con su negocio.

Se apresuró para no llegar tarde. Kogut había tardado más

de lo normal en preparar el desayuno, muy a su pesar. Aunque su madre la había instruido en las principales tareas domésticas y en la cocina, todavía le costaba bastante. Mientras Genie conducía a lo largo del río no pudo evitar sonreír ante su serenidad. En la otra orilla se erigía el castillo de Wawel. Era hermoso, con sus torres de ladrillo, los tejados rojos y sus incontables ventanas. Pero hoy Genie no tenía tiempo para admirar la fortaleza. Pensó en la leyenda del dragón que habitaba en su interior. Se imaginaba una bestia salvaje cubierta de escamas que asomaba la cabeza por el hueco de la torre, con un ojo verde claro que la miraba fijamente. Con un leve estremecimiento, Genie pedaleó con más fuerza.

Al llegar al colegio saltó de la bicicleta y se unió a los demás jóvenes que avanzaban con premura hacia el enorme edificio. Se alegró al ver a Mietek acompañado de sus padres. Genie aparcó la bicicleta y fue hacia ellos.

—Buenos días, Mietek. ¿Has conseguido acabar la tarea de matemáticas?

—Por supuesto. ¿Tú no? ¿Por qué no me sorprende? Sabes, Genie, hay más materias aparte de la música. Tal vez deberías aplicarte un poco si quieres aprobar el primer año de secundaria —dijo Mietek con una sonrisa traviesa, al tiempo que le propinaba un suave codazo en las costillas. Genie le apartó la mano con fingida indignación.

—Mietek tiene razón. Te recuerdo que puedes venir cuando quieras a casa para estudiar juntos —dijo afectuosamente la madre de Mietek.

Ambas familias siempre habían estado muy unidas. A Genie le encantaban los padres de Mietek, a los que consideraba sus tíos. Por eso su boda sería verdaderamente especial.

—Gracias, tía. Pero creo que no tengo tiempo para eso. El año que viene me presento para entrar en el conservatorio. Y para ello tengo que practicar muchísimo. Por cierto, que mi padre me encargó deciros que pasarais por la tienda. Ya ha llegado el colchón nuevo —dijo Genie.

Los padres de Mietek asintieron antes de marcharse y despedirse agitando una mano.

En la puerta del colegio la estaba esperando su amiga.

—¡Hola, Genie! ¿Entramos?

—Por supuesto, Irena. ¿Has visto a Henka y Rutka?

—Ya han entrado. ¡Vamos!

Sorprendida, Genie miró de reojo a Mietek, quien la había cogido de la mano para entrar juntos en la clase.

Fue un día agotador. Retomar las clases tras las vacaciones de invierno siempre resultaba difícil. Todos los veranos pasaba dos meses con su familia en el balneario de Szczyrk, en los Cárpatos. En invierno no se quedaban tanto tiempo. Aunque le encantaba esquiar y le gustaba mucho su instructor de esquí Poldek Pfefferberg. Su madre nunca los acompañaba en invierno, y Halinka se lo tomaba muy mal. Genie tenía entonces que consolarla diciéndole que mamá quería que pasaran más tiempo con su *tat*.

Pero ahora Genie estaba impaciente por asistir a la clase de música. Tocaba el piano con sus amigas y cantaba en el coro. Al salir del colegio regresó rauda a casa para cenar con sus hermanos. Fueron todos a buscar a sus padres al despacho que tenían en la planta baja, cuando Kogut por fin acabó de preparar el chucrut.

Después de cenar Genie le susurró a Halinka que no debería contarles a los demás lo de su supuesto novio. Aunque todos sabían que Genie era la única que realmente podría tener novio en un futuro próximo, habría que mantener distraídos a sus padres de alguna manera.

Masculló en voz baja una disculpa y se levantó de puntillas de la mesa. Se sentó al piano de cola y acarició las teclas suavemente. Con un suspiro de alivio, apoyó el pie en el pedal izquierdo y empezó a tocar un vals. Lenta y concienzudamente, escuchando con los ojos cerrados. Su plan había funcionado, y no pudo evitar esbozar una sonrisa.

Sin embargo, parecía obvio que estaba condenada a una existencia difícil. Genie se sobresaltó cuando alguien la arrancó bruscamente del taburete del piano.

—Eugenia Gisela Wein. No eres tan lista como te crees. Primero los deberes.

Genie iba renegando mientras Kogut la llevaba a rastras a la planta superior.

Tras un par de horas tediosas, por fin le tocaba clase de piano. Su profesor insistía en los fragmentos complicados, y la elogiaba, al igual que todos sus profesores favoritos.

De pronto oyó la voz de su madre al teléfono, y dejó caer la cabeza. Tenía la esperanza de que su padre fuera consciente de lo tarde que era. Solo tenía clase de piano tres veces a la semana, no cada día. Por eso detestaba que la llamara para trabajar.

—Genie, querida. Ve a ayudar a tu padre con el trabajo. Te está esperado en el despacho —la llamó su madre.

Ella asintió intentando ocultar su decepción. Tras acompañar a su profesor hasta la puerta, regresó a hurtadillas para volver a sentarse al piano.

Sabía que últimamente habían entrado muchos encargos, y que su padre no tenía intención de molestarla. Era un letrado y había trabajado como abogado durante años. Sin embargo, tras la muerte de sus padres había heredado, junto a su hermano, la fábrica de muebles. Pero eso después de todo no era culpa suya. Simplemente quería tocar el piano. No para dar conciertos; simplemente por el placer de tocar. Esperaba que en el conservatorio pudieran comprenderla.

Siguió tocando, y como no volvieron a llamarla, consiguió relajarse. Sabía que podía considerarse afortunada de disfrutar de una infancia tan agradable: la suerte de contar con una familia en la que se podían hacer bromas unos a otros de la mañana a la noche, y a pesar de ello, bailar todos juntos después de cenar; la bendición de una magnífica casa con un piano de cola Bechstein, que podía tocar cuando le venía en gana; las risas alegres en compañía de amigos ante una buena comida; los recuerdos de tantas vacaciones familiares felices.

Tal vez la infancia de todo el mundo estaba concebida exactamente para eso: para mostrar cómo podía ser la vida antes de que se convirtiera en algo horrible, que nunca debería haber sucedido.

Manos cortadas
1939

El segundo curso de secundaria comenzó para Genie igual que el primero, con la única diferencia de que dedicaba aún más tiempo a tocar el piano, si es que eso era posible. La prueba de acceso al conservatorio era inminente. Era lo único que tenía en la cabeza, verdaderamente parecía que no hubiera nada más en su vida, al menos nada que fuera más importante.

Veía su futuro tan claro como su reflejo en el espejo. Estudiaría música y luego se casaría con Mietek. Probablemente se quedarían en Cracovia, cerca de sus familias. Después de todo, también quería ver crecer a Jurek y Halinka. Genie tenía tantos planes... Estaba impaciente por empezar por fin su propia vida.

Tenía la misma sensación que durante las largas horas esquiando con Poldek, su instructor. El momento en el que acababa de ponerse los esquís en lo alto de la pista. Sabía que los esquís la sostendrían. Solo tenía que dejarse caer.

—Genie, deja de soñar y ayúdame —rogó Jurek.

—No sería necesario que te ayudara nadie si no hubieras escogido un disfraz tan ridículo.

—¡No lo he elegido yo! Fueron mis amigos, y nos vestimos todos igual, o sea que no tenía elección.

—Siempre hay otra opción —replicó Genie perspicaz.

Le revolvió el pelo y luego se arrodilló para atarle los zapatos. Simultáneamente Kogut agarró a Genie por la cintura para ceñirle una ancha cinta marrón. Se estaban disfrazando para la fiesta de Purim. En apariencia ese año aquella celebración era especialmente importante, por lo menos su padre no se cansaba de repetirlo. Aunque no comprendía la razón, hacía ya tiempo que habían dejado de interesarle las conversaciones de los adultos y el rumbo de los acontecimientos en el mundo. Estaba demasiado ocupada con su propia vida.

—Y ahora abajo, los dos. Los invitados ya han llegado y solo están atendiéndolos Halinka y vuestra madre. Voy a rezar para que todo salga bien —dijo Kogut y luego apretó los labios en un gesto que denotaba preocupación.

—¿Por qué tenemos que celebrarlo primero aquí? ¿No puedo ir ya con mis amigos? —se lamentó Jurek.

Genie frunció el ceño y se hizo a un lado para que Kogut pudiera reprender a su hermano.

—Jurek Wein. Purim es la más alegre de nuestras celebraciones. Si estudiaras la Torá como Eugenia, lo sabrías. Y no tenía la intención de hacerte un cumplido, de modo que no te muestres tan orgullosa —prosiguió sin hacer una pausa, dirigiéndose a Genie.

La sonrisa de esta se esfumó al instante. Kogut dispuso sus largos cabellos por detrás de los hombros y le colocó la cofia de modo que le cubriera la línea de nacimiento del pelo.

—Me alegro de que hoy te hayas disfrazado de reina Esther. Primero porque no he tenido que buscarte un vestido nuevo, y segundo porque es muy importante para estos tiempos de tribulación. No te olvides, Genie, de que hoy celebramos que nuestros antepasados sobrevivieron. La celebración de Purim sirve como conmemoración y para que nuestro *chuzpe*, nuestra audacia, preserven nuestra cultura. Da igual lo que intenten. Las amenazas son solo palabras vacías. Sobreviviremos de todos modos, independientemente de lo que hagan…

Jurek miró de forma inquisitiva a Genie, pero ella se limitó a encogerse de hombros. Kogut siempre hablaba con acertijos. Genie agarró a Jurek por el brazo y juntos bajaron las escaleras.

Tat se sentó al piano y, como de costumbre, empezó a tocar mientras mamá cantaba en alemán. La casa estaba llena de gente, y Genie se llevó a rastras a Jurek en busca de la única persona a la que quería encontrar. Por fin vislumbró a Mietek de pie, al lado de su padre, viéndole tocar.

Dejó a Jurek con Halinka y fue hacia él. Él le rodeó los hombros con un brazo y susurró:

—Mi reina...

Genie se ruborizó. Apartó la vista cuando su padre se volvió hacia ella con curiosidad. De repente Genie notó que alguien la cogía de los dedos. Mietek le hizo una seña con la cabeza a Genie para que le siguiera. Pero con su mano en la de ella, ni siquiera habría necesitado pedírselo.

Él la guio a través de la fiesta. Se abrieron paso zigzagueando entre los adultos, que charlaban y reían animadamente. La mayoría de ellos tenía una bebida en la mano, y Genie intentó no chocar con nadie. Por fin consiguieron llegar hasta la puerta, y Mietek la abrió.

Avanzaron despacio por el jardín, hasta llegar al pequeño cenador. Mietek le soltó la mano a Genie mientras se sentaban en el banco de madera.

—¿Qué te parece la fiesta? —preguntó Mietek.

Genie se acercó discretamente a él mientras se encogía de hombros. Jamás lo admitiría, esperaba ansiosa cada una de las celebraciones porque eso significaba que se encontraría con Mietek.

—Bah, como todas. Hacemos tantas fiestas que todas las veladas parecen iguales.

—Debe de ser fantástico pertenecer a una familia tan respetable —se burló Mietek.

Genie le propinó una palmada en el hombro, y él se rio.

—Probablemente debería sentirme honrado de conocerte. ¿Su majestad celebrará fiestas con la misma frecuencia cuando sea adulta?

—¡Oye! ¿Quién dice que todavía no lo soy? Y tampoco te pienses que solo me voy a dedicar a dar fiestas. Cuando acabe el colegio, me casaré y me buscaré un trabajo en el que pueda tocar cada día el piano. Por lo menos es así como me lo imagino...

—Mi pequeña pianista —susurró Mietek.

Genie se sonrojó de nuevo. Alzó la mirada pestañeando hacia Mietek, ahora de pie ante ella. Él la tomó de la mano y la atrajo hacia sí. Cuando Mietek se dispuso a abrazarla, a ella se le escapó un gritito de sorpresa. Mietek la sostenía en sus brazos, y ambos empezaron a balancearse al ritmo de la música procedente de la casa.

Justo en ese momento su padre había finalizado la pieza y empezado a tocar un alegre vals. Mietek comenzó a dar saltitos suavemente al compás, y Genie se dejó llevar por él riendo. Genie se imaginó dando un suspiro que así sería su primer baile el día de su boda.

Cuando las conversaciones que les llegaban desde el interior de la casa se fueron apagando, dejaron de bailar y espiaron a través de las ventanas.

—Vamos. No vaya a ser que la pequeña Halinka te eche de menos —dijo Mietek con voz tranquila.

Genie asintió, él le ofreció el brazo, y juntos abandonaron el cenador. Justo antes de llegar a la puerta, Mietek asió a Genie por el codo. Cogió una margarita y se la colocó detrás de la oreja.

Genie se quedó paralizada al darse cuenta de que él cada vez estaba más cerca, ¿qué pretendía hacer? Y entonces sus labios le rozaron la mejilla. Atónita, lo miró con los ojos muy abiertos. Con una sonrisa, él se dispuso a cruzar el umbral.

Genie aún permaneció en el exterior un instante, todavía estupefacta, como si le hubiera caído un rayo encima. Se llevó la mano a la mejilla, al lugar exacto en el que Mietek la había besado. Luego se giró sobre sí misma y se puso a bailar. Mietek acababa de besarla. ¡Un beso de verdad! Le pareció que iba a desmayarse, aunque sabía que no podía permitírselo delante de todos los invitados. Hizo una profunda inspiración y después se abrió camino a través de la multitud de invitados hasta llegar al piano.

Su padre estaba acabando de ejecutar una pieza con un virtuoso *glissando*, mientras su madre cantaba añadiendo demasiado *vibrato* a su voz.

Estallaron los aplausos y los invitados regresaron al salón.

—Henryk, nunca deja de sorprenderme lo bien que tocas. Tal vez no como nuestro amigo Richard, que es obviamente un pianista extraordinario, pero en mi opinión tú también lo haces de maravilla.

—Bueno, ya sabes lo que dicen, a los listos no les crece el pelo —replicó Henryk, al tiempo que se acariciaba su calva incipiente.

El comentario suscitó las risas corteses de los allí presentes, y también hizo sonreír a Genie, que se sentó al lado de su padre mientras él le rodeaba los hombros con un brazo, sin dejar de conversar con sus invitados.

—¿Cómo va el negocio, Henryk? ¿Sigue Regina organizándolo todo, como siempre?

—Sí, mi mujer tiene buena mano para eso. Nos va muy bien; solo que tenemos más trabajo de lo normal. Pero eso no es malo. Me pregunto cuántos colchones y librerías necesitarán todavía nuestros queridos vecinos.

—Bueno, tal vez prevén algo que se nos escapa. Quizá el hermano y la madre de Regina deberían quedarse en Berlín. No les aconsejaría que regresaran. Sería una sinsentido. Con dos niñas pequeñas, me parece una estupidez. Todos instan a sus familias a volver a casa, como si eso fuera a ayudar…

Genie se quedó perpleja. ¿Qué quería decir ese hombre? Lanzó una mirada inquisitiva a su padre, pero él se limitó a estrechar su abrazo y, dirigiéndose a todos los que les rodeaban, dijo:

—Gracias por el consejo, pero los Wein somos muy familiares. ¿No es cierto, Genie? Preferimos estar todos juntos. Y hablando de estar juntos, ¿no deberíamos estar de celebración? Vamos, parece que es el Pésaj.

Se puso en pie de un salto y empezó a bailar con Genie. Halinka daba grititos de alegría, y Jurek se deslizaba junto a ella entre los asistentes, que miraban a toda la familia sonriendo amablemente. Henryk trajo hacia sí a Jurek y Halinka, y los cuatro se dieron un abrazo.

Bailaban tan alegres como corresponde a la fiesta de Purim, y Henryk hacía girar por turno a sus hijos, mientras los guiaba hacia el exterior. Kogut se apresuró a abrir la puerta de entrada, y todos juntos salieron bailando hacia el jardín.

Es increíble lo rápido que puede cambiar la vida. Como si a una mariposa nada más salir de su capullo y avistar por vez primera el cielo se la comieran. O una hoja joven, que germina orgullosa en su ramita ansiosa por recibir los rayos del sol, fuera arrancada de cuajo por el viento y arrojada al suelo.

Genie se sentía exactamente igual que una hoja indefensa que desciende flotando hacia el suelo, sin saber dónde va a caer. Y cuanto más se acercaba al suelo, más evidente le parecía que lo único que le aguardaba tras el aterrizaje era descomponerse.

El 1 de septiembre de 1939 todo cambió. Genie tenía quince años y era tan hermosa y esbelta como su madre. Cuando sus padres le dijeron que había estallado la guerra, en un primer momento no entendió qué significaba eso. Pensó que no afectaría demasiado a su vida.

Solo cuando el colegio cerró las puertas empezó a comprender. No se les permitía acudir a la escuela a los profesores, ni tampoco a nadie más. A Genie ya no la dejaban ir en bicicleta, ni tampoco pasear por la calle. Aunque en su casa siempre había música y baile, se dio cuenta de que algo había cambiado. Su madre parecía tener los labios cada vez más fruncidos cuando volvía a casa, y su padre siempre tenía la frente arrugada, detalles que sus hermanos pequeños no percibían. Sus padres eran buenos actores. Genie los observaba y les imitaba, sobre todo para proteger a Halinka.

No obstante, la preocupación era contagiosa, y Genie ya no podía dormir bien por las noches. Se quedaba mirando al techo durante horas, preguntándose cuándo volvería la vida a la normalidad. Tenía que regresar al colegio. No había conocido otra cosa. No sabía cómo vivir bajo aquellas nuevas circunstancias, escondida junto con Jurek, Halinka y Kogut en su enorme mansión. A veces rezaba por la noche y le pedía a Dios que acabara la guerra, le suplicaba que la librara de tanto aburrimiento. Genie quería salir de casa y ver a Mietek. Tenía la esperanza de que él pensara en ella en aquellos tiempos tanto como ella pensaba en él.

—Genie, ven conmigo por favor —le rogó Jurek. Se aferró a su brazo, y con un profundo suspiro Genie cedió. Nunca había espiado a sus padres oculta tras las puertas. Pero Jurek tenía curiosidad, y ella tampoco lograba entender por qué no podían seguir yendo a la escuela. De modo que se deslizaron sigilosamente en medio de la noche, como niños que quieren echar un vistazo a sus regalos de Janucá.

—No sé qué decirte, querida. Henri afirma con rotundidad que no pasa nada. Que los alemanes solo van a provocar una tormenta en un vaso de agua. ¿Tu hermano y tu madre siguen pensando en venir con nosotros? —preguntó su marido en voz baja.

—Sí, llegarán pronto.

—No estoy del todo seguro de que sea buena idea.

Se produjo un silencio. No pudieron oír nada durante un buen rato, y Genie llegó a plantearse incluso si sus padres no estarían ya durmiendo. Pero entonces oyeron la sedosa voz de su madre, que sonaba un poco ronca debido a la preocupación:

—¿Qué significa eso, Henryk? No me digas que tiene algo que ver con esas ridículas mochilas que has traído. He sorprendido a Jurek examinándolas con curiosidad. ¡Sabes de sobra qué pensamientos podrían asaltarles a los niños con eso!

—¡Exactamente eso es lo que necesitamos pensar! Regina, tenemos que irnos. Ya lo tengo todo organizado. Algunos de mis clientes ya se han ido. Podemos cruzar sin mayores dificultades la frontera, y al otro lado estaremos seguros. Mira, esta mochila más grande es para Genie y los pequeños, y estas dos para ti y para mí. No nos llevaremos apenas nada, y...

—¿Cómo has dicho? ¿Te has vuelto loco? —siseó enojada Regina.

—Los que están locos son ellos, querida. Los nazis. Han sembrado delante de nuestras narices el odio hacia nuestro pueblo. Fuimos demasiado ingenuos como para darnos cuenta. Pero ¿qué podríamos haber hecho para evitarlo? Al fin y al cabo no se puede impedir que una muchedumbre enfurecida queme una tienda o saquee una casa. Y eso solo puede ir a peor. Vayámonos antes de que sea demasiado tarde.

—¡No me voy a ir de esta casa, es nuestro hogar, Henryk! ¿Cómo te atreves siquiera a sugerirlo? No nos iremos a ninguna parte. Nos quedaremos aquí y lo superaremos, como siempre hemos hecho.

—Por favor, escúchame. Podemos escabullirnos por la noche, y...

—No. Se acabó la discusión. No se me ocurre siquiera adónde podríamos huir. Henryk, por favor. No me mires así, tu mirada suplicante no me hará cambiar de opinión. Para; eso tampoco. ¡Vas a despertar a los niños! Nos quedamos, Henryk. Mi hermano y mi madre nos ayudarán —dijo con determinación.

Genie no conocía demasiado a la familia de su madre porque vivían en Alemania. Pero mamá tenía en alta estima a su hermano. Y si ella se alegraba de su visita, entonces Genie también.

Creía además que tenía razón. Cuando llegaran el tío David y la abuela, Genie por lo menos no se aburriría tanto. Esbozó una sonrisa y agarró la mano de su hermano dispuesta a irse a la cama, cuando volvió a escucharse la suave voz de su padre tras la puerta.

—Bueno, eso debería ayudarnos. Los necesitaremos. Nos necesitaremos todos unos a otros, ante esta aparente locura de los alemanes. Todavía no puedo creer que hayan disparado a Richard en la radio. Mientras estaba emitiendo en directo. Casi me parece imposible que la situación pueda empeorar mucho más. Pero me preocupan los niños. Genie tiene que conseguir entrar en el conservatorio antes de que le den la plaza a otro.

—No creo que en estos momentos nadie asista a clases, Henryk. Esperemos que todo esto pase rápido.

—Tienes razón, querida. Seguro que muy pronto volveremos a dar fiestas memorables.

La conversación llegó a su fin, y Jurek miró a Genie asustado. Ella negó con la cabeza y le pasó la mano por el pelo.

—Ya has oído a *tat* y a mamá. Todo está bien. Ahora vamos a dormir.

Regresaron de puntillas a su cuarto. Genie arropó a Jurek, y luego se deslizó en su cama. Con un suspiro, se tapó con la manta hasta la barbilla. Tuvo un sueño intranquilo. Una y otra vez soñó que dos jóvenes alemanes se sentaban al piano con una sonrisa cruel y tocaban mejor que ella.

Se despertó por la mañana un tanto inquieta, pero enseguida

se esforzó por sonreír. Después de todo estaban disfrutando de unas largas vacaciones. Debería estar contenta.

Fue hacia el balcón, apoyó la cabeza entre las manos y dirigió la vista al castillo de Wawel, que tanto le gustaba. Todo volvería a la normalidad. Ahora su sonrisa era de nuevo auténtica.

Pero de repente volvió a esfumarse. Oyó el estruendo de miles de botas procedente de la calle, y vio hileras interminables de sombríos soldados uniformados marchando.

Los alemanes avanzaban por las calles de Cracovia.

¡Niños! ¡Al sótano! ¡Ahora mismo!

Probablemente era la centésima vez aquel mes que tenían que bajar corriendo aquellas escaleras. Por el camino Genie se hizo con unas galletas, que solo estuvo dispuesta a compartir con Jurek y Halinka cuando vio que su padre le lanzaba una mirada recriminatoria. Masticaron en silencio y esperaron hasta que las sirenas enmudecieron.

—Tat, ¿qué habéis visto tú y mamá hoy? —preguntó Genie para aliviar la tensión.

—Los alemanes siguen aquí, si te refieres a eso. Hemos comprado lo que necesitábamos. A pesar de esta estúpida estrella. Tuve que ir a cinco tiendas para conseguirlo todo. Inaudito. Los soldados comentan además cosas muy extrañas. Les hemos oído decir que nos sacarán de aquí. Como si eso fuera posible. Eso va contra la ley, no iremos a ningún lado.

—Henryk.

—Perdona, querida. No temáis, niños. Los alemanes no hacen más que ruido. A nosotros no nos afecta, aparte de que tenemos que aguantar su música espantosa.

—*Tat!*

Se rieron a carcajadas y entrelazaron las manos hasta que pudieron volver a subir arriba.

Seguían sin salir de casa, y Genie aprovechaba el tiempo para tocar el piano. Practicaba para la prueba de acceso al conservatorio. Seguro que se fijaría una nueva fecha para la audición. Llevaban así un mes, y aunque todos afirmaban que la vida pronto volvería a la normalidad, hasta entonces no había señales de ello. Era increíble.

Los nazis se encargaban de que constantemente todo el mundo supiera quién estaba al mando. Lo llenaban todo con su música: aquellos atroces cánticos en alemán y sus ruidosas marchas.

Un día Henryk subió al cuarto de Genie justo cuando le estaba enseñando sus muñecas a Halinka, quien siempre quería tocarlo todo, por lo que Genie agradeció la interrupción. Devolvió la muñeca al estante y le ofreció una sonrisa a Halinka, que de inmediato se puso a patalear.

—Bueno, ¿qué hacen mis niñas? —preguntó su padre con el ceño fruncido.

—Nada. Solo estamos jugando. No se puede hacer mucho más —se lamentó Genie. Se cruzó de brazos y lanzó una mirada fulminante a su padre, como si tuviera él la culpa de que los nazis los hubieran invadido. Aunque sabía que sus padres no podían hacer nada, le enfurecía pasarse todo el día en casa.

Genie tan solo quería estar con sus amigos. Y para ello estaba dispuesta incluso a volver al colegio y, teniendo en cuenta su edad, eso era bastante significativo. Genie se aburría. De tanto en tanto Kogut perdía los estribos al oír las quejas de Genie. Entonces se limpiaba rápidamente las manos en el delantal y empezaba a gesticular frenética: debería estar agradecida por poder vivir en una casa tan grande y tener un piano propio. Y, por supuesto, tenía razón. Genie no sabía qué sería de ella sin su piano. Era toda su vida; no tenía ningún objetivo aparte de la música, su existencia carecería de sentido. Genie sacudió de un lado a otro la cabeza. No quería ni imaginárselo.

—Venga, Genie, ponte los zapatos.

—Espera, eso significa que... ¡sí! ¿Puede venir Halinka con nosotros?

—No, lamentablemente. Este paseo lo haremos los dos solos —explicó su padre mientras ofrecía una sonrisa de consuelo a Halinka, que se había aferrado a una de sus piernas.

Genie cogió a su hermana pequeña y bajó con ella las escaleras.

—Hola, Jurek. ¡Tengo una sorpresa para ti! —Genie abrió la puerta de su cuarto.

—Si se trata de otro de tus «conciertos gratuitos», no gracias. Ya he asistido a bastantes —dijo refunfuñando Jurek, con la mirada fija en su libro.

—No, es mucho mejor —contestó Genie con una sonrisa burlona.

Cuando Jurek alzó la vista, Genie dejó a Halinka sobre su regazo, quien de inmediato empezó a trepar por encima de él y a tirarle del pelo.

—¡Hey! ¡Esta tarde todavía te toca ser su niñera! —gritó Jurek.

Genie se encogió de hombros y desapareció tras la puerta, mientras oía a su hermano maldecir a sus espaldas.

Luego se puso uno de sus mejores vestidos. Se peinó y eligió sus calcetines de volantes preferidos antes de calzarse sus zapatos de cuero blanco. Kogut estaba cocinando, de modo que Genie tuvo que prepararse sin ayuda. Se plantó delante del espejo y se miró desde todos los ángulos posibles. Se sintió satisfecha con su reflejo; bajó corriendo las escaleras.

Su padre la cogió de la mano mientras cruzaban el jardín.

—Cariño, ya sabes que es todo un privilegio que puedas salir conmigo. Pero para que quede claro: tienes que hacer exactamente lo que yo diga. Si te digo que corras hacia una tienda, hazlo. Si te digo que vuelvas a casa, te vas corriendo. Si nos obligan a separarnos un momento, busca un buen escondite.

—*Tat*, me estás asustando. Creía que aparte de los nazis no habría nadie más fuera.

—Y así es —suspiró Henryk.

Genie le lanzó una mirada de preocupación, pero se armó de valor. Si su *tat* confiaba en ella, todo iría bien.

Salieron de su propiedad y Genie tuvo la sensación de estar entrando en un sueño. Apenas había gente afuera, y los pocos viandantes caminaban con la cabeza gacha. Escudriñó la calle y vio una extraña bandera ondeando en uno de los edificios: era roja, con una araña negra. ¿Esa era la bandera alemana? Tuvo que contener la risa.

Su padre asía con fuerza su mano instándola a avanzar. Pero no por la acera, y cuando Genie intentó subir a ella, él la trajo hacia sí de un tirón.

—Es mejor que vayamos por la calzada, querida. Es mucho más fácil y no hay tanta gente —indicó.

Genie frunció los labios. Tenía la sensación de que no le estaba diciendo toda la verdad. Era la primera vez que él le apretaba la mano de esa manera. Y al mirar de reojo la acera pudo comprobar que no estaba para nada concurrida.

Avanzaban a buen paso. Genie tenía la esperanza de poder saludar a algunos de los tenderos con los cuales normalmente se paraban a conversar. Pero ninguna de las tiendas que solían frecuentar estaba abierta. La mayoría de ellas se encontraban cerradas, con tablas clavadas en las ventanas, sobre las cuales podían leerse extrañas inscripciones. Pasaron al lado de la panadería y Genie contuvo la respiración. Los cristales de las ventanas estaban hechos añicos, y en el interior los estantes habían quedado destrozados. No se veía ni una sola barra de pan.

Al doblar una esquina se encontraron con una tropa de soldados. Henryk aceleró el paso, con Genie siempre a remolque.

«¡Esos judíos gordos y feos!».

Genie giró la cabeza para mirar a los soldados que los estaban acosando. Pero no pudo evitar encogerse de dolor cuando de inmediato su padre la cogió por el cuello para que volviera a mirar hacia adelante.

—No les mires a los ojos. Mantén la mirada siempre en tus zapatos. Son los preferidos de mamá —le susurró al oído.

Genie sonrió al comprobar que habían pensado lo mismo. Con la suciedad de la calzada, se estaban estropeando sus zapatos de cuero blanco. Seguro que a su madre le daría uno de sus famosos ataques y empezaría a despotricar.

Algunos soldados les gritaban cosas, y en aquella ocasión Genie deseó poder entender un poco de alemán.

«¡Al infierno con los cerdos judíos!».

«Ya no os queda mucho».

—¿Qué dicen? —susurró Genie.

—Nos están felicitando por nuestra hermosa ciudad —respondió.

Genie sonrió. Por supuesto que les encantaba Cracovia, aunque tenía la esperanza de que no les gustara demasiado. Nadie quería que se quedaran.

A medida que se adentraban en el centro iban encontrando más gente, pero nada era como antes. Genie vio el fantasma del pasado ante sí. Antes la gente se saludaba, y algunas personas se paraban a charlar, se preguntaban unos a otros por el trabajo o la familia. Invitaban a sus vecinos a un café o a pasear por el río. Los cafés siempre estaban abarrotados. En cuanto el tiempo lo permitía, la gente se sentaba fuera. Pero esas imágenes del pasado enseguida se desvanecieron y en su lugar pudo ver la nueva realidad.

De pronto Genie oyó unos fuertes gritos. Unos soldados alemanes tenían rodeado a un hombre al que golpeaban con sus porras, mientras su hijo les pateaba las botas, gritando. El hombre se derrumbó al suelo, y siguieron golpeándolo.

Genie miró de soslayo a su padre para ver si se iba a detener a ayudar. Pero no hizo el menor amago de nada parecido. Bajando la mirada los dejaron atrás.

Un poco más allá, unos soldados uniformados empujaban a algunas personas por la calle. Pasaron justo al lado de Genie, quien captó la mirada de una de ellas. Eran los ojos de un fantasma, un condenado a muerte. Genie contuvo la respiración, y se aferró con fuerza al brazo de su padre.

—¿Podemos volver a casa? —suplicó.

—Todavía no. Tenemos un objetivo que cumplir. No te preocupes. Ya casi hemos llegado.

Pero Genie no le escuchaba. No quería seguir allí. Después de haberlo anhelado tanto, ahora resultaba evidente que no tenía la menor idea de lo que significaba salir a la calle. De pronto solo quería regresar a casa, un lugar seguro donde los soldados no pudieran hacerles daño.

Pasaron al lado de otra tropa de soldados, y Genie, con la cabeza gacha, parpadeó para mirar hacia ellos. Justo en medio de aquella tropa había un precioso niño rubio, de no más de tres años. Los soldados le estaban cortando los mechones rizados. Uno de ellos sostenía uno de aquellos tirabuzones y lo hacía bailar en el aire riéndose. Parecía como si se estuvieran burlando de él, a pesar de que su cabello era tan brillante y hermoso que resultaba simplemente absurdo. Genie suspiró. Qué vergüenza. El niño le daba mucha pena.

Tras haber caminado casi una hora, Henryk se detuvo. Genie le miró sorprendida, y luego siguió su mirada hasta el gran edificio que tenían enfrente. Genie reconoció el conservatorio, y el corazón le dio un vuelco. Sonriendo, empezó a tirar de la manga a su padre. ¿Por fin podría comenzar las clases allí? ¿Habrían aceptado su solicitud, aunque nunca hubiera llegado a presentarse a una audición? Quizá habían oído hablar de su extraordinario talento, y había conseguido una plaza simplemente gracias a eso.

Genie empezó a dar saltos de alegría. Se acabó seguir perdiendo el tiempo; muy pronto comenzaría su formación como pianista profesional, con los mejores profesores y alumnos de toda Polonia. Por fin su sueño estaba al alcance de su mano. Tras tantos meses de incertidumbre podría hacer realidad sus deseos. El piano era lo que daba sentido a su insignificante vida, y ahora podría apropiarse de esa razón de su existencia y perseguir cada día su meta.

Genie arrastró a su padre hasta la entrada del conservatorio. Allí se detuvo de repente. Las puertas estaban cerradas, una cadena ataba los picaportes de ambas puertas. Pero ¿por qué? Genie estaba confusa.

—Ven, vamos a preguntar a ese amable caballero —anunció Henryk.

Lentamente fueron hacia la fachada lateral del conservatorio. Un hombre ya mayor estaba clavando tablones sobre las ventanas. A su lado había una carretilla, con suficientes tablas como para cubrir todo el edificio. El hombre se volvió hacia ellos al verlos acercarse, aunque no demostró demasiado interés. Hizo un leve gesto con la cabeza y luego siguió martilleando.

—Perdone, ¿puedo preguntarle qué está haciendo? —preguntó con educación.

—¿A usted qué le parece? Estoy construyendo un nuevo castillo para los nazis —replicó el hombre con cinismo.

Genie entrecerró los ojos y se cruzó de brazos. Nadie se atrevía a hablar así con su *tat*. ¿Quién se había creído? Abrió la boca para dar su opinión, pero entonces notó la mano de su padre sobre su hombro.

—Perdone usted. Pensaba que iba a reabrirse pronto el conservatorio. Estamos aquí para informarnos sobre las nuevas admisiones —aclaró Henryk en un tono respetuoso.

—¡Bah! ¿Nuevas admisiones? Amigo, no sé en qué mundo

vive, pero ahora mismo aquí no va a abrir nada. Más bien lo contrario.

—Casualmente soy propietario de una fábrica de colchones, y sigue funcionando a pleno rendimiento.

—Mira por dónde. Felicidades. ¿Desea restregarme algo más por la nariz? ¿Tal vez que su familia está completa? —se burló el hombre.

Genie no entendía nada. ¿A qué se refería? ¿Acaso había familias que ya no estaban completas? Le pareció una idea totalmente inconcebible. La familia era lo más importante del mundo, ¿cómo podría alguien separar a sus miembros?

—Tat, ¿qué quiere decir? —murmuró Genie.

La fría mirada de aquel hombre impactó a Genie. Había tanto dolor en ella que apenas podía soportarla. Cada vez que tomaba aliento exhalaba su indignación. Pero había algo más. Una fisura en la dura coraza.

Entonces lo percibió: era una pena profunda y agonizante. La ira de Genie se esfumó al darse cuenta de que aquella áspera forma de expresarse era tan solo la manera de protegerse de ese hombre. Estaba profundamente apenado, y ella lo miró llena de empatía. Entonces su mirada también se hizo más afable, y suspiró. Sus hombros se hundieron, y dejó caer el martillo.

—Los nazis ya han empezado. Mi hermano era rabino, y... una noche irrumpieron en casa y se lo llevaron. Así, sin más, ya no está, y no tenemos ni idea de dónde puede estar. Y mi hermano no es el único. Nuestros médicos, políticos, abogados...

—No siga, es suficiente. No queremos asustar a nadie, ¿no le parece? —le interrumpió Henryk.

Miró preocupado a Genie antes de volver a dirigirse a aquel hombre y posar una mano sobre su brazo.

—Siento su pérdida. Si alguna vez desea compañía, esta es nuestra dirección. Pásese a vernos, compartiremos juntos una comida. Nos encanta tener la casa llena de gente, venga a visitarnos alguna vez.

El hombre asintió y sonrió en silencio. Genie cogió la mano de su padre radiante de alegría. Su sincera cordialidad era simplemente extraordinaria. Le quería mucho. Siempre sería un ejemplo para ella.

Mientras se alejaban, el hombre gritó algo a sus espaldas.

—Querían saber qué va a pasar aquí. De momento no se sabe nada. Pero vuelvan en un par de semanas. —Henryk detuvo sus pasos y asintió con la cabeza.

Emprendieron el camino de regreso a casa. Y aunque no habían conseguido nada, ahora tenían confianza. Su padre le prometió que antes de su próximo cumpleaños ya habría empezado en el conservatorio.

Mientras la familia estuviera unida podrían hacer frente a todas las piedras que los nazis les pusieran en el camino.

La mente humana puede ser verdaderamente extraña. Genie vio cómo algunos judíos se cortaban los rizos de la frente y accedían a llevar la estrella de David que los señalaba. Al principio le daba pena cuando veía que golpeaban a la gente en la calle, pero ahora apenas le afectaba. Simplemente hacía como si fuera algo normal; de todos modos era algo que no se podía evitar. Era un mecanismo de protección, porque no era posible reaccionar de ninguna otra manera.

Apenas salía de casa, porque quienes lo hacían nunca estaban seguros de poder volver. Sus padres solo permitían que los acompañaran en ocasiones especiales. O cuando Genie se lamentaba sin cesar, y eso hacía que se relajara un poco su cautela. Así era ahora su vida, y aunque hubiera cambiado de forma tan drástica, no podía hacer otra cosa que seguir viviendo. A pesar de que los nazis se lo pusieran cada vez más difícil.

—Hoy hay más ruido afuera de lo normal. ¿Tal vez se están yendo los alemanes? —preguntó Genie sentada al piano, por encima de su hombro.

Nadie respondió.

Genie dejó de tocar, molesta; quería comprobar qué significaba aquel alboroto. Se oían gritos aislados alzándose por encima del típico estruendo de las botas de los soldados marchando.

Era horrible escuchar aquello, y Genie quería taparse las orejas cuando vio que Halinka la miraba con curiosidad. Genie la cogió de la mano y sonrió. Pero su corazón latía desbocado. El ruido de los cristales al romperse y los gritos le hicieron pensar que la guerra había llegado hasta el umbral de su casa.

—¡Apártate de la ventana, Jurek!

Genie nunca había oído a su padre alzar la voz de ese modo. Se asustó, cogió a Halinka en brazos y la llevó escaleras abajo.

—¿Qué pasa, *tat*?

—Afuera, a la calle —respondió, sin darse la vuelta para mirarla.

—¿Los nazis salen a la calle? Eso lo hacen todo el tiempo, *tat*.

—No, Genie. Es a nosotros a quienes van a sacar a la calle —replicó.

Al volverse hacia ella, Genie vio que tenía los ojos brillantes por las lágrimas.

—*¡Fuera! ¡Fuera, cerdos judíos!*

Genie y Halinka se sobresaltaron cuando la policía alemana irrumpió por la puerta. Kogut intentó ahuyentar a los niños, pero Genie dejó en el suelo a Halinka y se quedó paralizada, mientras la pequeña salía corriendo.

Los policías miraban a su alrededor y se comportaban como si estuvieran en su casa. Genie no sabía qué estaban haciendo, pero no le gustaba. Seguramente sus padres los echarían de casa; y lo cierto es que todo parecía ir bien, estaban hablando con aquellos hombres.

En un primer momento parecían sorprendidos de que hablaran alemán, pero la conversación no se prolongó demasiado. Henryk fue hacia Genie y la envolvió en sus brazos, mientras su esposa seguía intentando persuadir a los soldados.

—¿Qué os han dicho, *tat*?

—Les ha sorprendido que no seamos alemanes.

—¿Cómo? ¿Y por qué íbamos a ser alemanes?

—Al verlo todo tan limpio, nos han preguntado si de verdad no éramos alemanes.

—Ah, por eso...

Genie alzó la vista hacia su padre y sonrió. ¿Por qué daban por hecho los alemanes que los judíos eran sucios? La decoración de la casa siempre había sido hermosa, y Kogut estaba limpiando constantemente.

Los hombres recorrieron la casa, y de pronto uno de ellos puso la mano sobre el piano. Genie se quedó sin aliento, paralizada.

—Acuérdate, Genie, de que todo irá bien.

—¿Por qué dices eso...? Espera. *Tat*, detenlos, ¡no! ¡NO!

Con un grito, Genie se abalanzó hacia el salón, pero él la atrapó antes de que pudiera salir de la penumbra del vestíbulo. Los policías estaban empujando el piano. Su querido Bechstein. No podía ser cierto. No tenían derecho a hacerlo.

—*Tat*, no. Por favor, no lo permitas. ¡Por favor! Haz algo —gemía Genie. Pero pronto sintió un nudo en la garganta y se calló. Su padre le acariciaba la espalda para consolarla, y llorando en silencio vio cómo aquellos hombres llevaban el piano hasta la ventana.

Se detuvieron al comprobar que esta era demasiado pequeña. Genie sintió un destello de esperanza. Quizá al final no se lo llevarían. Pero entonces un hombre siniestro ladró unas órdenes, y dos policías subieron corriendo las escaleras.

—Van a bajarlo por el balcón —explicó su madre en un tono monótono.

Consternada, Genie se dejó caer más profundamente en los brazos de su padre. Se llevaban su piano, aunque no habría sido diferente si le hubieran cortado las manos. Más adelante en su vida, cuando el horror de la guerra ya era cosa del pasado, Genie apenas pudo seguir tocando, porque sus dedos nunca volvieron a ser los mismos tras aquella experiencia. Le temblaban las manos como una hoja, y ya nunca más volvieron a deslizarse sobre las teclas bailando con Chopin. Tocar el piano pasó a ser uno de los mejores recuerdos de su infancia, algo que nunca volvería a ser una realidad.

Nuevamente esos hombres gritaban algo, y Genie buscaba en la mirada de su padre una explicación. Con un suspiro, la levantó del suelo.

—Vamos, cariño. Tenemos que hacer las maletas.

—¿Las maletas? ¿Por qué? ¿Adónde vamos?

—No lo sé...

Abrió los ojos como platos, horrorizada, pero le siguió hasta el piso de arriba. ¿Adónde los llevarían? ¿Tal vez al mismo sitio que a su piano?

Manos de ángel
1941

El caos era total. Seguidos por los gritos que proferían aquellos rostros rabiosos y enrojecidos, corrieron por la casa para recoger sus cosas a toda prisa. Kogut ayudó a Genie y Halinka en sus respectivas habitaciones. Cogió una maleta para cada una del desván y dobló sus vestidos para que cupiera el máximo de ropa posible.

—Ve a ayudar a tus padres, Eugenia.

—De acuerdo...

Genie parecía estar en trance. Entró en el dormitorio de sus padres, pero se quedó en el umbral. El desorden era tal que parecía que iban a mudarse. Genie siempre había creído que nunca se irían de esa casa.

—Me alegro de que estés aquí, Genie. —Su padre apenas hizo un gesto rápido con la cabeza.

Genie se subió a la cama y le ayudó a quitar el tapiz dorado árabe de su marco. Balanceándose bajo su peso se arrodilló en el suelo para enrollarlo.

—Bien hecho. Ahora ayúdame con otra cosa.

Genie siguió a su padre por las escaleras hacia la planta inferior y contempló perpleja cómo cogía una de las sillas de la mesa de caoba. Henryk echó un vistazo en derredor, posó una mano en el brazo de Genie y juntos atravesaron el vestíbulo. Luego cerró la puerta tras de sí y empezó a rebuscar en sus bolsillos.

—¿Por qué estamos en el cuarto de Kogut, *tat*?

En lugar de responder, le pasó la silla a Genie para que la sostuviera del revés, mientras él desenroscaba una de las patas y guardaba en su interior las joyas familiares de oro y piedras preciosas.

—*Tat!* ¡¿Qué estás haciendo?!

—Es solo por si acaso. ¿Puedes ir corriendo a coger el parasol, cariño? Pero no llames la atención de los nazis. Que no se den cuenta, y si te ven, haz como si no fuera nada importante.

Le resultó increíblemente fácil hacerse con el enorme parasol, porque la mayoría de los policías estaban arriba observando cómo recogían sus cosas los demás. Al regresar al cuarto de Kogut, escondieron el resto de las joyas en el mango.

Salieron de la casa con un par de maletas, una cama pequeña, un sofá y la hermosa mesa de caoba con seis sillas tapizadas en un tono verde claro. Genie intentó no fijar demasiado la vista en la silla con las joyas.

Caminaron hasta el barrio periférico de Podgórze sumándose a la multitud. Por el rabillo del ojo Genie pudo ver que unos obreros estaban alzando un muro de ladrillos rojos. Se preguntó qué tendrían planeado los alemanes. En un momento dado los obreros se volvieron hacia ellos con una mirada vacía, y Genie reconoció el distintivo con la estrella de David en sus brazos. O sea que también eran judíos.

Siguieron avanzando, pero de pronto se detuvieron.

—Ya deberían estar aquí... ¡Ah! David, gracias a Dios habéis conseguido llegar —gimió la madre.

—¿Tío David? —Jurek miró interrogativamente a Genie.

Ambos dejaron caer las maletas al suelo, echaron a correr y se arrojaron en los brazos de su tío y su abuela.

—Oh, mis pequeños, cuánto os he echado de menos. Halinka, ven a darle un beso a tu abuela.

—Mamá, estoy tan feliz de que hayáis llegado. ¿Qué tal os fue en Berlín? ¿Estáis contentos de haber podido salir de allí?

—Oh, sí. Cracovia es mucho más bonita, y además yo pertenezco al lugar donde se encuentre mi familia. David tuvo que recurrir a algunos de sus contactos en Berlín para conseguirnos una vivienda mejor.

Genie contempló sonriente a su abuela mientras esta abrazaba a su hija. Hizo un gesto amable con la cabeza para saludar a sus primas Lilli y Helga, escondidas tras las piernas de su madre. Por lo menos ahora Halinka tendría más niños con quienes jugar. Puesto que acababan de llegar de Berlín no hablaban ni una palabra de polaco, pero Genie podría enseñarles. De algún modo se entenderían.

Siguieron al tío David y a su familia hasta llegar a un apartamento que se hallaba en una de las tres casas que se erigían alrededor de un patio con un pequeño jardín.

—Detrás de la casa está la plaza de la Paz. Un poco cínico, ¿no os parece? —David hizo una mueca.

Genie miró a Jurek y le guiñó un ojo. Corrieron hasta la casa empujándose para ver quién se quedaba con la mejor habitación. Pero resultó que solo había un dormitorio.

—*Tat*, ¿qué significa esto? ¿Dónde vamos a dormir? —preguntó Genie desilusionada.

Enseguida habían explorado todo el apartamento, que solo contaba con una habitación, una cocina y una pequeña estancia. Henryk fue hacia ellos y posó una mano sobre cada uno.

—Ya nos pondremos cómodos. Y si alguien os pregunta... Halinka, ven aquí. Si alguien pregunta algo: aquí viven tres familias, ¿entendido?

—Pero, *tat*, solo somos una familia.

—Lo sé, Genie. Pero diremos que aquí viven dos familias más. Si alguien nos pregunta, somos tres familias, y si viene alguien de visita diremos que los demás están en el trabajo. ¿Podríais hacerlo por mí? ¿Por nosotros?

Los niños asintieron con un gesto de cabeza, y cuando Henryk estuvo satisfecho con su respuesta, se levantó y ayudó a llevar sus pertenencias al interior. Genie calculó que todo lo que habían traído cabría en una habitación. Quizá el tío David y su padre podrían ir a buscar más muebles más adelante.

—Me gustaría que Kogut estuviera aquí —se quejó Halinka al ver entrar a su madre.

—Ya lo sé, cariño. Pero le han asignado otro trabajo. Con una familia que vive al otro lado de la ciudad —explicó, mientras le acariciaba el pelo a Halinka.

Luego miró de soslayo a Genie, una mirada que casi parecía triste. Genie no sabía qué podía significar.

De alguna manera consiguieron encontrar sitio para todos. La abuela dormía en la cocina, Genie en el pequeño cuartito, que debía de haber sido antiguamente el destinado a la criada, y los demás, apiñados en el dormitorio.

La casa, en efecto, estaba justo enfrente de la plaza de la Paz. A derecha e izquierda se extendía una valla de madera, la parte posterior daba a otra calle y más allá se hallaba la plaza del Mercado. También disponía de un balcón, y aunque Genie ya no gozaba de las vistas al castillo de Wawel, desde allí por lo menos podía ver el ajetreo de la gente que iba a hacer sus compras. Se preguntaba qué vistas tendría Mietek. Tenía la esperanza de que su familia no viviera demasiado lejos.

Sin embargo, muy pronto resultó evidente que nadie compraba nada en el mercado. La plaza se había convertido en el lugar que los nazis habían elegido para resolver la mayoría de sus asuntos. Lamentablemente esos asuntos eran algo hasta entonces inaudito... Se trataba de ejecuciones. Desde el piso se podían oír los gritos y los disparos. Genie ya no quería estar en ese balcón.

El día después de mudarse al gueto se vistieron con sus mejores galas.

—¿Vamos a una fiesta, *tat*? —preguntó Genie.

Sin decir nada, le puso un paño de algodón sobre los hombros y empezó a peinarla, trenzando su cabello. Más tarde, Genie cogió a Halinka en brazos y la llevó consigo al exterior. Todos lucían sus mejores prendas: Genie, un vestido a cuadros marrones y blancos con zapatos a juego. También le habían puesto un vestido a Halinka, y Jurek llevaba un traje.

Siguieron a una hilera de gente hasta la plaza de la Paz.

Genie escudriñó la muchedumbre en busca de Mietek. Cuando se ponía su mejor traje, tenía un aspecto espectacular. Debía aprovechar cualquier oportunidad para poder verlo. Se puso de puntillas para intentar averiguar qué estaba pasando ahí delante. Había dos largas colas, una para hombres y otra para mujeres, y cuando a Genie le llegó su turno, junto con las demás mujeres de su familia, no pudo evitar sentirse decepcionada al hallarse simplemente frente a una mesa, ante la cual había sentados unos nazis.

—*Siguiente.*

—Eugenia Gisela Wein. Ven, cariño. Solo están haciendo un registro, para asegurarse de que todos hemos llegado bien —dijo su madre mientras le hacía un gesto alentador.

Genie alzó la vista hacia su madre, insegura, pero no hizo ninguna pregunta. Se sentó en la silla que le señalaron y se alisó el vestido y el pelo antes de sonreír ampliamente mientras el soldado la fotografiaba.

Todos los días eran iguales, los meses se sucedían. Lo único que los diferenciaba eran las nuevas ordenanzas casi a diario. Los alemanes llegaban en sus camiones y anunciaban con un megáfono qué debían hacer y, sobre todo, qué no podían hacer.

Tantas normas, y cada día más restricciones. Ya no se les permitía ir al peluquero. Nadie podía tener una criada. Los nazis rapaban la cabeza a los judíos y les propinaban palizas en plena calle. A menudo los convocaban en aquella plaza o en la calle que llevaba hasta ella. Nadie les decía para qué. Y nadie preguntaba tampoco.

En aquellas ocasiones siempre separaban a los hombres de las mujeres, y eso para Genie era lo peor. Odiaba tener que alargar el cuello para intentar no perder de vista a su *tat* y a Jurek en la otra fila. Pero Genie y Jurek no preguntaban nada, sino que hacían como si aquello no estuviera pasando realmente. Incluso cuando los alemanes disparaban sin ton ni son, nadie hablaba de ello. De noche había un toque de queda estricto, y quien se aventurara a salir era abatido. Genie se acostumbró al eco de los disparos y a los gritos.

Un día unos agentes del servicio de vigilancia desalojaron las viviendas a gritos, golpeando a todos aquellos que en su opinión no se movían lo suficientemente rápido. Genie, su madre, y las demás mujeres y niñas tuvieron que subirse a un camión que las llevó fuera del gueto.

—Mamá, ¿adónde nos llevan? ¿De vuelta a casa? —preguntó Genie con un leve tono de esperanza en su voz.

—No, querida. He oído hablar a los soldados de un matadero. Seguramente tendremos que trabajar un poco para ayudarles.

Genie hizo una mueca y se cruzó de brazos, enfurruñada. ¿Trabajar? La verdad es que no le apetecía nada.

Pero su madre tenía razón. Las llevaron a un matadero que apestaba tanto que Genie no podía evitar toser y sufrir arcadas, hasta que su madre le cubrió la boca y la nariz con un pañuelo. Empujaron a todas las mujeres y a las niñas hacia el interior, aunque no sabían qué tenían que hacer.

Los agentes del servicio de vigilancia las rodearon, algunos se reían, otros fumaban. Genie se aferró a Halinka y sus primas Lilli y Helga, y sus respectivas madres las cobijaron a todas bajo sus brazos. ¿Qué pretendían que hicieran en ese matadero?

Entonces uno de los hombres señaló hacia el fondo del almacén. Al ver que nadie se movía, empezó a gritar hasta que se le puso la cara roja, y luego escupió a las mujeres que pasaban a su lado.

—*¡Vamos! ¡Más rápido! ¡Más rápido, cerdas judías!*

A Genie le tocó arrastrar enormes trozos de carne de cerdo y ternera hasta un camión que había en el exterior. Lilli y Helga la ayudaban con los trozos más grandes, y así estuvieron durante horas. Sus madres descuartizaban la carne sanguinolenta y la cargaban en los camiones.

Ya se había puesto el sol cuando las llevaron de regreso al gueto. Genie casi no podía soportar el olor de su propio cuerpo. Sudada y sucia, se dirigió a la cocina arrastrando los pies. Apoyó las manos en el fregadero y empezó a sollozar.

El llanto hacía que su cuerpo se estremeciera, y fue aún peor cuando bajó el rostro y olió su propio hedor. Lloraba porque nunca en su vida había estado tan sucia. Era la primera vez, pero no sería la última.

—Oh, cariño. No te lo tomes tan a pecho. La guerra acabará pronto. Hablaré con *tat*. No tendrás que volver a hacerlo. Acarrear carne no es precisamente lo que mejor se te da, ¿no crees?

Atónita, Genie alzó los ojos hacia su madre. En su rostro podía verse la sombra de una sonrisa, pero Genie no fue capaz de devolvérsela. Se dejó caer en sus brazos y lloró desconsolada.

Les obligaban a trabajar, y por eso sus padres iban todos los días a la fábrica de colchones. Aparentemente el negocio seguía funcionando bien, y vendían mucho. Eso hacía nacer la esperanza en Genie. Si ganaban lo suficiente, tal vez podrían permitirse otra vivienda.

Pero lo mejor era que Genie pasó a estar registrada oficialmente como trabajadora en la fábrica. Aunque nunca iba, sino que se quedaba en casa para ayudar con los más pequeños. Su madre siempre preparaba el desayuno antes de salir hacia la fábrica. Como nunca estaba en casa, había enseñado a Genie a preparar la comida y la cena. De modo que cocinaba para Halinka, Jurek y sus primas. La abuela también se quedaba en casa, pero no hablaba mucho con Genie. La anciana despotricaba sin cesar de su hijo mayor, Moses, que se había casado con una católica, y cuando Genie ya había escuchado sus quejas por quinta vez, decidió quedarse en la cocina y perfeccionar sus habilidades culinarias. Si Mietek supiera cuánto había mejorado en las tareas domésticas, con toda seguridad se mostraría muy sorprendido.

Todavía tenían ropa, joyas y dinero, por lo que podían abastecerse sin problema. Los demás en cambio... Genie daba gracias por vivir en esa zona de la calle Limanowskiego. Las casas al otro lado recibían el nombre de ratoneras, porque en una sola habitación dormían de siete a diez familias. En comparación, a su familia no le iba mal. Lo principal era poder seguir juntos. Podían bailar, cantar y fingir que todo era normal. El hecho de que estuvieran tan unidos era lo que hacía soportable la vida en el gueto.

A veces los visitaba su tío Henri, el tercer hermano de su madre, que se calzaba sus zapatos para enseñarla a bailar. Era la persona que más se alegraba de ver. Aunque no era la única visita que recibían. Dado que gozaban de un apartamento para ellos solos, se convirtieron en los anfitriones de toda clase de «fiestas».

Eran un total de seis familias que se reunían siempre que podían. A menudo celebraban veladas para invitados en su apartamento, organizaban juegos y bailaban. Resultó que Mietek vivía en el extremo opuesto del gueto. No obstante, su familia consiguió ir a visitarlos en una ocasión, y Genie disfrutó de cada segundo que pasaron juntos.

A pesar de que Genie seguía oyendo los gritos procedentes de la plaza de la Paz, aquella época fue la mejor de la guerra, especialmente a la vista de lo que estaba por venir. Cuando tenía que salir de casa, llevaba la estrella de David con orgullo, nunca se avergonzó de ella. Era judía. Y siempre lo sería.

Uno de los momentos que más enorgullecieron a la familia llegó cuando el tío David pasó a ser el gerente del café. Era una de las pocas cafeterías del gueto y sin duda la mejor. Mientras él trabajaba en el café y sus padres en la fábrica, Genie se quedaba con los niños en casa. Pasaron los meses, y todos estaban convencidos de que la guerra acabaría pronto.

—Sigue contando mentalmente. Estate atenta al ritmo. Un, dos, tres... Un, dos, tres... Sí, ¡exactamente así! Muy bien, Genie —la elogiaba su tío Henri satisfecho.

Sonriendo, Genie tensaba los hombros y levantaba la barbilla, tal como él le había enseñado.

—¡No entiendo cómo puedes seguir con eso! —se oyó la voz de su madre procedente del exterior.

—No es necesario que lo entiendas. Simplemente deberías alegrarte por ello —respondió el tío David.

Genie se detuvo, todavía en brazos del tío Henri, y vio entrar a su madre y a su tío. Ambos parecían alterados, y no comprendía por qué. ¿Habían discutido?

—¿Acaso no te gusta este apartamento? ¿No te alegras de que tus hijos puedan quedarse en casa? Esos privilegios no se los conceden a cualquiera.

—Escúchame, hermano. No es justo. ¿Qué les cuentas exactamente? ¿Quién eres para...?

—Basta ya. No quiero volver a hablar de eso contigo... Genie, has mejorado mucho —dijo el tío David cambiando de tema.

Genie le sonrió, pero él no la miró a los ojos. Luego ella desvió con nerviosismo la mirada hacia su madre, a la que le hervía la sangre, con los ojos entrecerrados.

—Genie, ¿te gustaría acompañarme hoy al café? —preguntó su tío David.

—¿Cómo? ¿En serio? ¿Puedo?

—Por supuesto. Al fin y al cabo soy el jefe. Puedes ir cuando quieras. Simplemente di mi nombre, y te dejarán pasar. —El tío David le guiñó un ojo.

Genie lanzó una mirada inquisitiva hacia donde se encontraba su madre, pero esta ya se había esfumado.

La visita al café fue como un rayo de esperanza para Genie. La acompañaba Sylwia, que se había convertido en una de sus mejores amigas. Habría preferido ir con Mietek, pero muy a su pesar parecía estar muy ocupado desde que tenía trabajo.

No había que caminar demasiado, puesto que el café se hallaba ubicado en una de las entradas del gueto. Genie todavía no había estado nunca en esa zona, puesto que apenas salía del apartamento: después de todo, se suponía que debía estar en la fábrica trabajando. En un abrir y cerrar de ojos habían llegado. Ya en la puerta, se alisaron el cabello y la ropa. Daba la sensación de que principalmente acudía gente mayor, según su madre allí se daban encuentro los personajes más sórdidos. Tal vez Genie tuviera que tratar aquel día con esa clase de gente, pero por lo menos alternaría con alguien. Llevaba uno de sus mejores vestidos.

—Deteneos, aquí mismo.

Un hombre de aspecto amenazador ataviado con un extraño uniforme se interpuso en su camino y detuvo su avance estirando un brazo. Genie lo miró confundida, puesto que también llevaba la estrella de David. ¿Por qué intentaba entonces impedirles el paso?

—Perdone, pero mi tío trabaja aquí. David Schlanger. Es el jefe —explicó Genie con una sonrisa inocente.

—Sé quién es. Pero solo pueden entrar adultos. Da igual a quién conozcas.

Genie profirió un bufido y Sylwia se la llevó a un lado.

—¿Qué hacemos ahora? ¿Volvemos a intentarlo y buscamos a tu tío?

—No, no nos dejan entrar. Y tampoco quiero causarle problemas. Vamos, volvemos a casa…

Genie dio media vuelta con los hombros caídos. La idea de regresar a casa y hacer lo mismo que el día anterior, y todos los que le precedieron, intensificó su anhelo de que la guerra terminara por fin. Todos decían que eso pasaría pronto. Pero la gente también decía siempre lo mismo. Ya habían pasado casi dos años. Hacía ya tiempo que la vida estaba anegada por el aburrimiento.

Mientras se abría camino entre un grupo de gente que charlaba animadamente a la espera de poder entrar, alguien la agarró por detrás.

Genie casi pierde el equilibrio sobre el resbaladizo suelo. Se giró sobre sí misma lanzando chispas por los ojos.

—Pero ¿qué…?

Sin ofrecerle una respuesta, Sylwia la arrastró de nuevo hacia el café. Genie titubeó ante la perspectiva de que tal vez estaban a punto de ponerse en ridículo, pero Sylwia puso rumbo a un estrecho callejón lateral. Se acuclilló al lado de una ventana y trajo a Genie hacia sí.

—¿Te acuerdas de cómo lo hacíamos antes? Antes esto era un…

—… club nocturno. Ahora me acuerdo. Nos quedábamos aquí y nos asomábamos por la ventana. Éramos demasiado pequeñas como para que nos dejasen entrar.

—Genie, todavía lo somos. Pero por lo menos podemos quedarnos sentadas aquí afuera y escuchar un rato. La música siempre era estupenda, y sigue siéndolo.

Se asomaron sigilosamente por encima del borde del alféizar de la ventana para espiar el interior del local. Dentro había mucha gente sentada a las mesas de madera, apretujada, charlando y bebiendo. Si Genie cerraba los ojos, casi podía imaginarse que ya no estaban en el gueto.

Los clientes reían y conversaban como si fuera un fin de semana normal. Las sillas pasaban de una mesa a otra cuando alguna persona quería sentarse con otro grupo.

Genie volvió a abrir los ojos sonriendo. Presionó la nariz contra el cristal, como para acercarse lo máximo posible a la gente que había dentro.

Y entonces vio un rostro conocido: el tío David hizo entrada en la sala desde la parte trasera. Se le veía muy apuesto con su elegante traje. Genie le saludó con la mano a través de la ventana, pero él no pudo verla. Solo tenía ojos para una mesa que había al lado de la orquesta, hacia la que se dirigió para sentarse.

El tío David se inclinó hacia adelante para hablar con tres hombres. A Genie, pretender mantener una conversación directamente al lado de la orquesta le pareció una extraña ocurrencia. No se podría oír nada. Pero luego vio un destello plateado y se quedó desconcertada. Examinó más detenidamente a su tío; al mismo tiempo vio cómo se reían los demás hombres sentados a la mesa después de que su tío les dijera algo.

Genie quería seguir observando a su tío, pero la música increíblemente hermosa que ahora llegaba hasta ella casi le quitaba el aliento. Era como si estuvieran hablándole unos ángeles, y por un momento le pareció haber perdido la cabeza.

Aquella sensación no duró mucho, porque enseguida Genie identificó un piano en el fondo de donde procedía aquella música, y entonces sí que se quedó boquiabierta.

—¿Es ese…?

—Sí que lo es —susurró Genie.

—Te has enamorado de sus manos, ¿verdad? Ahora sé por qué a toda costa querías venir aquí. Siempre has preferido pasar el tiempo con tus padres, te ibas con tu padre a patinar sobre hielo o a la biblioteca. ¿No te decía siempre tu madre que deberías hacer más cosas con nosotros? Ahora sale a la luz la verdad. Parece ser que esta pequeña orquesta ha conseguido una actuación en el café de tu tío. Será el destino, ¿no crees? —se burló Sylwia mientras tiraba a Genie de la trenza.

—¿Qué estás diciendo? ¿Y qué pasa si me gusta estar con mis padres? Y en cuanto al pianista, ¿cómo puedes echarme en cara eso? Mira cómo toca —replicó Genie con los ojos centelleantes. Verdaderamente tocaba de maravilla. Sus manos se deslizaban sobre el teclado como un pájaro que fuera dando saltitos por la copa de un árbol. Acompañaba a la orquesta en una pieza complicada. Genie nunca había tocado nada semejante. Pero él ni siquiera tenía una partitura, e incluso dejaba vagar la mirada lentamente sobre el público. Por el momento los clientes estaban demasiado ocupados consigo mismos, yendo de un lado para otro y riendo de forma ruidosa, y la orquesta solo era un sonido de fondo. Pero Genie sabía que el pianista podía atraer la atención de todo el mundo en cuestión de segundos si se lo proponía. Era extraordinario. Hasta poco antes del toque de queda no se separaron de la ventana. En algún momento Sylwia empezó a tirar piedrecitas a la espalda de Genie hasta que esta se dio por vencida y ambas emprendieron el camino de regreso.

Genie se despidió de Sylwia con un gesto de la mano y siguió caminando hasta su casa. Cuando entró se encontró al tío Henri bailando con la pequeña Halinka. Genie sonreía cuando dejó sus zapatos al lado de los de su tío Henri. Se deslizó sigilosamente detrás de Halinka y le pellizcó los costados. La niña saltó a los brazos de Henri con un gritito.

—Ah, Genie, has vuelto. ¿Dónde estabas? ¡Ya nos estábamos preocupando! —dijo el tío Henri.

—Es una muy buena pregunta.

Genie se crispó y se volvió despacio hacia su madre, que estaba sentada con el resto de la familia a la mesa de la cocina jugando a las cartas.

—Lilli y Helga dijeron que creían haberte visto salir con Sylwia. Pero has estado fuera horas. ¿Dónde estabas? —preguntó su madre.

—Déjala, Regina. Esperemos que se tratara de una cita.

—¿Cómo dices? ¡Abuela!

Genie rio, le dio un empujoncito a la abuela en un costado acompañado de una mirada admonitoria, y se sentó al lado de Jurek.

—Me refiero a que... Tienes que salir y casarte pronto. Como la guerra parece no acabar nunca, sería mejor hacerlo cuanto antes. Aunque debes elegir a alguien bueno. Alguien que te pueda sacar de este caos. Lo mejor sería un hombre con dinero.

—Abuela..., acabo de cumplir dieciséis. ¿No sería mejor terminar primero el conservatorio y ocuparme luego de eso?

—No. Fíjate en Mietek. Ha encontrado una chica y se va a casar en un par de días, aquí mismo, en el gueto —comentó la abuela como de pasada.

A Genie le pareció que el tiempo se paraba. Su corazón se detuvo, se le cortó la respiración. Mietek... ¿iba a casarse? No era posible. Pero si él tenía que... ¡casarse con ella!

Boquiabierta, se apoyó en el borde de la mesa y miró a cada uno de los miembros de su familia. Casi todos esquivaron su mirada, solo Henryk la observó atentamente. Como si fuera un animal herido al que quisiera ayudar. Genie sintió que se le hacía un nudo en la garganta, sus ojos quedaron anegados en lágrimas.

—¿Cómo has dicho? ¿Estás segura? ¿Mietek? ¿Nuestro Mietek? —gimió Genie con voz ronca.

—¿No te has enterado? Me sorprendió bastante, porque siempre andabais juntos. Creía que te elegiría a ti. En fin, ahora deberías imitarlo y casarte en cuanto se te presente la oportunidad. Si yo fuera tu madre, lo habría arreglado todo ya hace tiempo.

Mientras la abuela hablaba, Genie se derrumbó. Empezó a dolerle el vientre, sintió una punzada en el estómago, y seguía sin poder respirar.

¿Mietek se casaba? Genie siempre había creído que estaban hechos el uno para el otro. Quería casarse con él cuando acabara los estudios. ¿Y ahora él quería casarse con otra que vivía en su misma zona del gueto? No podía comprenderlo. La familia de él acudía una vez a la semana a la velada de juegos con todos los demás. ¿Cómo podían habérselo ocultado?

Ahora los ojos de todos estaban posados en ella. Incluso el tío Henri y Halinka dejaron de bailar y fueron a la cocina. Lilli y Helga miraban perplejas a su madre. Y Jurek se sentó conmocionado en los brazos de Henryk, quien la miraba con ojos tristes.

—Oh, cariño...

Genie no pudo soportarlo ni un segundo más. Inspiró profundamente y se fue corriendo hacia el balcón, dejó caer la cabeza entre las manos y se echó a llorar. Sollozó hasta que empezó a dolerle el cuello y las suaves manos de Henryk poco a poco la llevaron de regreso al interior. Juntos se dejaron caer al suelo, y Genie lloró sobre su regazo.

La boda también fue horrible para ella. Por supuesto, no podía compararse con las celebradas antes de la guerra. Apenas había invitados, solo la familia de Genie, la de Mietek y la de su prometida.

La ceremonia tuvo lugar en el patio de la casa en la que vivían, y Genie se pasó todo el tiempo acurrucada bajo el hombro de su padre. Durante la ceremonia no pudo evitar llorar, y ni Jurek ni Halinka se burlaron de ella.

Juntos compartieron una comida cuyo menú era sopa, pan y patatas. El tío David había traído algunas cosas del café, y gracias a eso tuvieron la sensación de que era un banquete. Pasadas unas cuantas horas, Mietek y su esposa se fueron a casa. Su familia se quedó por desgracia hasta bien entrada la noche. Bailaron y participaron en juegos, mientras Genie se quedaba sola en la cocina, sentada a la mesa, arrancando las astillas de madera de los arañazos provocados por la mudanza que habían hecho los alemanes.

No podía fingir que se estaba divirtiendo. Después de tanto tiempo, tenía la sensación de que todos se engañaban. Como si todo estuviera bien. Como si su familia tuviera suficiente para comer. Como si ahí afuera no hubiera una guerra.

Genie no sabía cuánto más podría aguantar, y por primera vez se dejó llevar. Lloró por la pérdida de Mietek y de la vida que había imaginado para sí misma. La guerra había cambiado todo de golpe. En lugar de ver su vida a través de un caleidoscopio de posibilidades, parecía que ahora solo podía mirarla con unos prismáticos. Casi era como un dolor físico; hasta tal punto le dolía su pérdida.

De nuevo afloraron las lágrimas, y sus pensamientos empezaron a dar vueltas en círculos. ¿Era un castigo? Pero ¿qué había hecho mal? Tal vez había disfrutado demasiado de su vida, y lo había dado todo por supuesto. Se vio a sí misma, aquellas tardes llenas de carcajadas cuando su *tat* resbalaba en el hielo. Los trayectos en bicicleta al colegio. Las vacaciones de las montañas. Su frustración tras las clases de esquí, y su padre, que la consolaba con un cacao caliente. Las carreras por los pasillos de la escuela para llegar la primera al aula de música. Las cenas con Kogut. Echaba de menos incluso a Kogut. ¿Qué le estaba pasando?

Los recuerdos la animaron un poco, pero su efecto no duró mucho al darse perfecta cuenta de que no eran nada más que eso: recuerdos, no la realidad.

—¿Cómo estás, cariño?

Genie alzó la cara, hinchada, y enseguida volvió a ocultar el rostro. *Tat* se encontraba muy elegante con aquel bonito traje, y tras él los invitados se abrazaban y aplaudían, y bailaban entusiasmados. Le disgustaba ver lo felices que estaban, y dejó caer la cabeza sobre la mesa.

—¡Ay! Suena como si eso te hubiera dolido. Probablemente he hecho una pregunta estúpida. —Su padre se sentó a su lado y le puso una de sus manos, cubierta por un guante blanco, sobre un hombro. Le dio un suave masaje haciendo círculos sobre su espalda, y luego él también apoyó la cabeza en la mesa, para poder mirarla a los ojos.

—¿Sabes una cosa? Nunca me gustó Mietek en realidad. Tiene los dientes demasiado grandes.

—*Tat!* —Con un gemido, Genie giró la cabeza hacia abajo, de forma que su nariz quedaba pegada directamente a la mesa—. Estás mintiendo. Nuestras familias siempre han tenido la mejor relación de amistad posible —protestó enfurruñada.

—Cariño, si hablas a través de la mesa no entiendo nada. Mírame a los ojos.

Genie suspiró desde lo más profundo de su corazón, pero giró la cabeza a un lado de forma que de nuevo estaban cara a cara.

—Sé que estás triste. Es absolutamente normal. Sé que nuestra familia ha sido bendecida más bien con alegría, pero eso no significa que siempre tenga que ser así. Hoy puedes estar triste tranquilamente, y mañana será otro día. Ya hay demasiada tristeza en el mundo, y no quiero tener que contemplar cómo mi pequeña estrella se apaga. Queda muy poca luz de todas formas. Por eso, querida, prométeme una cosa: cuando te des cuenta de que la oscuridad te atrapa, no te dejes ahogar por ella. Brilla con más luz aún. ¿Podrías hacerlo por mí?

Genie guardó silencio. No sabía qué estaba queriendo decirle su padre, pero parecía algo importante. Por eso asintió, aturdida, y cerró los ojos cuando él la abrazó.

Pasaron las semanas, y poco a poco Genie fue sintiéndose mejor. Todavía necesitó llorar unas cuantas veces, pero nadie tenía por qué saberlo. Iba al café casi a diario, aunque su madre siempre intentaba impedírselo. El apartamento seguía estando siempre lleno de música y baile, pero algo había cambiado. Su madre ya no quería hablar con el tío David desde que no había conseguido convencerlo de que se buscara otro trabajo. Creía que era un espía.

Por eso a veces la situación era incómoda con el tío David y su familia. Jurek incluso había oído a su tío hablando con los demás adultos de mudarse. Y le decía a todo el mundo que estaba dispuesto a escuchar que deberían irse, porque los nazis iban a sacarlos de allí de todos modos muy pronto. Por eso su madre estaba aún más segura de que espiaba para los alemanes.

Genie seguía encargándose de cocinar la comida de mediodía para todos. La abuela se quejaba sin cesar, como siempre. Seguro que porque estaba acostumbrada a comer más cantidad, a juzgar por su peso. Sus padres hacían lo que podían, pero a veces las provisiones que compraban o intercambiaban simplemente eran insuficientes.

Aunque no resultaba complicado cocinar patatas y sopa, a Genie todavía le costaba. Para su propia sorpresa, echaba de menos incluso el arte culinario de Kogut. Se preguntaba cómo la criada había aguantado todos aquellos años de su niñez en la cocina.

Uno de los mayores retos de su realidad era que vivían justo en una de las zonas limítrofes del gueto. La entrada se encontraba al lado del mercado, y justo al otro lado la vida seguía siendo como antes. El muro estaba terminado desde hacía algún tiempo, y los judíos habían quedado excluidos por completo de la vida de la ciudad.

Genie se recordó a sí misma lo orgullosa que estaba de ser judía. A veces era difícil, sobre todo cuando los nazis sacaban de forma arbitraria a algunos vecinos de sus casas y los fusilaban. Genie no comprendía la razón. ¿Acaso habían hecho algo aquellas personas a las cuales golpeaban y les arrojaban los perros mientras se burlaban de ellas, o incluso asesinaban, para merecer ese trato?

En algún momento a Genie le resultó evidente que los nazis no necesitaban ningún motivo para matarlos. No importaba si eran bebés regordetes o ancianas decrépitas, ejecutaban a quien fuera si les daba la gana.

Los nazis intentaban convencerse a sí mismos y a los demás de que los judíos eran «seres inferiores», alimañas que devoraban la prosperidad de los demás. Pero su familia siempre le recordaba que debía sentirse orgullosa. Hasta ahora, Genie nunca había estado demasiado por la labor durante las oraciones, pero ahora cerraba los ojos con fuerza todas las noches cuando la abuela decía las intercesiones en voz alta.

Algunos días, sin embargo, tenía que exhortarse a sí misma a seguir sintiendo ese orgullo. Resultaba especialmente doloroso ver a otros niños subidos a sus bicicletas y a familias paseando por la calle tan tranquilas, justo ahí, al otro lado del muro. A veces se preguntaba por qué no podía decidir por sí misma a qué lado quería estar.

—¿Ya estás lista? —preguntó Sylwia con una pícara sonrisa.

—Sí, perdona, tengo tantas cosas en la cabeza —murmuró Genie.

Las muchachas emprendieron la marcha a paso ligero cogidas del brazo. Tenían que llegar al café antes de que se llenara demasiado a mediodía.

De nuevo Genie se apostó en su lugar frente a la ventana

para vislumbrar el interior y, en efecto, ahí estaba él, tocando el piano. Sus manos se movían sobre las teclas como si fuera lo único para lo que hubieran sido creadas.

Casi podía imaginarse a ella misma tocando ese piano y al público aplaudiendo entusiasmado mientras ella acababa con una reverencia. Aunque al mismo tiempo era consciente de que nunca sería tan virtuosa. Era simplemente tan… magnífico. Con un suspiro, Genie apoyó la cabeza sobre las manos.

—¿Genie? ¿Eres tú? ¿Qué haces ahí…? —El tío David no acabó la frase.

Sylwia dio un respingo y tiró de Genie agarrándola por el cuello del vestido. Pilladas por sorpresa, se quedaron de pie junto a la ventana, y Genie no era capaz siquiera de mirar a su tío a los ojos. Hacía mucho que no hablaban.

—¿Qué haces ahí, arrodillada en el suelo?

—Yo…, quiero decir, nosotras queríamos ver la orquesta. Oír la música —tartamudeó Genie mientras manoseaba el dobladillo de su falda. Él suspiró, pero en las comisuras de sus labios se vislumbraba una sonrisa.

—Tú y la música. Venga, vamos adentro. Ninguna de mis sobrinas tiene por qué quedarse fuera.

Atónita, Genie miró de reojo a Sylwia, pero el tío David las cogió de la mano y tiró de ellas para que le siguieran. Al llegar a la altura de los guardas tan solo dijo que iban con él, y nadie tenía nada que objetar.

A pesar de que habían examinado con lupa aquella sala desde la ventana en más de una docena de ocasiones, desde dentro tenía un aspecto por completo distinto. Había mesas y sillas en todos los rincones posibles. La gente reía y bebía, y todos llevaban la estrella de David.

Se abrieron camino entre las mesas hasta llegar cerca del escenario. El tío David arrimó una silla para Genie y la animó a tomar asiento.

—¡Encima en primera fila! ¡Es fantástico! —susurró Sylwia.

—Pues comportaos como es debido. Tengo que salir a hacer un par de recados, pero el personal sabe que estáis aquí. Podéis quedaros todo el tiempo que queráis. —David le dio un beso a Genie en la mejilla y se fue.

Genie miró a su alrededor. La orquesta no estaba tocando justo en ese momento. Debían de estar haciendo una pausa.

Las muchachas se abalanzaron sobre el agua y el pan que les trajo un camarero.

—¿Crees que podríamos venir aquí todos los días? No me costaría nada acostumbrarme a ello. No sé si será un espía, pero tu tío es un fenómeno —le elogió Sylwia, en un tono demasiado alto en opinión de Genie.

—¡Chisss! —siseó Genie al tiempo que le daba una patada en la espinilla—. No es un espía. Mamá no ve más que fantasmas, eso es todo. Pero tienes razón. A mí también me gusta el ambiente —suspiró Genie.

—¿Te gusta el ambiente? Por favor, si pudiéramos traer aquí a nuestras amigas… ¡Sería todo un éxito! Vuestro apartamento es fantástico, pero necesitamos algo nuevo para variar. ¿Por qué no aquí?

—Claro, y crees que a los adultos aquí presentes les parecería estupendo que doce chicas se desahogaran chillando a los elegantes músicos y a los camareros, ¿no? A mí me parece que no.

—Vamos, no sería así. Nos comportaríamos adecuadamente. O sea, las demás se comportarían…

—¡Sylwia! —interrumpió Genie.

Prorrumpieron en risas. Genie se metió en la boca otro trozo de pan, pero dejó de masticar cuando unos hombres pasaron justo ante ellas. ¡La orquesta!

Genie lo reconoció de inmediato. Ahí estaba él, con las manos educadamente cruzadas sobre el regazo. Y Genie con la boca llena de pan.

Acabó de masticar a toda prisa y se limpió la boca con una servilleta. Bajo la mesa tomó a Sylwia de la mano y se la apretó, como si su nerviosismo se esfumara a través de aquellas manos entrelazadas.

—Buenas tardes a todos. Gracias por estar aquí. En nombre de la orquesta quisiera dar la bienvenida a quienes vienen a vernos por primera vez. A continuación tocaremos una última pieza para concluir la actuación de hoy. ¡Una ronda de aplausos, por favor!

Genie aplaudió junto al resto del público, mientras los músicos se presentaban uno por uno. Él avanzó en el escenario en último lugar.

—Buenas tardes, señoras y caballeros. Me llamo Feliks Nelken, y me siento honrado de poder tocar para ustedes en este maravilloso día. Nuestra siguiente pieza sin duda les hará sentirse un poco más animados. Muchas gracias.

Feliks hizo una breve reverencia y se sentó al piano. Ajustó el taburete, y enseguida posó las manos sobre el teclado mientras miraba al primer violinista, que era quien daba la señal.

Genie estaba fascinada con la música. Alargó el cuello para poder observar sus manos. Eran milagrosas, y quedó encandilada por la facilidad con la que se deslizaban sobre las teclas.

Podría haber estado escuchándole durante horas, pero hoy solo quedaba tiempo para una pieza más. El café tenía que cerrar, y Genie tiró de Sylwia hasta la salida, antes de que hiciera alguna tontería. Como, por ejemplo, intentar que Genie conociera en persona a Feliks. Una terrible ocurrencia.

—¡Pero si te gusta, Genie! No entiendo por qué no quieres hablar un momento con él —protestó Sylwia.

—¿Hablar con él? Por favor, es demasiado…, es mucho mayor que nosotras, ¿no crees?

—No creo que tenga más de dieciocho. Venga, ¿qué podría pasar? Te has quedado mirándolo fijamente todo el rato. Eso es el destino. Para mí es evidente. Tenéis que conoceros, ¡ya me encargaré yo de eso la próxima vez! Los abordaremos durante el descanso. —Sylwia explicaba su magnífico plan al tiempo que se frotaba las manos. Genie arrugó la frente y suspiró.

—Sylwia...

—... y te presentaré como una admiradora de su arte. A partir de ahí ya puedes seguir tú sola...

Con una sonrisa conspiradora, Sylwia le dio un golpecito en el costado. Genie se llevó las manos a las mejillas, que sentía como si estuvieran ardiendo, y asintió apenas.

—Genial. A partir de ahora tenemos una misión. Quedamos mañana después de comer, ¿de acuerdo?

—Vale... —Genie asintió resignada.

Cogió a Sylwia del brazo y se dirigió a la salida, antes de que se le ocurriera nada más.

—¿Por qué tendríamos que esperar a mañana?

Genie ya tenía la mano en el picaporte de la puerta. Oyó cómo Sylwia inspiraba profundamente y se giró todavía ruborizada.

—La verdad es que no suelo escuchar las conversaciones de extraños, pero tenéis que admitir que no sois demasiado buenas susurrando. Mi amigo Henry nos ha arrastrado hasta aquí tras oíros hablar.

Se quedó paralizada mirando a Feliks y buscó desesperadamente algo que decir. Él estaba justo frente a ella, y su sonrisa delataba a las claras que aquella escena le divertía mucho.

—Bueno, mi encantadora amiga Genie simplemente quería felicitarles. Le ha gustado en especial el piano —explicó Sylwia con descaro.

—¿De veras? Entonces tenemos algo en común —respondió. Feliks se inclinó para darle un beso en la palma de la mano a Genie. Ella contuvo el aliento—. Es para mí un honor conocerla. Por favor, vuelva otro día. Quizá podríamos dar un paseo después de la actuación. Y así podría decirme qué opinión le merece. Intento mejorar continuamente, cada vez un poco más.

Genie asintió y sonrió insegura, con la esperanza de que nadie viera que le temblaban los labios. Tenía la sensación de que el suelo bajo sus pies iba a desaparecer. ¿De verdad estaba pasando aquello?

Ambos jóvenes se despidieron con un gesto, y Henry le dio unos golpecitos a Feliks en el hombro mientras se alejaban bromeando. Genie desvió la mirada poco a poco hacia Sylwia, cuyo rostro refulgía como un candelabro de Janucá.

En el camino de regreso Sylwia miraba de reojo constantemente por encima del hombro, profiriendo grititos de satisfacción. Genie movía la cabeza de un lado a otro sin dejar de sonreír. Estaba loca. Si creía que podría tener una oportunidad con él, bueno..., tal vez había que estar un poco loca.

Solo de pensar que volvería a hablar pronto con Feliks, Genie se reía como una tonta colegiala. Durante todo el camino de vuelta a casa su música estuvo dándole vueltas en la mente.

Aunque iban caminando por las sucias calles del gueto, su corazón estaba lleno a rebosar. Ahora que aquellas manos tenían un nombre y una voz, le resultaba aún más atractivo. Feliks. Casi no podía creerlo. Parecía más mayor, pero ella sabía que eso daba igual. Nadie tocaba como él. Genie entró dando saltos y bailando en el apartamento. Avanzó dando vueltas por la entrada y llegó a la cocina con los ojos cerrados, imaginando que volvía a encontrarse con Feliks en el café. Pero entonces se quedó clavada en el sitio.

—¡No puedes hacer eso, hermano! Te lo ruego. Por favor, búscate otro trabajo —decía exaltada su madre.

—Estás haciendo una montaña de un grano de arena. ¡Déjame en paz!

—¡Estás engañando a tu gente!

—¡¿Mi gente?! ¡Quién es exactamente mi gente? ¿Esos que

se roban unos a otros en las calles? ¿O los que viven conmigo bajo el mismo techo? Lo siento, pero son estos últimos quienes siempre tendrán preferencia, Regina. Y tú también lo harías.

Con los ojos muy abiertos, Genie miraba alternativamente a su madre y a su tío David. Era imposible evitar oír su intercambio de palabras, y los pequeños asomaban la cabeza desde el dormitorio para escuchar.

No sabía qué hacer. En su familia nunca había discusiones. Pasó al lado de su madre y rodeó la mesa de la cocina lo más calmada posible. Antes de salir de la cocina, la abuela la cogió por la muñeca para obligarla a tomar asiento.

—A ver, Eugenia, tú ya sabes que en América todo es más grande y mejor. Ofrece muchas oportunidades, tú allí serías como una princesa. No, ¡como una reina!

—Ahora no, abuela —murmuró Genie.

Desvió la mirada y reprimió un gesto de negación con la cabeza.

La abuela no se cansaba de repetir con frecuencia lo grandiosa que era América, y Genie ya estaba harta de oírlo. En cualquier caso era tan insistente como con sus quejas sobre su otro tío, el hijo traicionero que se había casado con una mujer católica.

Al menos, en esta ocasión Genie se alegraba de que le hubiera dado una excusa para quedarse en la cocina. Cogió la mano de la abuela de la mesa para acariciársela, mientras escuchaba la conversación.

—Solo digo que ahora hay muchos que operan de forma encubierta, y están intentando delatar a quien haga algo prohibido —intentó apaciguar su madre.

—Pues no hagas nada prohibido y no pasará nada. Deberías estar contenta de que tenga este puesto. No todos los judíos tienen tanta suerte. Estoy protegiendo a mi familia, Regina. Maldita sea, ¿no fue por eso por lo que me hiciste volver a Cracovia? Hice contactos en Berlín, y ahora los estoy utilizando. Sabes que cada día salen camiones llenos de judíos. ¿Acaso no te das cuenta de adónde los llevan? Los meten a todos en un horno y los queman. Como en una vieja cocina.

—David..., por favor.

—Ya he perdido la cuenta de cuántas veces he conseguido que nos salvemos. Y otra cosa: mis contactos me han aconsejado que nos escondamos, porque pronto vendrán a por nosotros. Quizá quieras grabarte esta información en tu cabeza —bufó el tío David con sarcasmo.

—Simplemente no está bien. Por favor, es demasiado peligroso. Si nuestros vecinos supieran lo que haces..., quién eres realmente...

—No quiero seguir oyendo esto. No voy a dejar mi trabajo, y si no puedes aceptarlo...

—¿Qué? ¡Eres un espía, y no vale la pena! Hermano, búscate otra cosa, por favor. Es demasiado peligroso.

—¡Mira a tu alrededor, Regina! ¿Quién de nosotros no está en peligro? El peligro acecha en todos lados, se ha convertido en nuestra nueva realidad. Vosotros dais vuestras pequeñas fiestas y hacéis como si todo estuviera bien, pero no es así. Nada está bien... —La voz del tío David soltó un gallo.

Genie apretó con más fuerza la mano de la abuela al ver que las lágrimas afloraban a los ojos de su madre. Miraba a su hermano con tal desesperación que él no pudo evitar estremecerse.

—Yo... Simplemente no quiero que trabajes allí —susurró Regina.

—No tendrás que preocuparte más por eso. Nos vamos. Venga, mamá. Ve a por tus cosas.

—¿Cómo? David, sé razonable. No lo dirás en serio.

Regina le cogió del brazo, pero él se liberó y ayudó a su madre a levantarse de la silla, sin dignarse a volverse para mirarla. Genie miraba asombrada a su madre. ¿De veras iban a mudarse el tío David y su familia, llevándose a la abuela? ¿Dónde pretendían ir?

Aunque no tenían demasiadas cosas, puesto que la mayoría de sus pertenencias se habían quedado en Alemania, tardaron una semana en mudarse. Probablemente fue la más difícil de la vida de Genie. Su madre se negaba a hablar con el tío David, de lo enfadada que estaba, y como Genie seguía viéndolo en el café, supuso que él también renunciaba a dejar su trabajo.

No podía ser un espía; aunque tampoco sabía muy bien qué quería decir eso. Incluso en el caso de que sí lo fuera, entonces estaba ayudando a otros judíos y eso era algo bueno. El tío David era un buen tipo, y ahora le parecía aún mejor teniendo en cuenta que las dejaba entrar con frecuencia, a ella y a Sylwia, para escuchar a Feliks y su orquesta.

Cada día después de la comida de mediodía, que Genie cocinaba para Jurek, Halinka y sus primas, salía hacia el café acompañada de Sylwia, donde permanecían hasta el toque de queda.

Pronto tendrían más sitio en casa, y la abuela ya no tendría que dormir en la cocina, pero a pesar de ello Genie no quería que las cosas cambiaran. Por la noche ella y Jurek escuchaban a escondidas las conversaciones que mantenía el tío David con su mujer, Betty.

Hablaban en alemán, por lo que ni ella ni Jurek entendían una sola palabra, pero tenían la sensación de que Betty intentaba convencerlo de quedarse con su familia. Y Genie estaba completamente de acuerdo. Aunque Lilli y Helga no fuesen las mejores compañeras de juegos para Jurek y Halinka, para jugar al escondite no hacía falta hablar demasiado. Pero no parecía que el tío David se hubiera dejado persuadir.

—¡Jurek! ¡Halinka! Dejad ya de jugar con el pelo de Lilli, y venid a cenar —los llamó su madre de forma enérgica.

Genie lanzó una mirada comprensiva a ambos, que seguían jugando a los peluqueros con Lilli, y se puso en pie. Jurek retorcía en tirabuzones desde hacía veinte minutos los cabellos de Lilli, mientras Halinka intentaba hacerle trenzas a semejanza de uno de los muchos peinados con los que Kogut siempre había obrado su magia.

Echaron a correr hacia la mesa de la cocina, mientras Genie intentaba desenredar el pelo de Lilli. Por lo menos Helga ya se había apresurado a responder a su llamada.

—Mmm, otro delicioso plato de patatas. Gracias, Regina. —La abuela alzó su vaso en dirección a su hija, y Genie sonrió con timidez mientras todos se sentaban a la mesa. Desganada, revolvió las patatas con salsa de mostaza. Comieron en silencio, aunque el tío David no estaba presente. Al parecer había salido con unos amigos.

De súbito se oyó el megáfono. Henryk y Regina se levantaron de un salto y se precipitaron hacia el balcón para escuchar. Más valía no perderse lo que se comunicaba de aquella forma. Seguramente volvían a hacer un llamamiento para convocarlos en la plaza.

Genie tragó el resto de las patatas que quedaban en su plato y se levantó de la mesa para alzar a Halinka, mientras sus padres volvían del balcón con expresión petrificada.

—¿Qué pasa, mamá? —preguntó Genie, intranquila.

Su madre tragó saliva y miró a su marido de reojo. Él la rodeó con un brazo y dijo en voz baja:

—Están convocando a los ancianos.

—¡Ja! Tal vez nos saquen de este cuchitril inmundo para llevarnos por fin a un sitio decente. Bueno, ¿qué han dicho, adónde tenemos que ir?

—Todos los ancianos tienen que ir a la plaza de la Paz.

Intercambiaron silenciosas miradas, pero la abuela no parecía demasiado preocupada. Regina posó ambas manos sobre sus hombros. Genie habría jurado que su madre estaba temblando.

—Pues espero que se diviertan. Yo me quedo en casa. Nos llaman justo a la hora de la comida. Es absurdo. ¿Acaso no tienen la más mínima humanidad?

—Mamá, no puedes quedarte aquí. Te han convocado.

—¿Y qué? ¿Crees que parezco una vieja? La última vez que lo comprobé todavía era bastante joven. No me miréis todos así. Comed, ¡comed!

La mirada severa de la abuela hizo que Genie y los niños volvieran a sus sillas al momento. Pero Regina se quedó de pie a su lado. Pasaron varios minutos, y solo cuando Henryk le dio a su mujer un suave golpecito, esta pareció volver en sí. Se sentó de nuevo, cogió de la mano a su madre, y lentamente siguieron masticando las patatas.

No pasó demasiado tiempo antes de que alguien llamara a la puerta dando fuertes golpes, como si quisiera echarla abajo. Todos los miembros de la familia, asustados, se acercaron unos a otros.

Henryk les indicó por señas que se quedaran sentados, se alzó de su silla y abrió la puerta. Varios hombres hicieron irrupción, pero al contrario de lo que Genie había imaginado, no eran de las SS, sino policías con la estrella en el brazo. Se abalanzaron hacia la cocina. Varios se quedaron detrás de la abuela, a cuyo brazo su hija seguía aferrándose.

—Debe de ser bastante anciana, si ya no puede oír bien. Todos los viejos tienen que acudir a la plaza —retumbó como un trueno la voz de uno de los policías.

—Ahora van a quedarse calladitos y a dejarnos acabar esta deliciosa comida. Qué grosero. También estábamos a punto de iniciar nuestros rezos. Ya sabe, esas tonterías que nos gusta hacer a los judíos.

El hombre se quedó sin habla; abrió la boca para volver a

cerrarla enseguida como si fuera una carpa. Genie reprimió una sonrisa, puesto que sabía de sobra qué pasaba cuando uno se llevaba una regañina de la abuela. El policía parecía estar visiblemente alterado y dio un paso atrás, pero entonces otro tomó el relevo.

—Señora, por desgracia, no se trata de una petición. Tiene que venir con nosotros, de lo contrario…

—De lo contrario ¿qué? ¿Van a fusilarme? Adelante; he tenido una buena y larga vida. Lo bastante larga como para saber que no tenéis munición —replicó la abuela mientras se cruzaba de brazos.

El hombre juntó las manos detrás de su espalda y después hizo una profunda inspiración, como si estuviera haciendo acopio de paciencia.

—… de lo contrario tendrá problemas. A buen seguro no querrá que sus nietos tengan que presenciar una escena semejante. —Había bajado el tono de voz, y después miró de soslayo a Genie.

Ella desvió la mirada. Su mente iba a toda velocidad. ¿Qué estaba pasando?

—Puesto que es tan inteligente como para haber deducido que se trata de mis nietos, también debería saber que llevan mi sangre y tienen la suficiente firmeza como para hacer frente a todo lo que la vida les depare. Eso también es aplicable a todo lo que a vuestro venerado Hitler se le ocurra.

Genie apenas pudo oír la respuesta del policía, porque se había inclinado hacia adelante y casi le estaba susurrando al oído.

—Por favor. No tenemos elección, señora.

—Todo el mundo puede elegir, hijo. Usted también lo aprenderá tarde o temprano, algún día. Rezo para que lo aprenda antes de que sea demasiado tarde —dijo la abuela alzando la voz.

El hombre lanzó una mirada desconcertada a sus camaradas.

Luego se irguió, parecía haber tomado una decisión. Chasqueó los dedos, y Genie dio un respingo.

Los policías avanzaron hacia la abuela para levantarla de la silla. Se esforzaron considerablemente, pero la abuela no era un peso ligero, y al final no lo consiguieron. Ni siquiera cuando se les unieron refuerzos para intentar alzarla de su asiento, la abuela seguía sentada con los brazos cruzados y una sonrisa en la cara.

Su hija permanecía a su lado, llevándose las manos a la boca, y Genie solo podía ver sus ojos, muy abiertos. Parecía que estuviera a punto de vomitar.

La abuela se negaba a acompañarlos, y tras un par de intentos infructuosos, los policías se dieron por vencidos. Antes de salir de la casa dijeron palabras que Genie no se hubiera atrevido a repetir, tras advertir que iban al hospital y que volverían enseguida. A continuación cerraron la puerta tras de sí de un golpe.

—*Tat!* ¿Qué significa esto? —preguntó tartamudeando en voz baja Genie.

Nadie se movió, todos callaban.

Genie se sentó al lado de su abuela y le tomó la mano. Su madre se inclinó hacia adelante y le cogió la otra. Estuvieron largo rato sentadas así mientras su padre acompañaba a la cama a los más pequeños.

—Mamá, creo que deberíamos...

De pronto oyeron abrirse la puerta de abajo. Genie cruzó las manos delante del pecho. Con los ojos muy abiertos, miró fijamente a su madre con la esperanza de que hiciera algo.

Los policías irrumpieron de nuevo en el interior del apartamento, esta vez casi a paso de ganso. Pero traían algo consigo, ¿qué era? ¿Una camilla? ¿Para qué necesitarían...?

Sin embargo, antes de que Genie pudiera intentar responder aquellas preguntas, los policías dejaron la camilla al lado de la mesa y arrastraron la silla de la abuela.

—Si lográis subirme a este absurdo armazón, casi preferiría ir caminando yo misma.

Habían traído refuerzos, y entre todos se hicieron con ella y la levantaron de la silla. Uno de los hombres se interpuso entre Regina y la abuela, y Genie rodeó la mesa del brazo de su madre. Lentamente ambas retrocedieron hasta tocar la pared con la espalda.

—Ni se os ocurra. ¡No me toquéis! Y ahí mucho menos, jovencito. Puede que tenga un trasero enorme, pero aunque fuera tan grande como el mundo entero, no vais a tener ese honor.

Genie iba a echarse a reír, pero entonces lo consiguieron. Alzaron a la abuela hasta la camilla y la ataron con varias correas negras. La abuela se retorció y empezó a gritar con los ojos muy abiertos, llenos de miedo.

—¡Soltadme! Regina... ¡Regina!

Genie percibió cómo su madre se ponía rígida, y posó una mano sobre el brazo para consolarla. La abuela gritaba como una loca mientras la sacaban de la cocina. Aunque vivían en un segundo piso, seguían oyéndola gritar con la misma intensidad desde la planta baja.

—¡No! ¡Ayuda! ¡Ayudadme!

Genie no podía respirar, tenía los ojos empañados por las lágrimas.

—¡Deteneos! Soltadme ahora mismo. Parad. Regina... ¡David! ¡¿Dónde estáis?!

La abuela gritaba por su vida, incluso desde la calle seguían escuchando su voz. Genie nunca olvidaría aquellos gritos mientras viviera.

—¿Adónde...? Mamá, ¿adónde se llevan a la abuela?

Pasaron unos instantes hasta que Genie por fin escuchó un susurro cerca de su sien, donde su madre apoyaba la frente.

—No te preocupes, cariño. Estaba un poco enferma, se la

llevan para que se recupere. Seguro que a un buen sanatorio fuera del gueto. No te preocupes.

Genie alzó la vista para la mirarla y se obligó a sonreír. Se preguntó si su madre se dirigía a ella al decir aquellas palabras, o si no se lo estaría diciendo a sí misma.

Genie siempre había pensado que si la familia seguía unida todo iría bien. Al ver cómo se estremecía su madre, la abrazó con fuerza y cerró los ojos. Por lo menos todavía tenía a sus padres y a sus hermanos. Todo se arreglaría.

De izquierda a derecha: el tío David, Helga, Betty, Lilli, la abuela, Halinka, Regina (madre), Jurek, Eugenia (Genie), Henryk (*tat*)

Amor y pérdida
1942

Durante las siguientes semanas Genie se quedó como paralizada. Justo cuando creía que con Feliks su vida iría mejor, todo fue a peor. Era como si le hubieran amputado un miembro. Lo último que recordaba de la abuela eran sus gritos agudos, que parecían eclipsar sin piedad todos los demás recuerdos. Nunca regresó.

Mientras tanto, en cada minuto que tenía libre Feliks se esforzaba por encontrarse con ella, y esos momentos eran como pequeños trocitos de cielo. Paseaban por las calles del gueto, hacían las compras para sus respectivas familias, y Feliks contaba incluso con permiso para llevarla con él al café.

Siempre que podía, Genie se sentaba a su lado y le escuchaba tocar. Era increíble: cualquier canción que le pidieran, él sabía tocarla. Y si alguien no conseguía recordar el título de su canción preferida, Feliks le pedía que se la cantara, aunque solo fuera un fragmento, y de inmediato se unía a la melodía.

A Genie le encantaba ir al café, y su amigo Henry le contó a Feliks que ella no se cansaba de mirar fijamente sus manos, y que debía de haberse enamorado. Cuando él sonriendo le preguntó al respecto, ella se limitó a encogerse de hombros y guardó silencio.

Genie llevó a Feliks a las veladas semanales con sus invitados, y les presentó a su familia y amigos. Le habría gustado que hubiera podido conocer a la abuela. Se habría sentido tan orgullosa de ella.

Era maravilloso ver a Feliks interactuar con su familia, y cuando se ponía a jugar con la pequeña Halinka, Genie sentía que se derretía.

Pero poco después de que el tío David se mudara a otro apartamento en la misma calle, Genie y su familia tuvieron que dejar el suyo. Aunque en absoluto de forma voluntaria.

En plena noche llegaron unos guardas y los sacaron del piso. Esa mudanza fue mucho más caótica que la primera, puesto que los arrancaron de su sueño y los llevaron a empujones hacia el exterior. Genie se puso furiosa porque sus zapatos se ensuciaron con el barro de la calle.

No habían tenido tiempo de recoger sus pocas pertenencias, y los intentos de su madre de convencer a aquellos hombres resultaron infructuosos. Cuando los guardas finalmente los condujeron a una pensión con dos habitaciones y suelo de tierra, Genie clavó la mirada en ellos, como si fueran seres mitológicos. Era imposible vivir allí. Y sin embargo, no les quedó más remedio.

Era espantoso. Genie y sus hermanos dormían en una de las habitaciones, y sus padres en la otra; también había una pequeña estufa de carbón que parecía sacada de una trinchera. Una de las paredes de su nuevo hogar era el muro del gueto, las demás estaban hechas apresuradamente con tablones. Aquella noche Genie lloró hasta quedarse dormida.

—Se están llevando gente sin cesar. No puedo siquiera pensar adónde se los llevan los nazis. Por supuesto que resulta agradable que no haya tantas aglomeraciones, pero no precisamente aquí. Bueno, el café seguro que siempre estará lleno. ¿Feliks?

Genie lo miraba sonriente, y él le cogió la mano y besó sus dedos. Después volvió a dejar sus manos sobre la mesa y examinó a la multitud.

Estaban sentados en un rincón de la sala, Feliks estaba haciendo una pausa. Desde que sus padres sabían de la existencia de Feliks, la dejaban acudir allí con más frecuencia, porque era mayor de edad y confiaban en él.

—Me refiero a que... ¿oyes tú también los disparos y los perros? Ocurre casi a cada momento. Echo de menos nuestro apartamento. Esa especie de choza de madera es un agujero. Lo odio.

Feliks dio un sorbo a su café; parecía no estar escuchándola realmente. Con la otra mano tamborileaba una melodía con los dedos. Luego empezó a hablar en voz baja.

—¿Sabes una cosa? Antes de todo esto estudié medicina, pero nunca fui capaz de decidirme en realidad: ¿quiero ser músico o médico? Ambas profesiones me encantan, cada una a su manera. Cuando los alemanes nos invadieron, me hice soldado. Pero enseguida me convertí en prisionero de guerra. No era de extrañar, al fin y al cabo solo teníamos escobas y palas. Debíamos de ofrecer una imagen bastante ridícula. En los campos de prisioneros nazis emplearon a los estudiantes de medicina como profesional sanitario. He curado a soldados y he hecho lo que me gusta, pero para personas a las que odio.

—Feliks...

—Lo sé, querida. No debería odiar a los alemanes, y sé que les tienes cierto respeto debido a la parte de tu familia que viene de allí. Pero poco después me enteré de que habían liberado a algunos prisioneros, y entonces... me sumé a la lista y llegué al gueto. Haberte encontrado me reconcilia con el hecho de haber perdido mi vida anterior. Tampoco es que tuviéramos nunca una casa bonita. Aquí vivo con mi hermana y mis padres en el hospital, y apenas podemos permitirnos algo que comer. Solo disponemos de una cama, un sofá y el piano. Seguramente ahora puedes entender por qué prefiero estar en el café. —Feliks le guiñó un ojo, cansado.

Genie se maravillaba de cómo conseguía mantener el ánimo e incluso su sentido del humor. En cambio ella era capaz de pasarse todo una día furiosa si no podía comer caliente.

—¿Conoces a mi tío David? No le digas que te lo he dicho yo, pero se han llevado a Betty, su mujer. Ha desaparecido sin más, y las niñas se han quedado solas. Viven en un apartamento propio en la misma calle que el nuestro, pero un poco más lejos del muro. No es tan horrible como nuestro agujero, pero Helga y Lilli están completamente desamparadas. No hablan una palabra de polaco, y mamá tiene que ir a cuidarlas porque no saben cocinar. Me sorprende que lo haga. Se ocupa de ellas aunque el tío David nos abandonara. Y ahora su mujer está quién sabe dónde…

—Lo siento, Genie. Es lo que está pasando últimamente. Cuando uno sale a la calle, corre el riesgo de que se lo lleven. Algunos dicen que se llevan a la gente a un lugar mejor, lejos de aquí, para que no haya tanta aglomeración.

—Quizá… He oído hablar a mis padres sobre toda clase de rumores, pero parece que ni ellos mismos se los creen.

—Da igual lo que pase, seguiremos juntos —prometió Feliks mientras le besaba las manos. Genie se ruborizó.

Ambos se pusieron en pie, y él siguió sosteniéndole la mano, con los ojos brillantes.

—Tengo que tocar ahora, ¿me esperas fuera, cuando acabe? Te acompañaré a casa.

Genie asintió sin decir palabra. Cuando Feliks ya se había ido, se le escapó involuntariamente un suspiro.

Feliks era… casi perfecto. Había luchado en el ejército polaco. *Tat* decía que solo se habían alistado los más valientes. ¡Y había estudiado medicina! ¿Cómo podía nadie ser tan genial? Amaba la música seguro que tanto como Genie, pero ella había querido convertirla en su profesión. El corazón de Feliks en cambio era tan grande que cabían ambas cosas: la música y la medicina. No comprendía cómo a alguien le podían gustar tanto dos cosas tan distintas. Pero eso era algo de lo que no podía quejarse.

La abuela le había dicho que debería casarse con un hombre con dinero. Feliks tenía grandes perspectivas de hacerse un nombre, ya fuera como pianista o como médico. También sabía tocar el acordeón y, aunque a Genie nunca le había gustado, cuando él interpretaba alguna pieza con ese instrumento le parecía que sonaba como música angelical.

Había encontrado al hombre ideal. Su amor por Mietek ahora casi se le antojaba una niñería. Se había convertido en adulta. Ya no tenía tiempo para fantasías juveniles. Feliks era un hombre, y ella ahora ya una mujer. Y así exactamente era como se sentía, sobre todo desde que le habían permitido ir al café siempre que quisiera.

Ya casi no veía a Sylwia, ni tampoco a sus otras amigas. Ahora que ya no disponían de aquel apartamento no tenían ningún lugar apropiado para celebrar sus veladas, en las que unas cuantas familias se reunían cada semana para bailar, y hasta el momento no habían encontrado ningún otro sitio. Genie se preguntaba si volvería a bailar alguna vez.

Todos decían que la guerra acabaría pronto y que por eso la situación estaba empeorando en el gueto. La manía persecutoria del tío David había ido en aumento, y aconsejaba a todos aquellos que quisieran escucharlo que buscaran un lugar donde esconderse. Regina creía que se había vuelto loco desde que su mujer había desaparecido.

A Genie le parecía estupendo que sus primas por lo menos vivieran en la misma calle que ellos, porque su madre podía seguir llevándoles comida. Sin padres y sin hablar una palabra de polaco, Genie sentía infinita pena por ellas. Como mínimo así tenían para comer. Mucha gente se moría de hambre y se veía obligada a pedir limosna. Genie evitaba salir a la calle, porque las palizas y las ejecuciones eran constantes. Tenía miedo de salir, y sabía que sus padres también se preocuparían. Apenas podía salir de la casa de día debido a los disparos y los continuos ladridos de los perros, y por la noche le costaba dormir.

A eso había que sumar que sus habitaciones estaban justo en el muro del gueto, y por tanto podía escuchar cómo se desarrollaba la vida con perfecta normalidad al otro lado. Como en su anterior apartamento.

Obviamente la guerra también estaba presente, y la vida al otro lado solo podía considerarse normal en comparación con la suya. A veces Genie se sentaba en el muro y apoyaba la cabeza en él para escuchar el tráfico. Se imaginaba a gente sonriente de camino a sus casas, personas que iban de aquí para allá de buen humor y hacían como si todo estuviera bien, tal como vivía antes su propia familia. En ocasiones le invadía la tristeza, pero siempre conseguía recomponerse; al fin y al cabo, seguía junto a sus padres. No acabarían como Lilli y Helga. Tenían a *tat* y a mamá, podían considerarse afortunados.

Pasó un año más, y poco a poco Genie iba aceptando la monotonía del gueto. Sus visitas furtivas a Feliks eran como un rayo de luz que ayudaban a que los meses transcurrieran más rápido.

En una ocasión Genie tomó asiento a su lado en el piano. El café todavía estaba cerrado, y él practicaba una pieza de Mendelssohn.

—En realidad, no necesitas practicar. No conozco a nadie que toque tan bien como tú.

Feliks le dio un empujoncito en el hombro y la miró de soslayo, sin dejar de tocar. Con un gesto dramático, contrayendo las cejas, tocó un par de notas espantosamente erróneas.

—¡Lo has hecho aposta!

—¿Cómo lo sabes? Tal vez se deba a tu belleza. Me distraes.

—Por favor. Como si algo pudiera despistarte.

—Por ejemplo, que tengas tu pierna tan cerca de la mía —susurró Feliks.

Sobresaltada, Genie bajó la vista hacia sus piernas, muy juntas. Hizo un amago de apartarse a un lado, pero Feliks le rodeó la cintura con un brazo. Mientras la atraía hacia sí, seguía tocando con la mano izquierda. Con las mejillas encendidas, Genie posó la cara sobre su hombro.

—Ahora te tengo en mis brazos, pero esta pieza fue compuesta para ser tocada a dos manos. Podría matar a ese Mendelssohn.

—Pero ¿es que no sabes que ya está muerto? —replicó Genie sonriendo.

—¡No me digas! Si estuviera vivo, le cantaría las cuarenta por no haber compuesto nada para que yo pueda dejar la mano exactamente ahí donde está ahora.

—¿No crees que tal vez eso sería mucho pedir?

—No te mereces menos. —Lo decía muy en serio.

Genie lo miró con los labios levemente separados. Él le guiñó un ojo y volvió a posar los dedos sobre las teclas. Disfrutaba cada minuto que pasaba con Feliks. Cuando estaba con él se sentía viva de nuevo. Anhelaba poder verlo más a menudo, pero trabajaba tanto en el hospital y como pianista que apenas le quedaba tiempo libre.

Feliks tocó el rondó final y acabó con un *glissando*. Genie corroboró admirada que no había nadie como él. Por supuesto, se guardó para sí misma su opinión, pero al instante le asaltó un pensamiento horripilante.

—No paran de llevarse gente. Están desapareciendo tantos... ¿Qué pasaría si...? —Genie se estremeció.

—¿Si vinieran a por mí? No lo harán. Soy demasiado valioso. Me he asegurado de que así sea —aclaró Feliks seguro de sí mismo.

Pero Genie frunció el ceño.

—¿Qué quieres decir con eso? ¿Acaso que mi familia no es tan valiosa?

—¡No! Por el amor de Dios, no. No me he expresado bien, querida. Me refería a que saben lo increíblemente dotado que estoy, y por eso ni siquiera lo intentarían.

—Pero...

—Pero nada. Ya lo verás.

Los ojos de Feliks empezaron a brillar, y ella vio cómo le llenaba la música. Volvió a dirigir la atención a las teclas y empezó a tocar una alegre melodía. Por mucho que alzara la mano al tocar un *staccato* siempre aterrizaba justo sobre la tecla que quería. Luego comenzó a tocar una secuencia de tonos sin sentido mientras entonaba una canción:

—Ya verás que no solo sobreviviremos, sino que tendrás un marido grandote y gordo, y una casa con jardín. No seas tan pesimista. Sobreviviremos a todo esto.

Sonriendo, Genie le cogió del brazo.

—No creo que vayas a engordar. ¿Y para qué queremos una casa con jardín?

—Para vivir en ella, querida. —Feliks inclinó la cabeza hacia atrás y cantó a voz en cuello.

—¡Chisss! —Genie miró en derredor para asegurarse de que nadie estaba escuchando. —¿Existe esa canción?

—¡Por supuesto, si la estoy cantando!

Feliks incorporó un *vibrato* a su voz y finalizó su actuación con otro *glissando*. Genie se rio y se apoyó en su hombro. Se había quedado casi sin aliento, y cuando Feliks se volvió hacia ella, Genie pudo comprobar que su pecho se elevaba y descendía con idéntica rapidez. Con las puntas de los dedos, Feliks hizo que alzara la barbilla y la miró a los ojos.

—Voy a casarme contigo, y eso exactamente le dirás a tu madre. Me casaré contigo, Eugenia Gisela Wein —susurró él.

Genie casi se cae del taburete del piano. Su corazón palpitaba acelerado, como el revoloteo de una mariposa. Antes de darse cuenta de lo que estaba pasando, él posó los labios suavemente sobre los suyos. Genie dio un respingo.

—¿Lo dices en serio? —dijo tartamudeando.

—Absolutamente en serio.

—Pero, pero ¿cómo? ¿Cuándo? ¿Por qué? Un momento, ¿qué...?

Feliks se echó a reír y rodeó con ambos brazos a Genie. La apretó contra su pecho con fuerza.

—No te olvides del quién, cuáles y dónde. Esas preguntas también son importantes.

—¡Feliks!

—¡Es broma! Genie, querida, estoy seguro de mis sentimientos hacia ti. Y quizá te parezca demasiado rápido, tal vez ingenuo, irracional, pero en este mundo tan loco hay que aferrarse a quien se ama como sea. El amor ya no es tan fácil de encontrar. Tal vez no lo haya sido nunca. En cualquier caso, voy a luchar por ti. Es posible que no exista la magia como en los cuentos, pero el amor... El amor podría ser lo más parecido a la magia.

Genie tragó saliva. Feliks siempre estaba bromeando y hacía reír a todo el mundo, pero en esta ocasión su tono de voz era distinto. Lo decía en serio. Y ella estaba completamente enamorada de él.

Feliks sonrió en silencio y pasó suavemente un dedo sobre su mejilla para recoger una lágrima. Después volvió a levantarle la barbilla y la besó. Con un suspiro, Genie se hundió aún más en sus brazos.

Siguieron besándose, tanteando, Feliks deslizó los labios hasta llegar a su cuello, y posó las manos sobre su pecho. De pronto oyeron un carraspeo, y Genie se enderezó al instante, con el rostro encendido.

Con una sonrisa de satisfacción, Feliks le hizo señas a Henry, que se acercó a ambos alegremente.

—Venga, Genie. Vamos a decírselo a tus padres.

—¿Cómo? ¿Ahora mismo? Pensaba que esperaríamos un poco —repuso Genie.

Sabía que quería casarse con Feliks, pero el matrimonio todavía se le antojaba como un sueño lejano. Como algo que solo hacían los adultos. Acababa de cumplir diecisiete años, aunque quizá la edad era solo un número. Al fin y al cabo se estaba ocupando de su familia, y ya no iba al colegio. Tal vez era más adulta de lo que creía.

Feliks la arrancó del banco del piano para conducirla hasta la puerta.

—¡No podemos renunciar al mejor pianista de todo el gueto!

—Gracias, Henry, pero antes tengo que acordar mi boda con esta joven dama. No tardaremos mucho. Ya sabes lo encantador que puedo ser. —Y diciendo aquello Feliks cerró la puerta tras de sí.

Genie todavía pudo ver que le hacía un guiño a su amigo, antes de volverse hacia ella con una mirada pícara en sus ojos brillantes. Se preguntó qué estaría pensando, y luego le siguió, riendo, mientras él la arrastraba casi a la carrera. Tomaron el camino más corto hasta la casa de Genie.

La conversación de Feliks con sus padres transcurrió exactamente tal como ella esperaba, y finalizó tal como había soñado tantas veces.

Sin embargo, al llegar a casa, sus padres todavía no habían regresado. Solo Jurek y Halinka asomaron la cabeza cuando él golpeó los tablones de madera que hacían las veces de puerta.

Genie se sintió consternada cuando Feliks le dijo que esperara a sus padres, y que en cuanto llegaran a casa volviera al café con ellos. Pero al final todo salió bien. Genie logró pasar sin incidentes junto a sus padres al lado de los guardas, y enseguida vislumbró en una mesa en un rincón a Feliks acompañado de los suyos. Sonriendo, Genie tomó a su madre de la mano y se apresuró hacia donde estaba Feliks.

—Buenas tardes. Gracias por venir —saludó Feliks, en tono cordial.

—¿Qué sucede? ¿Pasa algo? —Genie posó una mano sobre el brazo de su padre. Parecía preocupado, y eso siempre la entristecía. Por suerte Feliks prosiguió enseguida.

—Siento que todo sea tan repentino. Pero, tal como están las cosas, alargar la espera no es una idea demasiado tentadora.

—¿Alargar la espera? ¿A qué para ser exactos…?

La tensión que se respiraba en el aire casi se podía cortar con un cuchillo. Con una mirada, Genie le suplicó a Feliks que fuera directo al grano, pero él bajó la vista hacia sus manos entrecruzadas, y ella se dio cuenta de que estaba reprimiendo una sonrisa traviesa. ¿Por qué tenía que ser siempre tan teatral? Sus padres estaban pendientes de los labios de Feliks, y él estaba disfrutando al máximo. Le encantaba crear una atmósfera de suspense, era uno de sus dones. También hacía gala de ese carisma cuando tocaba, y por eso Genie se había enamorado de él. Pero en esos momentos le habría encantado darle una patada en la espinilla.

Por debajo de sus largas pestañas miró a los padres de ella, casi como si estuviera avergonzado.

—Les ruego que me perdonen, pero su hija ha despertado en mí sentimientos que nunca antes había experimentado. En ocasiones resultan considerablemente abrumadores. Me paso todo el día pensando en ella, y de noche también está en mis sueños.

Genie se reclinó en su asiento haciendo un gesto de negación con la cabeza. Le hizo un guiño a su padre, pero él la fulminó con la mirada porque estaba arruinando la solemnidad del momento. Feliks enseguida siguió hablando.

—Al darme cuenta de que Genie no dejaba de mirarme, de repente supe con certeza que me hacía sentir como si fuera la persona más importante del mundo. Siempre he buscado el reconocimiento y anhelado el amor, y aunque a menudo lo he encontrado tanto en el piano como durante mis estudios, con esa mirada de Genie estoy seguro de que nunca voy a necesitar a nadie más. Nada supera su mirada, ni siquiera una sala de conciertos con las entradas agotadas. Su amor me hace feliz sin desear nada más, y espero ser capaz de corresponderle en la misma medida. Lo único que quiero es construir una vida juntos. Por eso me gustaría pedirles la mano de su hija. —La mirada luminosa de Feliks se posó en Genie.

Mientras hablaba apenas le había quitado los ojos de encima, y durante todo el tiempo ella sintió que sus palabras le llegaban hasta la médula. Nunca habría imaginado que eso fuera posible, que fuera capaz de despertar semejantes sentimientos en otra persona. Genie bajó la vista y se preguntó cómo había podido suceder. Tenía que darse prisa en averiguarlo, porque deseaba poder seguir infundiendo esos sentimientos cada día de nuevo en el futuro.

—Feliks, estamos muy conmovidos por tu petición. Sin embargo, me parece cuestionable que este sea el momento adecuado para celebrar una boda. Genie, cariño, siempre pensamos que sería mejor que acabaras el conservatorio antes de buscarte un esposo —reflexionó su padre vacilante.

—Resulta que lo he encontrado antes. ¿Y no decías que la guerra de todos modos acabará pronto?

Todos callaron mientras ella lanzaba miradas inquisitivas a cada uno de los presentes. Eran ellos precisamente los que siempre hablaban del fin de la guerra.

—En eso lleva la razón. En un par de meses la guerra habrá terminado. Es inconcebible que no sea así. De acuerdo, entonces. Sería mejor para ambos que esperaseis hasta que acabe la guerra, así podríamos celebrar la gran y preciosa boda que os merecéis. Feliks, hijo mío, podrías acabar de estudiar medicina mientras Eugenia concluye sus estudios en el conservatorio. Y cuando hayas abierto tu consulta y tengas una base de pacientes habituales, os casaréis.

—Todo eso suena perfecto, pero me gustaría que nos prometiéramos aquí y ahora —replicó Feliks con prudencia.

—Está bien. Vuestro compromiso se prolongará hasta que haya pasado todo esto. ¿Qué os parece?

—Fantástico —anunció Feliks dando una palmada sobre la mesa, y ofreciendo a Genie una pícara sonrisa.

Genie se sonrojó, y solo consiguió decir:

—Sí, es maravilloso. —Miró radiante a Feliks, y él alargó la mano sobre la mesa para cogerle la suya.

Genie percibió la mirada de sus padres, pero ya no le importaba. Estaban prometidos. Y un día se casarían. Era la muchacha más feliz del mundo.

—¡Mirad, patatas para variar! Muchísimas gracias de nuevo, *mamita*.

—Muy gracioso, Jurek. ¿Tal vez la próxima vez te apetezca cocinar a ti?

—Uf, no, gracias. Nunca podría poner tan bien esa cara de sufrimiento —gruñó Jurek.

—¿Se supone que eso es un cumplido?

Genie lanzó una mirada airada a Jurek y pasó la olla a Halinka. Luego le arrebató la cuchara de la mano e ignoró sus protestas. Halinka comía con hambre, y Genie le sopló un par de mechones que le caían sobre la cara.

—Daos prisa en comer, vosotros dos. Todavía tengo que llevarles la comida a vuestras primas.

—¿Cómo? Si apenas da para todos.

—Ya, pero ellas ni siquiera tienen una madre. ¿Quién se va a ocupar de ellas si no?

—Por lo menos podrían aprender polaco...

Genie dio un respingo y luego observó a Jurek con los ojos entrecerrados. Cogió el cucharón y la olla de las rodillas de Halinka y empezó a servirse patatas. ¡Jurek era tan infantil!

—Tal vez seas tú quien debería aprender alemán. ¿Sabes? Feliks habla polaco, alemán, hebreo y latín. Ahora dime qué sabes hablar tú. De forma decente, apenas polaco, diría yo.

Genie engulló otra media patata, pero casi se atraganta al recibir un impacto en la cabeza. El zapato de Jurek cayó al suelo y Genie lo miró estupefacta.

—¿En serio me acabas de tirar un zapato? ¿Cuántos años tienes en realidad?

—Unos cuantos menos que tú. Pero por lo menos no voy a tener que casarme próximamente con un viejo.

—¿Un viejo? Feliks acaba de cumplir veintiuno. Y no intentes engañarme. Sé que te cae bien. Siempre está jugando contigo a esos estúpidos juegos de rol.

—Ya, pero solo porque tú ya no quieres jugar...

Con un suspiro, Genie se limpió la boca con la manga y se puso en pie.

—Voy a casa de Lilli y Helga. Vosotros quedaos aquí. Podéis estar contentos de no tener ninguna responsabilidad.

Desde la calle, Genie todavía seguía escuchando despotricar a Jurek. Seguro que continuaría quejándose toda la tarde, hasta que su padre llegara a casa y pusiera fin a aquello.

Jurek era tan desagradecido. ¿Cómo era capaz de criticar a Feliks? Era lo mejor que podía pasarle a su familia en esos tiempos terribles. Era su futuro. Con una consulta propia podría mantenerlos a todos.

De camino a casa de Lilli y Helga literalmente le hervía la

sangre, aunque tal vez eso también resultaba útil, porque así no se le acercaría nadie. Su padre le había contado que la gente empezaba a robarse unos a otros; por eso solía ser su madre quien llevaba la comida a las niñas. Pero desde que Genie estaba prometida, se atrevían a confiarle esa tarea. No obstante, avanzaba deprisa, hasta que detrás de una esquina reconoció una cara familiar.

Era el tío David, con los hombros encorvados, de pie delante de una puerta, hablando con una pareja joven. Se encontraba en un rincón asqueroso en el que dejaban la basura e incluso a los muertos, y que apestaba porque solo lo limpiaban pasados varios días, incluso semanas. Genie se preguntó qué estaría haciendo en semejante lugar.

Se disponía a acercarse para hablarle, pero él miró angustiado por encima del hombro, sin verla. Parecía nervioso, y Genie retrocedió rauda para ocultarse tras la esquina de la casa y poder observarlo.

La pareja joven parecía estar explicándole algo. En un momento dado el hombre sacó una hogaza de pan de la chaqueta y se la dio al tío David. ¡Un pan entero! A Genie se le hizo la boca agua.

Tío David se guardó el pan en la cintura del pantalón y se despidió de ambos con un apretón de manos. La pareja se alejó en la dirección opuesta, mientras el tío David se encaminaba directo hacia el escondite de Genie, quien pensó que sería mejor hacerse ver. De modo que salió de nuevo a la calle y se encontró con él frente a frente. El tío David se estremeció, asustado, y se llevó la mano al corazón.

—¡Santo cielo..., Genie! ¿Qué haces tú aquí?

La sonrisa de Genie se esfumó. El tío David parecía tan... distinto. Abría mucho los ojos, que tenía inyectados en sangre, y no podía controlar el temblor de sus hombros. Sus manos se movían inquietas alrededor de su cintura, y ella lo examinó con una mirada inquisitiva. Casi parecía trastornado.

—Tío David, yo... Y tú, ¿qué haces aquí? —preguntó Genie con curiosidad.

—Ya suenas como tu madre. Estoy trabajando, a diferencia de lo que tus padres quizá te hagan creer.

—Pero ¿por qué te ha dado esa gente una hogaza de pan? Tal vez podrías darnos un poco —preguntó Genie en un tono enérgico pero tranquilo.

Intentó asomarse para ver si guardaba algo a su espalda, pero él dio un paso atrás y se esbozó una leve sonrisa.

—La gente me da cosas para que los proteja. Por desgracia, este pan no es para mí. Mi trabajo es complicado, Genie, sé que es difícil de entender. Pero aparentemente tenéis más que suficiente para comer —dijo mientras señalaba la olla en sus manos.

Genie notó que la invadía la ira, mientras posaba la mirada sobre la escasa comida que llevaba a sus primas. De nuevo le lanzó una mirada escrutadora.

—Esto que llevo es para tus hijas. Pero si vas por ahí paseándote con hogazas de pan, tal vez debería decirle a mamá que no tiene por qué regalaros nada más...

—¡No! No, Genie, por favor. Las niñas lo han pasado muy mal desde que su madre... no está. Necesito toda la ayuda posible. Quiero a mis hijas, por eso tengo que encontrarme con gente en sitios como este. No le dirás nada a tu madre, ¿verdad? Eres más madura que ella, sé que me comprendes. —La voz del tío David había quedado reducida a un susurro.

Genie asintió halagada. Él también se había dado cuenta de lo madura que era, hasta el punto de confiar en que le guardaría el secreto. Eso es justo lo que haría. Tío David le posó una mano sobre el hombro, y luego se marchó.

Genie siguió caminando velozmente hacia el cuarto donde se refugiaban Lilli y Helga. Se imaginaba un sinfín de posibilidades, puesto que el tío David le había dado la impresión de ser el espía por el que le tenía su madre. Pero alejó esa idea de su mente, ya que en el fondo se trataba por supuesto de proteger a los suyos. Lo mínimo que podía hacer era llevarles la comida a sus hijas.

—¡Hola! Soy yo. Abridme la puerta.

Por una ranura entre los tablones Genie divisó unos enormes ojos azules. A continuación se abrió la puerta, y Genie sonrió a aquellas dos desaliñadas criaturas. Se preguntó si su tío habría vuelto a casa la noche anterior. Sea como fuere, las chicas parecían bastante descuidadas. Unas niñas como esas necesitaban una madre.

Genie se sentó con las piernas cruzadas en el suelo de tierra. Ellas la miraron en silencio, pero con curiosidad. Genie les ofreció una sonrisa. Siempre tenía la sensación de que les caía bien.

—En casa ni siquiera se dan cuenta de cuánto trabajo. Hago la comida para todos. Ya sabéis que la abuela ya no vive con nosotros; continúa de vacaciones, pero con vosotras seguimos siendo cinco. Bueno, ocho, si contamos a mis padres, que también comen cuando vuelven a casa. Pero a veces ya no queda nada cuando llegan.

Genie le pasó la olla primero a Lilli, que tenía los ojos abiertos como platos. Se puso en cuclillas y engulló con avidez su porción de patatas.

—Sé que no entendéis nada, pero eso no importa. De todos modos, Feliks y mis padres son los únicos que me escuchan. Jurek dice que deberíais aprender polaco. ¿Qué os parece?

Helga no le quitaba la vista de encima a la cazuela, y Genie se golpeó la frente con la mano.

—Tal vez Jurek tenga razón... Ay, no me hagáis caso. No le digáis que os lo he contado.

Una vez las niñas hubieron acabado de comer, Genie las abrazó y les sopló besos. Lilli hizo como si los estuviera recogiendo, y Helga intentaba arrebatárselos de las manos riendo.

A Genie le habría encantado decirles que tenía suficientes besos para ambas, pero tampoco la habrían entendido.

De camino a casa iba balanceando la olla vacía a un costado. Para su sorpresa, cuando llegó a casa sus padres ya estaban allí.

—¡Mamá! *Tat!* ¿Qué pasa? Habéis vuelto muy pronto.

—Simplemente os echábamos mucho de menos. A todos vosotros —aseveró Henryk, mientras cogía a Halinka para hacerle cosquillas.

Genie le lanzó una mirada cautelosa a Jurek. Se acurrucaba en los brazos de su madre y no se dignó siquiera a mirar a Genie, la cual, profiriendo un suspiro, se volvió hacia su padre.

—¿Podemos hablar un momento?

—Por supuesto, cariño. Tenía la esperanza de poder hacer eso exactamente hoy. Hace mucho que no escucho tu preciosa voz.

Genie le asió del brazo, y mientras iban hacia el dormitorio, él la rodeó por los hombros. Suspirando miró de soslayo hacia la «cocina», que no distaba siquiera un metro de la otra estancia.

—¿Por qué no podemos poner por lo menos una puerta como separación? No tenemos realmente la menor privacidad, *tat*.

—Pero así estamos más cerca como familia. Y podemos llegar a conocernos mejor.

Genie arrugó la frente con un asomo de duda.

—Creo que ya estamos lo bastante cerca. Tal vez incluso demasiado.

Henryk se sentó en la cama sonriendo.

—Qué va. Y no te preocupes, querida. Mamá está jugando con los niños. Están tan concentrados en ganar, que no pueden oírnos.

—Mejor así, porque se trata de ellos. ¡Jurek me vuelve loca, *tat*! Se está volviendo como la abuela, se queja de todo lo que cocino. Y no me ayuda nunca. Nunca. Y yo siempre hago todo lo que mamá me manda. No pasa lo mismo con Halinka, pero ya no es tan descarada como de costumbre. Casi no tengo que reprenderla, porque ya no nos molesta.

—¿Molestaros? ¿Puedo preguntar a qué te refieres? —preguntó Henryk guiñándole un ojo.

—¡No te rías! Es cierto; ya sabes cómo es. Antes siempre nos hacía bromas, pero ahora ya no. Y Jurek ya no es tan cariñoso como antes. ¡Ya no soporto esta choza apestosa, y nunca me ayudan a limpiarla! Estoy harta, *tat*. Hace cinco meses que Feliks y yo estamos prometidos, y creía que todo iría a mejor, pero ahora... ya no estoy segura.

—Genie. Sé que es difícil. ¿Podría ser que tengamos los nervios a flor de piel? No recuerdo haber tenido nunca tan poco espacio, ni siquiera cuando íbamos a las montañas.

—Sí, tal vez... Pero eso no tiene nada que ver con que todavía sean tan infantiles.

—Bueno, son parte de la familia. Todos somos un poco infantiles. Pero tenemos que apoyarnos unos a otros. Sobre todo ahora. Por cierto, se me acaba de ocurrir una cosa: Eugenia, ¿te acuerdas de tus botas de esquí?

—¿Mis... botas de esquí? Claro, ¿por qué? Creo que se quedaron en la casa. Pero no creo que vayamos a volver a esquiar tan pronto, *tat*, ¿o es que tienes una sorpresa para mí? —No pudo evitar reír.

—Esquiar sería estupendo. Pero no. Yo recogí tus botas de esquí cuando nos echa..., cuando vinimos aquí. Mira, aquí están. —Rebuscó entre las pocas pertenencias que tenían amontonadas en un rincón.

Genie se quedó boquiabierta cuando su padre realmente sacó sus gruesas botas de esquí negras.

—Entonces no era broma.

—No. Eugenia, me gustaría que de ahora en adelante las llevaras siempre puestas. ¿Me entiendes? No te las quites nunca. Da igual adónde vayas, lleva estas botas. ¿Comprendido?

—Por supuesto, *tat*. Pero ¿por qué?

—Eso no importa. Simplemente hazlo por tu *tat*, ¿vale? Por favor.

Genie observó atónita cómo se arrodillaba ante ella para ayudarla a ponerse las botas y atarse los cordones. Nunca su voz había sonado tan triste. La forma en que ladeó la cabeza, y el tono de su voz al decir por favor, hicieron que Genie le dejara salirse con la suya, y no se quitó las botas durante toda la noche.

—No, Genie. Ya te he dicho que no.

Con un suspiro, Genie se alejó de la puerta.

—Mamá...

—Hoy no vas a ir al café. Ya lo hemos hablado. Solo si Feliks te recoge y te acompaña de regreso.

—No tiene tiempo para eso. Trabaja en el hospital y luego va directamente a tocar con la orquesta. ¡Es injusto! *Tat*, por favor, díselo tú —suplicó Genie.

—Haz caso a tu madre. Es por tu bien. Hoy les llevaré yo la comida a las niñas, en el camino de vuelta a casa. Os quedáis todos aquí. Y sin pelearos. Podéis jugar al escondite. Hace mucho que no lo hacéis, ¿verdad?

Genie y Jurek intercambiaron miradas.

—¿Lo dices en serio? ¿Aquí? —Genie dejó vagar su mirada despectivamente por el escaso y austero espacio. No había muchas posibilidades de esconderse.

—Sí. Es todo un reto. Encontrar un buen escondite.

—¿Tenemos que encontrar un escondite en estos dos agujeros?

—Esforzaos un poco. Intentad pasar una tarde agradable.

Enojada, Genie observó a sus padres mientras se despedían con un gesto alegre, como de costumbre. Se puso verde de ira por tener que quedarse en casa, pero enseguida percibió las miradas esperanzadas de Halinka y Jurek. En apariencia ambos habían olvidado la discusión; Genie hizo una inspiración profunda y también decidió pasarla por alto.

Los dos niños la miraban expectantes, y de pronto se dio cuenta de que ellos se quedaban en casa todos los días. Apenas salían de aquel cuchitril hecho de tablones de madera, y ella se enfadaba porque no podía salir una única tarde. Tras aquella reflexión se cubrió los ojos y empezó a contar. Oyó sus grititos de alegría, mientras contaba... tres... cuatro... cinco... y cuatro pies dando saltos. Y un par de objetos cayendo al suelo. Lentamente se fue dibujando una sonrisa en el rostro de Genie.

La situación siguió empeorando, aunque no para Genie. Su familia y la de Feliks tomaron de mutuo acuerdo la decisión de que se casaran antes de lo previsto. Habían pasado ya meses, y la guerra continuaba haciendo estragos. Seguía desapareciendo gente sin cesar, y a Feliks se le ocurrió incluso que podía componer una canción con el repiqueteo de los continuos disparos. Se aproximaba la fecha, el 11 de octubre, el día que se casaría con su Feliks amado. Los preparativos estaban en marcha.

Quien más los ayudó fue el tío David. Pidió a su amigo alemán que le facilitara parte de su mobiliario, que de alguna forma había conseguido guardar para él en Cracovia. Una alfombra persa, una preciosa cama, lo bastante grande para dos, según enfatizó el tío David, unos cuantos muebles más y un piano Bechstein que Genie no podía ni mirar; le recordaba demasiado a su propio piano de cola.

A pesar de ello, llevaron todos los muebles al hospital donde vivía Feliks. La noche antes de la boda el tío David se pasó por el cobertizo en el que vivían y le dijo a Genie con un guiño que todo estaba listo. Intentó esquivar su mirada, avergonzada, pero su madre le dio las gracias y cerró la puerta tras él. Después obligó a Genie a acostarse, para que tuviera el mejor aspecto posible en su gran día.

Como es obvio, Genie apenas pudo conciliar el sueño. La boda sería fantástica, y también había invitado a Mietek para que viera lo estupenda que sería la celebración.

Justo cuando visualizaba su boda delante de ella por enésima vez, de pronto cayó en la cuenta: estaba durmiendo profundamente, pero alguien la había sacado del sueño, al sacudirla por los hombros.

—¡Eugenia! Despierta.

—*Tat?* —balbuceó Genie todavía medio dormida.

Se restregó los ojos y se incorporó. Henryk se sentó en la cama resollando, con los ojos muy abiertos, la boca apretada con fuerza. Genie nunca le había visto así, y se asustó.

—¿Qué pasa? —preguntó preocupada.

—¿Que qué pasa? ¡Que no llevas las botas puestas, aunque me lo prometiste!

Todavía adormilada, Genie buscó las botas con la mirada. Siempre las llevaba puestas, pero esa noche quería dormir bien, sin aquel calzado tan incómodo.

—Pero, *tat*, estaba durmiendo. Son muy gruesas y están sucias. No las necesito en la cama —se excusó Genie.

Su padre le posó ambas manos sobre los hombros y la miró con insistencia.

—Te equivocas, Eugenia. Me prometiste llevarlas siempre. ¿Significa siempre «con excepción de por las noches»?

—No, pero...

—¿O acaso significa «con excepción de cuando no me apetezca»? ¿Es «siempre» una promesa que te estás tomando a la ligera?

—*Tat*...

—Tienes que llevar puestas las botas, Eugenia. Siempre. ¿Lo has entendido?

Genie no supo qué decir. Le parecía extraño tener que acostarse con las botas de esquí, o con cualquier otro calzado. Era incómodo, y ya resultaba bastante complicado dormir en aquel estrecho jergón apretada al lado de Jurek y Halinka.

Pero Henryk parecía tan molesto que Genie asintió. Su padre se fue relajando poco a poco, dejando caer los hombros. Genie se cobijó en su pecho y lo abrazó hasta que notó que su respiración había vuelto a la normalidad.

Después intentó seguir durmiendo, pero las botas se lo impidieron definitivamente; no solo parecían atraer con su peso sus pies hacia el suelo, sino también su corazón.

Tras dar vueltas en la cama durante lo que se le antojó como una eternidad, había llegado la hora. El día de su boda. El día más bonito de su vida.

El tiempo pasó volando. Apenas se había dado cuenta de que su madre, Halinka, Lilli y Helga la habían peinado y ataviado con uno de los vestidos más preciosos que todavía conservaba, y ya estaba saliendo de su morada con Lilli y Helga sosteniéndole el dobladillo. Aunque le quedaba un poco demasiado largo porque había sido de su madre, era perfecto para la ocasión.

Llegaron al patio interior donde solían celebrarse las bodas. En los últimos tiempos eran tan frecuentes que nunca se guardaba el baldaquín de las ceremonias, la jupá sostenida por cuatro postes. Los nazis casi nunca se acercaban a aquella zona atestada del gueto debido al hedor. Preferían convocar a la gente a la que querían ejecutar adonde ellos estaban.

A Genie se le aceleró el corazón al notar las miradas de todos sus parientes y amigos posadas en ella. Sylwia la saludó alentadora, y Jurek intentó ocultar la emoción que sentía.

En el rostro del tío David se dibujaba una sonrisa amable, pero nadie sonreía tan ampliamente como su *tat*.

En esos momentos no costaba tanto olvidarse de la guerra y

del lugar en el que se encontraban. Genie se casaba, y nada podía hacer sentir mayor orgullo a su familia. Había soñado con ese momento desde que jugaba con Halinka a las bodas. Pero en esa ocasión no era un juego. Jurek ya no tendría que hacer de novio, porque ahora tenía a Feliks.

Él tenía un aspecto magnífico, y la expresión de su cara, a la vez maravillado y estupefacto al verla, hizo que Genie se sintiera como si una nube la llevara hasta él. Como por arte de magia, sus manos se unieron a las de él, quien se las tomó con suavidad.

—Estás arrebatadora. Como si Chopin en persona te hubiera arreglado.

Genie resopló suavemente, y luego miró en derredor asustada. Todos sonreían, y sus padres habían unido sus cabezas, apoyándose uno en el otro.

La ceremonia pasó más rápido de lo que había imaginado Genie. Quizá eso se debiera a que no podía dejar de mirar los ojos de Feliks. Su aspecto era impresionante.

Juntos rompieron la copa y sonriendo recibieron las felicitaciones susurradas por sus invitados con las palabras *masel tov*. En el camino de regreso a casa, Feliks no dejaba de besarla en las sienes. Una vez allí, Genie se volvió hacia él para despedirse. Había sido tan hermoso.

—¿Por qué te quedas ahí parada, cariño?

—Porque ya hemos llegado a casa, mamá —replicó Genie encogiéndose de hombros. Genie soltó la mano de Feliks y ya se disponía a entrar cuando oyó que los adultos se reían. Se giró hacia ellos, perpleja, y examinó con curiosidad la expresión de regocijo en sus rostros.

—Eugenia, ahora estás casada. Tienes que irte con tu marido. Eres la mujer de Feliks —explicó su madre divertida.

Se quedó inmóvil y empezó a protestar. Quería quedarse con sus padres, pero Feliks volvió a cogerla de la mano. Sus padres se despidieron de ella con un beso, y Genie siguió a su marido, porque al parecer eso era lo que debía hacer.

Al entrar en el hospital, ella arrugó involuntariamente la nariz. Estaba a punto de quejarse por el hedor cuando Feliks la condujo a una cámara en la parte de atrás; allí era donde el tío David había hecho llevar sus muebles.

A pesar del elegante mobiliario aquella estancia seguía siendo espantosa. Las sucias paredes estaban salpicadas de manchas sospechosas, y las camas de campaña de la sala de los enfermos situada justo al otro lado de la puerta olían a orines. No estaba cómoda, y sintió el impulso de preguntar a Feliks si no sería posible volver con su familia. Pero antes de poder hacerlo, él la miró con una sonrisa audaz, y se le encogió el corazón.

—Genie, ¿sabes qué pasa la noche de bodas?

—Bueno, Kogut, es decir, la que era nuestra criada antes, me explicó algunas cosas...

Genie se ruborizó y esquivó su mirada. El corazón le latía con tanta fuerza que pensó que incluso él podía oírlo. Justo entonces notó dos manos fuertes pero suaves sobre sus hombros.

Alzó la vista y escudriñó los refulgentes ojos amables de Feliks. Y vio algo distinto: una mirada que no acababa de dilucidar. La contemplaba como si fuera el clímax de una de las obras maestras de Chopin, una que él estuviera tocando bajo el estruendo de los aplausos en un auditorio abarrotado. Genie casi no podía sentir las piernas, de lo nerviosa que se había puesto de repente.

Emocionado, Feliks le apartó un mechón de pelo de la frente. Al sentir su cálido aliento cerca de la oreja, un escalofrío le recorrió la espalda a Genie.

—Sabes que te quiero, ¿verdad? Siempre estaré a tu lado.

La sinceridad de esas palabras casi le arrebató el aliento. La besó apasionadamente; ella sintió cómo el presionaba su cuerpo contra el de ella y cerró los ojos. Aunque su roce seguía siendo suave y respetuoso, le hizo saber cuánto la deseaba.

—Yo te quiero aún más —susurró Genie.

Los labios de Feliks se posaron en una de sus mejillas, excitados. Hundió la cabeza en su cuello y ella pudo ver el brillo de sus ojos.

—Imposible... Te lo voy a demostrar —murmuró Feliks.

Genie enarcó las cejas inquisitivamente, pero él no permitió que le hiciera más preguntas. La levantó con ambos brazos, y a Genie se le escapó un grito de sorpresa, mientras él se reía de corazón. Se la llevó en brazos, y mientras le demostraba a Genie cuánto la quería, fue como si no hubiera nadie más en el mundo aparte de ellos. Ni muerte. Ni guerra. Solo ellos y su amor. Ojalá hubiera podido ser así para siempre.

Su vida en común en el hospital estaba lejos de ser ideal. Su cuarto estaba tan lleno con los muebles del tío David que cada vez que se movían tropezaban con algo. Pero consiguieron acostumbrarse a ello. La familia de Feliks vivía en la otra punta del edificio en una estancia que tenían que compartir con más gente, y en cambio ellos gozaban de una pequeña recámara en exclusiva, aunque esta pareciera haber sido antaño el despacho del médico jefe. En realidad podían estar contentos. La única nota amarga era que a la hermana de Feliks, Halina, Genie no le caía demasiado bien. Mientras que sus padres la habían acogido con cariño, Halina solía tratarla con frialdad.

La situación no mejoró con el tiempo, y Genie no podía imaginar que su relación fuera a ser más cálida algún día. Aunque tampoco es que le importara demasiado. Ella ya tenía hermanos y estaba agradecida por contar con su propia familia.

Día tras día Feliks trabajaba desde el amanecer con los pacientes, y luego tocaba hasta la puesta de sol en el café. Genie ya no podía acompañarlo, porque en el hospital no permitían entrar y salir con tanta ligereza. Al fin y al cabo oficialmente seguía trabajando con sus padres en la fábrica. A pesar de todo, nunca se cuestionaba si había valido la pena. Cada noche yacía junto a Feliks, su marido. El hecho de estar casada seguía pareciéndole increíble.

Aunque su presencia allí no estaba exenta de peligro, habían decidido arriesgarse. Cuando venían los nazis, Genie siempre se escondía en un diminuto trastero.

A veces, sin embargo, los soldados se les acercaban demasiado. Pero Feliks siempre conseguía deshacerse de ellos, diciéndoles que tenía una paciente con tuberculosis. Aunque los nazis eran muy capaces de matar, obviamente tenían miedo de infectarse. Genie estaba agradecida por aquella enfermedad imaginaria. Seguro que contribuyó a salvarle la vida en más de una ocasión.

Un día en el que unos cuantos alemanes volvieron a hacerles una visita, Feliks se apresuró a recibirlos al tiempo que Genie se precipitaba hacia su escondrijo. En el trastero hacía un calor insoportable. Enseguida pudo oír que se acercaban sus voces, mientras Feliks guiaba a aquellos hombres por el hospital. Probablemente les estaba explicando los distintos procesos con toda esa complicada terminología médica que tanto le gustaba, y de repente... Un disparo hizo que se estremeciera. Se abalanzó hacia la puerta y la abrió apenas una rendija. Vio a Feliks, con las manos en la espalda y la cabeza gacha, mientras los hombres de las SS disparaban y golpeaban a los enfermos en sus catres. Blandían sus enormes porras sobre la espalda y el vientre de los pacientes, mientras estos les suplicaban que tuvieran piedad.

Aquellos pacientes padecían toda clase de enfermedades, y el hospital no siempre contaba con los medicamentos necesarios; a pesar de todo, intentaban ayudarles lo mejor que podían. Pero todos sus esfuerzos habían sido en vano; los alemanes los mataron a todos; la razón era un misterio para Genie. Se llevó las manos a las orejas sin quitarle los ojos de encima a Feliks.

Los hombres se acercaron al trastero. Aterrorizada, Genie cerró la puerta. Se deslizó hacia atrás hasta llegar a la pared del fondo y se hizo un ovillo rodeando sus rodillas con los brazos.

—Les aconsejo que no entren ahí.

—¿Acaso te he preguntado dónde puedo o no puedo entrar, niñato?

—No, sargento, solo quería indicarle que ahí guardamos todos los instrumentos que usamos con los pacientes infecciosos. Ni siquiera yo entro en ese cuarto. Enviamos a los chicos del laboratorio con máscara y protección corporal completa —explicó Feliks.

—Es suficiente. Comprendo. ¡Retirada!

Genie oyó el ruido de los pasos alejándose, al principio vacilantes, luego más rápido. Se quedó sentada, congelada, esperando, sin atreverse a decidir si podía siquiera moverse.

—Genie, cariño.

Al oír la voz de Feliks en la puerta se sobresaltó, sin ser capaz de relajarse ni siquiera cuando él entró y la rodeó por los hombros con sus brazos.

—No pasa nada. Tranquilízate.

—Creía..., de veras creía que iban a encontrarme.

—Pero no lo han hecho. Nuestro plan ha funcionado. Mantén la calma y no salgas de aquí. Tengo que ir a... recoger.

Genie asintió en silencio y cerró los ojos, mientras Feliks la besaba en la frente.

Pero tenía demasiado miedo, no podía soportar esperar sola en el trastero a Feliks. Quería estar con sus padres, con los que siempre se había sentido segura. Por la salida de atrás del hospital consiguió eludir a las tropas de las SS que comenzaban a rodear el edificio. Corrió por las calles del gueto, escondiéndose detrás de las casas a medida que cada vez más hombres armados saltaban desde vehículos blindados. ¿Qué significaba todo ese alboroto? Anhelaba fervientemente que no le hubiera ocurrido nada a Feliks. Al ver las calles llenas de gente dejó de correr. Apenas podía avanzar porque los demás se comportaban como si estuvieran locos. Corrían de un lado a otro espoleados por guardas que gritaban órdenes inconexas.

Intentó pasar lo más desapercibida posible y se abrió paso entre familias enteras que acababan de abandonar sus casas. Los hombres de las SS les arrebataban las maletas de las manos. Los niños llamaban a gritos a sus madres, y todos se aferraban unos a otros. Los nazis les apremiaban a cruzar el gueto, y varias personas fueron ejecutadas ante los ojos de Genie. Dejó atrás el café mientras dudaba si debía ir a ver al tío David, pero decidió no hacerlo. Estaba pasando algo fuera de lo normal. Tenía que llegar hasta sus padres. Por fin irrumpió en el cuchitril de tablones, y a través de un velo de lágrimas vio a su padre tras la puerta.

—*Tat!*

Se abalanzó a su cuello. Él le acarició el pelo, y juntos se dejaron caer al suelo. No quería salir de ahí nunca más. Por muy reducido que fuera aquel cuartucho, a ella le correspondía estar con sus padres. De pronto alzó la cabeza intentando percibir el menor ruido.

—¿Dónde están los demás? ¿Qué ha pasado?

Con una sonrisa, su padre ayudó a Genie a incorporarse. La condujo a la estancia contigua y apartó aquellas cajas de las que siempre se había quejado porque ocupaban tanto espacio.

—Aquí están.

Genie se quedó atónita al ver a su madre agachada tras fardos de material de tapicería para colchones. Jurek y Halinka también la miraban con los ojos muy abiertos. Menos mal que Jurek no tenía el tamaño de un niño normal de doce años, sino de ocho.

—*Tat*? ¿Qué es todo esto?

—Esto debería salvarnos. Si alguien llama a la puerta, yo soy el único que está aquí.

—Los alemanes hace mucho que no llaman a la puerta —suspiró Genie.

—Tienes razón. Pero al entrar estabas convencida de que me encontraba solo. Las SS y la policía pensarán lo mismo.

—Pero ¿por qué, *tat*? ¿Qué pasa con la fábrica? ¿Quién trabaja ahora allí? —preguntó Genie mientras ayudaba a Halinka a levantarse.

Luego le tendió la mano a Jurek. Le atrajo hacia sí y miró a sus padres. Estaban abrazados, y su padre le preguntaba preocupado a su esposa cómo se encontraba. Ella asintió, y él suspiró.

—La familia de Mietek ha desaparecido. Se han llevado a sus hermanos y hermanas junto a todos los demás. Se ha quedado solo.

—¿Cómo? ¡Es horrible!

—Sucede cada vez con más frecuencia. Cada día hay por lo menos dos incursiones. La fábrica ya no tiene relevancia. Nadie sigue yendo a trabajar. Está pasando algo grave. Suponemos que la guerra está llegando a su fin, y que por eso los alemanes están tan nerviosos.

—Pero eso no tiene sentido. Si es cierto que la guerra está a punto de acabar, ¡deberían dejarnos volver a casa!

—Sí, seguro que así será. —Su padre asintió ostensiblemente.

Se abrazaron, y él condujo a toda la familia hacia la otra estancia. Se sentaron en círculo y su madre sacó la olla, removió su contenido, sin importar cuál fuera, y Genie subió a Halinka a su regazo.

—¿No deberíamos salir todos afuera? Están diciéndolo por el megáfono.

—No estoy seguro; quizá no sea nada importante. En todo caso, nos quedamos en casa. No tengáis miedo, niños.

Jurek lanzó una mirada inquisitiva a Genie, pero ella se limitó a encogerse de hombros. Ni siquiera ella misma sabía si podía creer las palabras de su padre.

—¿Qué tal unas patatas con mostaza? Estoy segura de que en el hospital echas de menos nuestras comidas, Genie. —Su madre intentó levantar un poco el ánimo.

—Sí, la familia de Feliks no tiene tanto dinero como para conseguir raciones adicionales, pero...

—¡Regina!

A Genie se le quedaron las palabras atascadas en la garganta al ver entrar como un torbellino al tío David. Llevaba a Lilli y Helga de la mano.

—*Regina, tenemos irnos ahora mismo de aquí* —anunció David en su alemán perfecto.

—¿Cómo? *¿Por qué, qué pasa, David?*

—*Los nazis quieren matarnos a todos. Tenemos que ir a las alcantarillas. ¿Podéis llevaros a Lilli y Helga?*

—*Las llevaremos allí, pero nosotros nos esconderemos en la fábrica. Quizá nos dejen seguir trabajando.*

—*Tat*, ¿qué están diciendo? —rogó Genie. No entendía una palabra, pero era obvio que algo iba mal. Nunca había visto al tío David tan alterado.

—*De acuerdo, por favor, cuida de las pequeñas. Y, Regina: te quiero, hermana.*

Se abrazaron con fuerza, mientras Genie daba un paso atrás junto a Halinka para ofrecerles un poco más de espacio. Tras un largo momento se separaron.

—Venga, niños. Nos vamos —ordenó su madre, mientras cogía a Halinka en brazos y agarraba a Lilli de la mano.

Hizo señas a su marido para que la imitara. Él entonces tomó también a Helga y Jurek de la mano antes de salir a la calle. Genie los seguía, y al ver lo que estaba pasando casi se le cortó la respiración.

La gente corría de un lado a otro a su alrededor, con perros ladrando pisándoles los talones. Había muchos más soldados de las SS que de costumbre. Avanzaron un poco y enseguida doblaron por callejas que Genie no reconocía. Su madre casi estaba corriendo, y a Lilli le costaba seguir el ritmo. No paraba de llorar, hasta el punto de llamar la atención del resto de la gente.

De súbito todos se detuvieron, y Genie estuvo a punto de arrollar al tío David. Se llevó involuntariamente la mano al lugar en que se había golpeado la nariz. Su padre ya estaba allí a su lado rodeándola por los hombros.

—Genie, cariño, tienes que volver con Feliks.

—¿Cómo? No, me quedo con vosotros. Ya iré con él más tarde. ¿Adónde vamos? ¡Todos los demás están corriendo en sentido contrario!

—Tío David te llevará de vuelta al café, y desde allí ya sabes volver tú sola al hospital, ¿no? —le preguntó su padre.

—Sí, pero no... ¡Espera! ¡No voy a irme sin vosotros!

—¡Eugenia Nelken! —atajó su madre con brusquedad—. Feliks es tu marido. Irás con él. Llevaremos a Jurek, Halinka y tus primas al alcantarillado. David tiene contactos que se ocupan de los niños.

Lilli empezó a gimotear aún más fuerte, y Genie la observó con ansiedad.

—Tenemos que ir ahora a las alcantarillas. Rápido. Y Genie, querida, no tengas miedo. *Tat* y yo seguiremos trabajando en la fábrica, ¿vale? Alguien tiene que ocuparse de que el negocio siga en marcha. Ahora, vete —le ordenó su madre, y Genie supo que no consentiría ni la más mínima réplica.

No obstante, Genie tenía un mal presentimiento. Sus padres mostraban un aspecto horrible. Despavorida, se inclinó hacia adelante para estrechar a Jurek y Halinka. Prolongó el abrazo que la unía a su hermana pequeña y la besó en la mejilla; luego volvió a incorporarse.

Abrazó a Helga y después se acercó a Lilli, quien se aferraba a su padre gritando que quería quedarse con él. En ese momento oyeron el estruendo de las botas, y Genie vio un escuadrón de las SS por encima del hombro del tío David, a muy poca distancia.

Algo en Genie hizo clic: agarró a Lilli por los hombros y le dio una bofetada. Dejó de llorar al instante del susto, mientras se llevaba una mano a la mejilla.

Genie se giró hacia sus padres y los abrazó un instante. Muy pronto volverían a reencontrarse.

—Hasta pronto —susurró.

No se le ocurrió ninguna otra cosa, puesto que todos estaban completamente alterados. Los siguió con la vista hasta que desaparecieron tras doblar una esquina, y lo último que vio fue el rostro inexpresivo de Halinka, con la mirada fija por encima del hombro de su madre.

—Vamos, Genie, no podemos quedarnos aquí parados más tiempo.

El tío David la cogió por el brazo y la llevó de regreso al café, tal como había dicho su padre. El café no parecía estar abierto, por lo que no podía comprender por qué su tío iba a quedarse allí, pero él le dio un beso en la frente y la instó a continuar hasta el hospital.

Corrió en dirección al centro médico, aunque no llegó demasiado lejos, porque en cada calle encontró soldados armados y acompañados de perros. Distribuían a la gente en filas, y Genie alargó el cuello para intentar encontrar un camino alternativo hasta el hospital. Pero antes de poder seguir avanzando, la empujaron con una porra hacia una de las hileras. Tropezó con una pareja joven con dos niños pequeños en brazos; al escuchar su disculpa se giraron hacia Genie y esbozaron una leve sonrisa. Avanzó al ritmo de aquella cola y buscó por todas partes a Feliks.

—*Derecha. Derecha. Izquierda. Derecha.*

Tenía que estar en algún sitio. Su padre le había dado instrucciones para que fuera con él. Se pondría furioso si Genie no le obedecía.

—*Izquierda. Derecha.*

A medida que se aproximaba al principio de la cola pudo ver que separaban a la gente en una u otra dirección.

—*Derecha. Derecha. Derecha. Derecha.*

Muchos eran desviados hacia la derecha. Quizá ella también.

—*Derecha. Derecha. Izquierda...*

—¡Genie! Mi cielo, aquí estás.

Era como si estuviera soñando: ahí estaba Feliks. Se colocó a su lado en la cola, le cogió la mano a Genie y se la llevó a sus labios.

—Feliks, lo siento muchísimo —se excusó sollozando Genie.

—Te dije que te quedaras allí. ¿Por qué te fuiste? Yo... Pero da igual, ahora estamos juntos. No te sueltes de mi mano.

Llegaron al principio de la cola, y Genie contuvo la respiración. Estaban justo ante los soldados.

—*Derecha.*

—*Soy médico y músico* —dijo Feliks.

No había tardado ni un segundo en hablar, en cuanto la familia que los precedía fue enviada hacia la derecha. Los empujaron con una porra hacia izquierda.

Genie miró a Feliks boquiabierta. ¿Qué significaba todo aquello? Siguieron a todos los demás que, como ellos mismos, habían sido distribuidos en aquella dirección. Iban de regreso al hospital, y Genie se sintió aliviada. Parecía que todo iba bien.

Mientras esperaban delante del hospital, pensó en sus padres. Nunca olvidaría su mirada, aquella expresión de terror en sus rostros que se quedaría grabada a fuego para siempre en su memoria. No eran las mismas caras que tan bien conocía.

Más adelante preferiría recordarlos tal como eran antes. Una familia feliz, todos bailando, riendo, con expresión radiante, en su sala de estar. Su madre con Halinka en brazos, cantando a un volumen excesivo un aria de *Carmen*. Jurek y Genie, que daban vueltas sobre sí mismos agarrados de los brazos de su padre. Sus amigos y parientes, que los contemplaban sonriendo. La alegría de su familia siempre había sido contagiosa.

Resulta curioso cómo nunca se sabe cuándo vemos a alguien por última vez. Esa última vez que hablamos o nos reímos con esa persona. La última vez que la abrazamos o la miramos a los ojos. La última oportunidad de expresar el amor que le profesamos. Genie habría abrazado más fuerte a Halinka. Le habría revuelto el pelo otra vez a Jurek. Habría dado las gracias a su madre por todo. Y le habría dicho a su padre cuánto lo quería. A todos les habría dicho mucho más de haberlo sabido. ¡Si tan solo lo hubiera sabido!

Ya nunca volvería a ver a su familia.

Ratas en el campo
1943

Caminaron. Y siguieron caminando. Caminaron durante lo que se les antojó una eternidad, y Genie no paraba de preguntar a Feliks cuánto más tendrían que seguir caminando, pero él no sabía la respuesta. Sin embargo, no le soltaba la mano mientras inventaba canciones sobre la forma de las nubes en el cielo. Los padres de Feliks y su hermana Halina también estaban en aquel grupo de gente que se vio obligada a salir del gueto a pie. Al oír a Feliks cantar un poco demasiado alto sobre las personas que caminaban a su lado y el olor de su transpiración, Halina le dio un codazo en el brazo.

Después siguió cantando en voz baja, aunque seguía atrayendo las miradas de los demás. Uno de los hombres de la columna aparentemente se debió de hartar en algún momento, y de repente avanzó con determinación firme hacia ellos, con su mujer a remolque. Se plantó al lado de Feliks; angustiada, Genie dio unos golpecitos a Feliks en el hombro para advertirle de la presencia de aquel hombre. Feliks se giró hacia él y profirió un comedido grito de alegría. Genie contempló atónita cómo los dos hombres se abrazaban. Entonces ella también reconoció aquel rostro familiar.

—¡Henry! Tú también estás aquí... —Feliks irradiaba felicidad. Se alegraba de volver a ver al violinista con el que había tocado tantas obras maestras.

—Nos han echado. Como a todos vosotros, supongo. Oh, perdona, no os he presentado. Feliks y compañía, esta es mi bella esposa, Manci Rosner, y este jovencito tan guapo es nuestro hijo.

Henry posó el brazo en el niño de ocho años.

—Me alegro de conoceros. —Genie sonrió a la mujer y al hijo de Henry.

Henry la miró con ojos centelleantes y se la presentó a su mujer.

—¿Eres consciente, Genie, de que hacía falta alguien muy especial para atrapar a este hombre? Realmente has logrado una proeza. —Se inclinó hacia adelante para besar la mano de Genie, la cual se ruborizó, aunque al mismo tiempo no se le escapó el bufido burlón de Halina.

—Y tú, amigo mío, siempre armando jaleo. Bueno, parece que los nazis solo quieren a los mejores músicos. Al menos han acertado en algo. Quizá podamos incluso volver a reunir al grupo, dondequiera que vayamos. Tú puedes tocar el violín, yo podría tocar el acordeón, y Genie, el piano...

—No, no, el piano es cosa tuya. Yo..., yo no podría —balbuceó Genie.

—Venga, sigamos caminando. —Feliks lanzó una mirada por encima del hombro.

Su reencuentro había llamado la atención de un par de guardas que ahora se dirigían hacia ellos. Feliks rodeó a Genie por los hombros con un brazo y posó la otra mano sobre la espalda de su madre, y las instó a seguir avanzando.

—He oído decir que nos quieren hacer trabajar. Tal vez habría sido mejor ir a parar a la otra fila... —susurró Henry.

—No, estamos en el sitio correcto. Y lo principal es que estamos juntos —replicó Feliks a la vez que presionaba a Genie contra su cuerpo y la besaba en la frente.

En silencio, con los ojos mirando al vacío, Genie se quedó

pensando en el extraordinario concepto «juntos». Y mientras seguían avanzando sin decir nada más, tan solo podía pensar en una realidad: juntos, sí, pero no estaban todos.

Finalmente llegaron a un cerro y alargaron el cuello para ver qué les esperaba al otro lado. La visión no era demasiado prometedora, concluyó Genie. Aquel área parecía contener una prisión en vez de un lugar donde fueran a trabajar. Sobre la colina se alzaba en efecto una enorme fábrica, pero en el valle podían verse varios barracones alineados, además de otros edificios.

Genie miró a Feliks en busca de ayuda. Estaba a punto de llorar, pero él se limitó a suspirar moviendo de un lado a otro la cabeza.

—¿Qué es esto? ¿Qué pasa? —preguntó Genie angustiada.

—¡Casi no puedo creer que los alemanes hayan intentado imitar Szczyrk! Bueno, las vistas son fantásticas, pero simplemente no pueden competir con nuestros balnearios. ¿No os parece?

Genie lo fulminó con la mirada. Pero al atravesar el portón y ver a un hombre de aspecto terrible sobre un caballo, incluso a Feliks se le pasaron las ganas de reír.

—¡Alto! Deteneos, cerdos judíos.

Se hallaban ante un barracón de madera de mayor tamaño que los demás, y Genie miró a su alrededor con curiosidad. Por todas partes había gente ataviada con ropas extrañas. Algunos cargaban con herramientas de todo tipo, un hombre de edad más avanzada empujaba traqueteando una carretilla.

También había guardas, aunque tenían un aspecto distinto a los del gueto. Ninguno de ellos llevaba la estrella de David; ¿acaso no había policía judía? ¿Tal vez allí era todo diferente, y los vigilantes serían más amables?

Por delante de donde se encontraban se escuchaba un gran revuelo. Mientras avanzaban en la fila, Genie dirigió la mirada hacia toda una serie de artículos variopintos que había dispuestos sobre una larga mesa: joyas, dinero y toda clase de objetos de valor. Estupefacta, Genie se preguntó cuánto valdría todo aquello.

—Tenemos que dejar ahí todo lo que tengamos. Querida, ¿llevas algo encima? —preguntó Feliks en voz baja.

—No, pero tú...

Feliks se llevó raudo un dedo a los labios, y Genie enmudeció. Pasaron al lado de la mesa, y Genie le lanzó una mirada nerviosa.

—Tal vez nos haga falta más adelante. No te preocupes —le aseguró Feliks.

—Pero podrían matarte si no se lo das. ¿Qué diría tu padre?

—Me lo regaló él, o sea que no creo que se opusiera. De todos modos, seguro que ya estará muerto, porque...

—¡Feliks! No digas eso. También podría ser que le hubieran enviado a trabajar a otro lugar. O mejor aún, quizá haya logrado esconderse.

—Sí, mejor... —Pero le falló a voz.

El tono con el que habló alarmó a Genie, pero no se atrevió a seguir preguntando. En lugar de eso, rebuscó en el bolsillo del abrigo de Feliks y comprobó que el pesado anillo todavía estaba allí. Frunció el ceño mientras acariciaba con un dedo el ónice. Habría preferido que lo hubiera dejado en la mesa.

—Feliks, al parecer eso de ahí arriba es una fábrica de colchones. Sin duda, algunos de nosotros tendremos que trabajar en ella —murmuró Henry.

—Y quizá haya una enfermería o un casino para los guardas. A mí me tocará trabajar allí. Pero, cariño, ¡colchones! Eso es para ti; debes de llevarlo en la sangre.

Genie esbozó una leve sonrisa, aunque se sentía desgraciada. Obviamente Feliks tenía razón, sus padres eran dueños de una fábrica de colchones; lo que no sabía era que en realidad no había ido nunca a echar una mano allí, ni un solo día.

Tal vez se arrepentiría algún día de haber dedicado tanto tiempo a tocar el piano en vez de ayudar en el negocio familiar. Casi no pudo evitar reír ante esa idea absurda. Pero apartó aquella idea de su mente, tenía que tener cuidado: no debía volver a pensar en su piano. Le hacía demasiado daño.

En lugar de eso, sus ojos vagaron hasta la colina donde se erigía la enorme nave industrial. Tenían que hacer colchones precisamente. A veces el destino era muy cruel.

El tiempo se convirtió para Genie en su mayor bendición y maldición a la vez. Poco a poco fue perdiendo su inocencia, por ejemplo cuando obligaron a una mujer a bailar para los bulliciosos guardas, hasta que le metieron una bala en la cabeza y su sangre salpicó a Genie, que justo en ese momento pasaba por allí. Su alma también sangraba cuando el comandante disparaba desde su caballo a mujeres y niños mientras estaban trabajando, como si se tratase de conejillos en un prado.

Con el tiempo, el plan de los nazis parecía estar funcionando. Como una enfermedad que se transmite desde las raíces ampliamente ramificadas de un árbol a otro. Los vigilantes querían convertirlos en máquinas sin cerebro, que cavaban tumbas y construían barracones. Y con el paso de cada uno de aquellos días espantosos la voluntad de vivir de los prisioneros se iba disolviendo poco a poco; en eso los nazis eran imbatibles.

Y, sin embargo, había algo más fuerte en su interior que no se dejaba doblegar, y Genie aprendió muy rápido qué hacía falta para sobrevivir. Tenía que desprenderse de sí misma con la esperanza de superar aquel sufrimiento. Daba igual si tenía que cargar con fardos de tela o con cadáveres: se imaginaba que era otra persona a la que ella estaba observando mientras realizaba la actividad que fuera.

Lo peor era arrastrar a los muertos hasta las fosas. Empezó a ser consciente de en qué se convertirían todos en última instancia: un montón de carne envuelto en una funda de piel. Con los ojos y la boca abiertos de par de par, los brazos y las piernas en posiciones extrañas, y la sangre rezumando cuando la carne perdía su salvia.

A pesar de que Genie no quería que pasara ni un día más, porque solo traía más muerte y miseria, por otro lado se alegraba del inquebrantable paso del tiempo. Estaba agradecida por haber caído en ese estado en el que trabajaba sin vivir. Se preguntaba si sus padres y hermanos se habrían vuelto como ella.

—Buen trabajo, así debe ser. Sigue haciéndolo en el futuro exactamente de esa forma y te dejarán en paz.

Genie se obligó a sonreír para Estera, la mujer que se había convertido en su maestra. Por fin hacía algo bien. Llevaba dos semanas allí, y seguía costándole rellenar los colchones.

Pero por alguna razón Estera la había tomado bajo su protección. Susurraba a Genie consejos e instrucciones, y asentía sin palabras cuando hacía algo bien. Todos se habían sorprendido de lo torpe que era.

Cuando los demás habían acabado con su décimo colchón, Genie todavía suspiraba pesadamente. Se dirigió al vigilante de guardia.

—*Toilette?*

—*Pero tienes que estar de vuelta en dos minutos* —respondió con brusquedad.

Genie firmó en la lista y se fue corriendo. Feliks había intentado enseñarle un poco de alemán, por lo que pudo entender que tenía que darse prisa. Por suerte solo tenía que orinar, de lo contrario no habría conseguido volver a tiempo.

Últimamente sufría de estreñimiento y tampoco se tomaba el tiempo necesario para hacer sus necesidades. En realidad se alegraba de ello. El estado de las letrinas era tan repugnante que casi no se podía soportar. Se quejaba cada vez que salía el tema cuando estaba con Feliks, hasta que Halina la enseñó a respirar por la boca e intentar pensar en algo agradable.

Tras la jornada de trabajo tenían que bajar hasta el campo desde la colina. Genie siempre intentaba localizar con la vista al comandante Amon Göth, y sentía un gran alivio cuando no se cruzaba con él. Nunca antes había conocido a un hombre tan monstruoso. Daba vueltas montado en su caballo, y con frecuencia una sola palabra de su boca significaba la muerte para aquellos que se encontraran ante él. Alguien que tropezara, o incluso que no moviera la pala con la suficiente rapidez, probablemente nunca más podría volver a hacerlo. A veces el comandante disparaba de forma aleatoria desde la ventana de su mansión. Feliks decía haber visto en una ocasión cómo le goteaba sangre de la boca mientras se reía.

Tras acabar su jornada, al regresar a los barracones, Genie respiró aliviada. No había sido un buen día, puesto que no había tenido la oportunidad de ver a Feliks. Iban atrasados en el trabajo y no hacían descansos. Le habría gustado echar la culpa a las demás mujeres, pero tenía la sensación de que era ella la responsable de que no hubieran conseguido acabar los colchones suficientes.

Los rayos del sol poniente se filtraban destellando por las ranuras entre los tablones de la pared. Genie se sentó junto a la madre y la hermana de Feliks, y juntas disfrutaron de su ración diaria de pan. Lo único positivo de aquel día era que les habían dado margarina y mermelada para acompañar el pan, algo que solo sucedía una vez a la semana, y esas ocasiones eran para todas como una celebración.

Antes les habían dado sopa, pero básicamente solo contenía agua. Por eso Genie se abalanzaba sobre su pan como si fuera un dragón hambriento. Las mujeres masticaban en silencio, pero apenas conseguían saciar el hambre. Una vez habían dado cuenta de su ración, empezaban a charlar, pero Genie seguía masticando lentamente. Le gustaba trocear el pan en pequeños pedazos y se imaginaba que tenía ante sí un menú de tres platos, como solía ocurrir en su casa. Masticaba muy despacio con la esperanza de que eso calmara la sensación de hambre.

—¿Habéis oído hablar de la revuelta?

Las conversaciones en voz baja se acallaron, y todas las caras se giraron hacia una mujer de mediana edad. Estaba sentada en una litera, balanceando las piernas a los lados. Su espesa cabellera sin peinar hacía que casi pareciera que estaba desquiciada, a lo que cabía sumar un fulgor en sus ojos que intensificaba esa sensación. Sonaba como si acabara de enterarse de que iban a regalarle un palacio a cada una en la fiesta de Janucá.

—Pronto se producirá una rebelión. Nuestros hombres lucharán, y nosotras tenemos que estar preparadas para apoyarles.

—Eso es del todo absurdo —susurró Halina.

Y parecía que casi todas opinaban lo mismo. Murmuraban objeciones entre sí mientras intercambiaban miradas de escepticismo.

—Sí, ya lo veréis. Hay otros campos de trabajo donde la gente también se está preparando.

—¿Cómo puedes estar tan segura? A mí me parece peligroso.

—Sí, hasta ahora nunca ha salido bien, ¿no?

Se oyó a la mujer saltar desde la litera; extendió sus brazos antes de proseguir ante sus compañeras.

—Esta vez es distinto. Este maldito campo de trabajo fue erigido encima de un cementerio judío. Puede ser que aquí estén enterrados nuestros antepasados, pero me niego a que me entierren a mí también. Además, estamos perfectamente en condiciones de defendernos.

—Claro, nuestra diarrea debería bastar para intimidar a los guardas, pues nos mantiene toda la noche despiertas.

Se oyeron unas risas silenciosas, y Genie seguía sin apartar la vista de su diminuto trozo de pan duro. Mientras tanto Halina murmuró, para que solo pudieran oírla su madre y Genie:

—Como si los vigilantes fueran a permitir una revuelta. Büttner siempre está hablando de la seguridad; hay mucha más de la que podemos ver.

En su rostro hizo aparición una comedida sonrisa, y Genie la miró asombrada. Halina en verdad nunca sonreía.

—¿Büttner? ¿De quién estás hablando?

—¡Eso no es de tu incumbencia! —respondió Halina con un bufido.

Genie miró con extrañeza a su cuñada. Nunca le había caído bien a Halina, aunque Genie nunca le hubiera hecho nada. Aparte de casarse con su hermano, pero al fin y al cabo estaba en todo su derecho de hacerlo.

Seguramente Halina estaba celosa. Genie no tenía ninguna hermana mayor, y a veces se sentía furiosa con Halinka porque sus padres siempre la mimaban y la llevaban en brazos a todas partes. Quizá a Halina también le pasaba algo parecido, porque su hermano siempre llevaba a Genie en palmitas.

—Halina, sé un poco más amable. Además, a mí también me gustaría saber quién es ese tal Büttner, puesto que mantenéis conversaciones tan esclarecedoras.

Genie lanzó a la madre de Feliks una mirada de agradecimiento, y a continuación ambas volvieron a dirigir su atención a Halina.

—De acuerdo. Es un alemán con el que trabajo en la oficina. Le veo todos los días, y a veces... hablamos. Es... educado. No hay nada malo en ello.

—Nada, ¡únicamente que es un enemigo! —espetó Genie. Casi no se lo podía creer: Halina estaba coqueteando con un nazi, mientras sus compañeros no dejaban de asesinar a su gente. ¿Cómo podía dirigirle aunque solo fuera una palabra a alguien así?

—¿Un enemigo? Él no es de esos que matan a tiros a la gente o dan palizas a ancianas si no trabajan al ritmo que desean.

—Pero es un alemán, Halina. Un nazi de las SS. ¿Se lo has contado a Feliks? —preguntó Genie en voz baja.

Halina se mordió el labio inferior y no respondió. Luego tomó a su madre de la mano.

—No todos los alemanes son monstruos. Solo tienes que tomar como ejemplo a ese tal Schindler. Parece ser que es bueno. Ayuda a los nuestros. Quizá haya una rosa en medio de un mar de espinas. —A Halina le brillaban los ojos.

Genie hizo un movimiento de cabeza que denotaba incredulidad. ¿Qué le había hecho ese nazi a Halina?

—Eso no me cabe en la cabeza. ¿Cómo podría haberse convertido en un nazi, siendo un tipo tan encantador?

—Eso yo no lo puedo saber —replicó Halina impertinente.

Guardaron silencio durante unos instantes y volvieron a escuchar a la mujer que parecía tan convencida de que estaba a punto de estallar una revuelta.

—... no paran de llegar camiones de las SS. Imaginaos cuántas armas cargan en su interior.

—Pues vete a buscarlas tú misma. Avísanos cuando las tengas en tu poder.

—Podéis apostaros lo que queráis.

Había una tensión agresiva en el ambiente, y Genie hizo un gesto de desaprobación. Otras noches cantaban o contaban chistes hasta que se dormían. No le gustaba nada el rumbo que había tomado aquella conversación. ¿De verdad era posible que hubiera un alzamiento? ¿Qué opinión tendría Feliks de ello?

Observó a Halina, que miraba fijamente a aquella mujer reprimiendo una sonrisa burlona. Sacudió la cabeza de un lado a otro y volvió a dirigir su atención al pan que le quedaba. Si Halina no se mostraba preocupada, Genie tampoco tenía por qué estarlo. Esa mujer estaba loca. Lo mejor que podían hacer era seguir sobreviviendo y trabajando día a día, tal como decía Feliks.

Por supuesto, nunca admitió ante él su miedo a perderse a sí misma en aquella aburrida rutina diaria.

Aunque los nazis les hacían trabajar frenéticamente, también se empeñaban en que presenciaran todas las ejecuciones que tenían lugar en el campo. Con el tiempo, casi se convirtieron en algo rutinario. En la siguiente ocasión en que los convocaron para que fueran a la plaza de armas, Genie se dio cuenta de que ya casi no sentía nada. Les obligaban a mirar, y a quien desviara la vista le golpeaban. Las primeras veces fue duro, pero ahora sabía cómo soportarlo: sí que miraba, pero no veía nada. Los guardas trajeron al arquitecto que había participado en la construcción del campo de concentración de Plaszow. Todos siguieron con la mirada, como hipnotizados, cómo le ponían la soga al cuello.

—Realmente es una vergüenza —susurró Halina a su madre.

Genie se inclinó hacia adelante para mirar a Halina.

—Es extraño que lo quieran muerto. Creía que había hecho bien su trabajo —murmuró Genie.

—Exactamente. Acabó su trabajo, y ahora el campo está terminado. Ya no lo necesitan.

Genie miró sin ver cómo empujaban al hombre. Se oyó un chasquido, y suspiró aliviada porque por lo menos el cuello se había roto al instante. A veces los colgados seguían pataleando hasta que se asfixiaban de forma agónica. Esta vez había sido rápido, y el cadáver se balanceó sin vida en el aire.

Volvieron al trabajo. Genie alzó la vista hacia los altavoces y sacudió la cabeza de un lado a otro. Ni siquiera habían quitado la música. Siempre sonaba alguna melodía, y aunque a veces no era de su gusto, no se engañaba a sí misma: por lo general le encantaba, y por absurdo que pareciera hacía que las ejecuciones fueran más soportables. Al parecer, al comandante le gustaba la música clásica. Casi había conseguido arruinarle a Genie el placer que sentía al oírla.

Rellenó el siguiente colchón tal como Estera le había enseñado a hacerlo. Aunque no es que se esforzara demasiado. Básicamente esperaba que llegara el mejor momento del día. Cuando por fin acabó el turno, Genie recorrió la calle del campo siguiendo a las demás mujeres. Esta vez no le dedicó la menor atención a la horca, sino que se limitó a cruzar el portón sin desviarse.

Feliks trabajaba en la enfermería, y ella iba a verlo siempre tan pronto como podía. Su tiempo libre estaba planificado a la perfección; incluso las pausas para ir a las letrinas se encontraban programadas en un horario concreto. Todo estaba estructurado al detalle, desde el toque de trompeta matutino para pasar lista hasta la salida hacia sus respectivas columnas de trabajo.

Algunos días Genie trabajaba fuera, en la calle, cargando piedras, maderas o cadáveres, aunque casi siempre estaba en la fábrica. Aborrecía los días de trabajo en el exterior, porque era mucho más duro, y además se ensuciaba. Pero después de que Feliks se lo hubiera contado a Halina, ella se ocupaba de que la mayoría de las veces a Genie se le asignara trabajo en la fábrica.

De algún modo Halina había conseguido introducirse en la administración del campo, y ya hacía tiempo que trabajaba en las oficinas. Quizá eso respondía al hecho de que hablaba un alemán casi perfecto, o tal vez, especulaba Genie, a que era alta, delgada, y tenía un cuerpo bien torneado. Todo lo que se proponía funcionaba, porque «trataba bien» a Büttner.

Cada vez que Halina lo mencionaba, Genie intentaba no dejar entrever su indignación. No era asunto suyo. Pero le preocupaba su marido. Feliks tal vez debería saber qué era lo que estaba haciendo su hermana.

Entró en la enfermería y de inmediato localizó a Feliks; estaba un poco apartado esterilizando el instrumental. Genie intentó acercársele sigilosamente, pero él no se dejaba sorprender con facilidad.

—Querida, con esas botas haces tanto ruido como los nazis. Deberías aplicarte más en tus aptitudes de secretismo como espía —comentó Feliks riendo.

—Si al final resulta que el tío David de verdad era un espía, yo también debería llevarlo en la sangre. Quizá podríamos practicar juntos más tarde.

—En el punto de mira de la espía. ¡Suena como una divertida comedia de costumbres, cariño!

Dejó el instrumental a un lado, se quitó los guantes y fue hacia ella para abrazarla con fuerza. Aunque seguro que olía peor que las letrinas, sin titubear un instante, le propinó toda una serie de besos, desde la frente, pasando por el cuello, hasta las yemas de los dedos.

Luego la miró a los ojos y preguntó:

—¿Qué tienes en la cabeza? Pareces un tanto… trastornada. ¿No has tenido un buen día?

—No, bueno, quiero decir, tal vez. No lo sé. ¿Has oído hablar de un tal Büttner?

—¿Büttner? No me dice nada. Como mucho con ese nombre se me ocurren un par de chistes. Por ejemplo, sí, este es bueno…

—¡Feliks! No me hace gracia. Me refiero al oficial de las SS que trabaja con Halina en las oficinas. Tu madre y yo creemos que está tratando de acercarse a Halina. ¿Entiendes lo que quiero decir?

—Acercarse como a mí me gusta hacerlo, eso sí que lo entiendo. ¿Te refieres a esa clase de acercamiento? —Feliks atrajo a Genie hacia sí, la tomó en sus brazos y empezó a bailar con ella.

Juntos comenzaron a desplazarse en círculos dando saltitos, y Genie permitió que la hiciera dar vueltas, riendo. Cuando él volvió a hacerla girar, ella se detuvo y le posó la mano suavemente sobre el pecho.

—¡Feliks! Lo digo en serio. Es..., es... terrible.

—No veo qué hay de malo en ello. ¿Que es alemán? No todos son tan malos como el barrigudo que siempre va a caballo. Ese sí me parece terrible, va disparando a la gente cuando le viene en gana, y encima va todo el día por ahí sobre ese caballo, y ahora me da pena el pobre camarada. Me refiero al caballo —se corrigió a sí mismo Feliks.

Aparentemente esperaba hacerla reír, pero ella se limitó a clavar la mirada en él.

—Es un nazi —afirmó con brusquedad.

—Lo principal es que la trate bien. Además, los nazis tienen muy buen gusto para la música.

—Sí, y además suena especialmente bien cuando alguien suplica por su vida.

Feliks se dio por vencido y dejó de intentar bailar con ella. Retiró su brazo de la cintura de Genie, cogió sus manos y con un dedo resiguió en cada palma la línea de la vida.

—Creía que ya no trabajabas fuera. Se lo pedí a Halina; si ella no...

—No, no te preocupes. Me ha ayudado. Solo tengo que salir a veces a cargar cadáveres, pero, Feliks, todos tenemos que asistir a las ejecuciones. Nos llevan hasta el patíbulo, y nos obligan a mirar. La enfermería debe de ser demasiado importante y por eso os dejan en paz...

Genie intentó tragarse su amargura, pero a veces envidiaba a Feliks. Era brillante como médico y como músico. No tenía que preocuparse por nada; siempre tendría un buen trabajo. Genie en cambio... Bueno, el caso es que no tenía ningún talento especial. No podía decirse que supiera hacer nada realmente bien.

—Feliks, me preocupa Halina. Está jugando con fuego. Podría ser que Büttner simplemente la estuviera utilizando. O que cuando se canse de ella le pegue un tiro para dejar sitio libre a su próximo juguete. —La voz de Genie se tornó áspera.

Los rasgos de Feliks se suavizaron. Luego él enmarcó la cara de Genie con ambas manos.

—No te preocupes. Mi hermana sabe cuidarse muy bien.

—Eso no lo dudo...

—No obstante, tu preocupación por ella me conmueve. Mientras ese hombre la proteja y ella te proteja a ti, todo irá bien.

Feliks le dio un beso en la punta de la nariz y la acompañó hasta la puerta. Genie se quedó mirándolo todo el tiempo que pudo mientras él hacía un gesto de despedida con la mano. De vuelta al trabajo, seguía oyendo su voz. ¿De veras podía ir todo bien?

Les hicieron cargar madera hasta un nuevo barracón que ocupaba el último lugar en la hilera. Genie no podía acarrear gran cosa, pero se trataba de una cantidad considerable. Cuando se disponía a protestar, el hombre que había descargado la madera del camión le siseó que se tranquilizara.

Ella intentaba hacerle entender que no podía cargar con tanto peso, pero él se limitó a llevarse un dedo a los labios y la apartó de un empujón. Genie no disimuló su enfado, y entonces descubrió al comandante muy cerca de ellos. Amon Göth se abría paso lentamente sobre su caballo entre la multitud, supervisando el trabajo. Genie dio un respingo y aceleró el paso.

Dejó su carga en las obras de construcción, y luego dio media vuelta para ir a buscar la siguiente carga.

—Mira eso.

Genie lanzó una mirada de perplejidad al hombre que se encontraba a su lado, con la esperanza de que no causara problemas. Luego siguió con la mirada la dirección que indicaba con su mano. En lo más alto de la colina se podían ver unas figuras diminutas moviéndose.

—Están cavando más tumbas.

—¿Cómo? ¿Para quién? —preguntó Genie sin comprender.

—Para nosotros, tonta.

Genie lo miró estupefacta, pero él se encogió de hombros y siguió avanzando. Solo cuando unos fuertes ladridos la sacaron de su estado catatónico, consiguió reaccionar y seguir tambaleante a aquel hombre.

Había tanto lodo que Genie apenas podía mantenerse en pie. Resbalaba continuamente bajo su pesada carga. A veces miraba de reojo las fosas del cerro, pero no podía perder de vista el suelo. Le parecía absurdo que estuvieran construyendo a la vez un cementerio y más alojamiento. Solo era posible ir a parar a uno de esos dos sitios.

Resbaló de nuevo; apenas pudo mantener el equilibrio y no caer, pero sí lo hicieron los tacos de madera. Al agacharse para recogerlos, vio ante ella un par de botas negras. Un escalofrío hizo que sus miembros quedaran paralizados. Alzó la vista muy despacio.

Era un hombre de las SS, y a Genie le pareció que se le paraba el corazón. Bloqueada por el espanto no fue capaz de pronunciar una palabra. ¿Iría a pegarle? Las porras se le antojaban tremendamente amenazadoras, y los gritos de dolor de las víctimas resonaban sin cesar en sus oídos. El nazi alzó una mano; ella cerró los ojos y esperó. Pero no sintió el golpe. Entonces entreabrió un ojo y vio que le estaba ayudando a recoger la madera para ponérsela de nuevo en sus brazos.

—*Me llamo Büttner. ¿Eres la hermana de Halina?*

Genie se quedó sin habla, su mente trabajaba a toda velocidad intentando entender lo que decía ese hombre. De pronto comprendió.

—¡Ah, Büttner! Sí, Halina. Halina. Es mi cuñada. Lo siento. Apenas hablo alemán. Seguro que Halina le ha dicho…

—*Halina.*

Sumido en sus pensamientos dejó vagar la mirada como si la estuviera buscando. De repente se inclinó hacia adelante y se acercó a ella de manera intimidante. Con los labios crispados, susurró en un tono apenas audible:

—*Halina no quiere que te pase nada. Aquí afuera debes tener más cuidado. Sobre todo cuando el comandante está merodeando.*

—Ah, sí. Por supuesto. —Genie asintió, aunque no entendía una palabra.

—*Intenta caminar más erguida. ¿Sí?*

—*Sí*, lo que usted diga.

Büttner apenas asintió con aire satisfecho, antes de girarse sobre sus talones y alejarse de ella. Genie lo observó atentamente. Qué nazi más extraño. Nunca antes había considerado a los nazis como personas, sino como monstruos que blandían armas y porras. Pero ahora que había conocido a Büttner más de cerca, podía comprender mejor a Halina. En efecto, parecía afable, y era además un hombre atractivo.

Siguieron trabajando en el nuevo barracón hasta que oyeron el toque de trompeta que los convocaba para pasar lista. En esta ocasión Genie incluso se alegró, aunque sin duda tendrían que quedarse de pie afuera una eternidad; pero por lo menos no tendría que seguir acarreando más madera. Se frotó los hombros doloridos mientras los guardas los hacían avanzar. Al llegar al barracón infantil, a Genie le llamó la atención que parecía estar extrañamente desierto. Por lo general solía ver un montón de niños.

Al final, tuvieron que formar filas. Siempre los separaban de los polacos cristianos, que eran prisioneros políticos o presentaban cualquier otra característica que a Hitler le desagradaba. No obstante, estaban todos en el mismo barco.

Estaban esperando que los llamaran por su nombre, pero no sucedía nada. Genie dejó vagar la vista y enseguida localizó a Büttner entre los demás guardas. No le costó mucho, puesto que ahora conocía su aspecto. Intentó diferenciar también a los otros guardas, pero todos llevaban el mismo uniforme y mantenían la misma postura. ¿Qué es lo que hacía distinto a Büttner?

Antes, al tropezar y caérsele los tacos de madera al suelo, no la había golpeado, aunque era habitual recibir palizas por mucho menos. Sin embargo, él la había ayudado. Eso le había dejado un regusto amargo, y no pudo evitar acordarse de su amado. Feliks siempre ayudaba, aunque no esperase ninguna recompensa a cambio. ¿Tal vez Büttner creía que próximamente obtendría algo de Halina como contrapartida? ¿Solo había sido amable con ella por eso? Genie negó con la cabeza. Rumiaba demasiado. ¿Qué clase de contrapartida habría podido esperar?

De pronto se oyó música, y Genie se sobresaltó. Era inusual, y todos los demás también se sorprendieron. Por lo general, únicamente se oía música clásica procedente del megáfono en el horario de trabajo, pero en aquella ocasión sonaba una nana. Una inocente canción de cuna con campanillas y una dulce melodía. A Genie casi le pareció ver a una niña con cola de ratón saltando entre las filas, con una sonrisa en la cara y una piruleta en la mano. Así de encantadora sonaba la música, aunque no era en absoluto adecuada para el griterío que empezó a oírse.

Pasaron varios camiones desde los cuales podía verse a los niños sacando la cabeza y saludando a sus familias. De repente Genie notó que se producía una gran agitación detrás de ella. Los padres corrían hacia sus hijos y tropezaron con ella en varias ocasiones. Madres y padres se precipitaban tras los camiones, pero eran abatidos antes de poder alcanzarlos. Una madre llegó a coger la mano de uno de sus hijos, y un guardia la derribó al suelo. Su cuerpo se arqueó bajo sus patadas.

Los gritos se hicieron insoportables cuando los padres comprendieron que nunca más volverían a ver a sus hijos. Pero los nazis estaban preparados: se unieron formando una apretada cadena para evitar que se acercaran a los camiones. Disparaban sin dudar a cualquiera que pasara cerca de ellos o se atreviera a algo más haciendo alarde de valentía. Resonaba el eco de los disparos, pero Genie ya se había acostumbrado y ni siquiera necesitaba taparse los oídos. Por suerte Halinka y Jurek no se encontraban en aquellos camiones; estaban seguros con sus padres. Genie se quedó ahí de pie, paralizada, mientras la muerte se extendía a su alrededor.

Los gritos le recordaron el día en el que desalojaron el gueto. Desde entonces no había vuelto a ver a sus padres ni a sus hermanos, pero suponía que estaban en algún lugar seguro. Tal vez seguirían trabajando en la fábrica. Si su madre pudiera verla trabajando también, precisamente además en una fábrica de colchones, sería todo un shock para ella.

Los gritos quedaron amortiguados por otro sonido: la señal de la tarde. Al parecer, ese día por lo menos no los convocarían para nada más. Genie avanzaba junto a las demás mujeres de su fila hacia el barracón. Miró por encima del hombro y vio que los camiones habían desaparecido, y solo quedaban unos cuantos cadáveres en la plaza de armas. Volvió a mirar hacia adelante y justo entonces pasaron al lado de una niña que había intentado esconderse, y a la que al final habían encontrado. Los guardas la golpeaban con sus porras y le daban patadas en el vientre y la cabeza, mientras ella llamaba desesperadamente a su madre.

Genie apartó la mirada y entró en el barracón. Fijó la vista en la espalda de la mujer que caminaba delante de ella; ojalá pudiera llevar unas anteojeras, como las que ponían a los caballos cuando participaban en un desfile. Las mujeres que habían llegado antes al barracón estaban comentando lo sucedido. Genie intentó no escucharlas, y se abrió camino entre ellas hasta su jergón, que compartía también con Halina y su madre. Parecían aliviadas al verla, aunque el rostro de Halina de inmediato volvió a adoptar una expresión de rechazo.

—He oído decir que le han propinado un centenar de golpes a una niña.

—La pobre...

—Pero está viva. Por lo menos todavía lo está. Seguramente se encuentra ya en la enfermería luchando por sobrevivir.

Aquel suceso parecía estar martilleando la mente de todas, también la de Genie, que se preguntaba si sería Feliks quien la estaría atendiendo.

—Es un auténtico escándalo. No pueden llevarse a nuestros hijos. Eso... va contra la ley.

—Siento desilusionarte, pero todo lo que pasa aquí va contra la ley.

Las mujeres profirieron una risa lacónica, y en la cara de Genie incluso apareció una amarga sonrisa.

—Nadie vendrá a salvarnos —señaló otra mujer—. Ni franceses ni británicos ni tampoco los americanos; nadie. No vale la pena salvarnos. Demasiado esfuerzo.

—No digas eso. Pronto acabará la guerra.

—Ah, ¿sí? ¿Cuántas veces nos has explicado ya ese cuento? Yo diría, puesto que somos vecinas de litera, que tal vez... ¿unas cinco mil?

—Por lo menos no soy la única.

—Vamos a morir todas, y además lo sabemos. No entiendo por qué siguen desperdiciando su energía en golpearnos. El comandante sabe lo que hace. No pierde el tiempo. Hitler quiere un mundo lleno de gente rubia con ojos azules, y todo el que sea diferente será eliminado. Está loco, pero solo lo justo para que la gente le siga. Sucumbiremos todas, y en mi opinión, mejor antes que después.

Se hizo un silencio sepulcral en todo el barracón. Nadie se

atrevió a replicar, quizá nadie necesitaba hacerlo porque todas sabían... que tenía razón.

La conversación se apagó, y solo se reanudó tímidamente en grupos más reducidos. Halina se había mantenido al margen, lo cual no dejaba de ser sorprendente. Acompañó a su madre a la cama, se acostó a su lado, y Genie la imitó. Ninguna de las tres parecía tener ganas de hablar. Genie miró de soslayo a Halina, pero tenía el mismo aspecto de siempre. Era una belleza. Debía de ser fantástico no tener que cargar todo el día con tacos de madera. Genie se dio la vuelta e intentó dormir. A pesar de que sentía el agotamiento en cada músculo de su cuerpo, su mente estaba completamente despierta.

Pensó en las madres que corrían detrás de los camiones, y en los padres que intentaban en vano oponer resistencia a los guardas. Pensó en el barracón infantil vacío, y se preguntó a quién estaría destinado en el futuro.

Cada día se le antojaba eterno. Casi siempre trabajaba en la fábrica, algo que agradecía en silencio a Halina, aunque los días se sucedían sin distinguirse unos de otros, entre los llamamientos a la plaza de armas, el reparto de su ración diaria de pan y su trabajo rellenando colchones.

Sus visitas a Feliks eran su único rayo de esperanza, aunque eso también cambió. Tal vez debido a que lo obligaban a participar en las peores intervenciones de los médicos nazis, que consistían en administrar inyecciones letales a numerosos pacientes. Los instrumentos con los cuales les inyectaban sustancias como gasolina tenían que ser cuidadosamente esterilizados previamente. A Feliks eso le parecía absurdo, puesto que los pacientes morirían de todas formas; pero se reservaba su opinión para susurrársela al oído a Genie.

Debería sentirse agradecida, tal como le recordaba su cuñada todos los días sin excepción. Sin embargo, Halina lo tenía fácil en las oficinas con Büttner, que al parecer iba a verla cada día. Genie casi no podía hacerse una idea de qué esperaba obtener, aunque suponía que tan solo era un espía que pretendía acercarse a ella. Igual que el tío David, que constantemente invitaba a los agentes judíos del servicio de vigilancia del gueto a visitar su café. Genie debía de haber heredado el don de su madre para oler a los espías.

Pero, con independencia de que fuera o no un espía, Büttner hacía compañía a Halina, y Genie le estaba agradecida por ello. Halina debía de hablar tanto durante el día que por la noche apenas decía nada más. Fantástico.

—Magnífico. Has vuelto a retrasarnos.

Genie parpadeó y bajó la vista hacia el colchón, que solo estaba lleno hasta la mitad.

—Lo siento. Estaba perdida en mis pensamientos...

—Seguro que estabas pensando en tu estupendo marido. Ya ves, el mío está muerto. Tal vez deberías trabajar un poco más rápido, para evitar que nos pase lo mismo a nosotras.

Genie se sintió molesta, pero hizo un esfuerzo por acelerar el ritmo. La mujer tenía razón, en comparación con las otras mesas iban muy atrasadas. Quizá tenía ella la culpa; era cierto que en los últimos tiempos su mente se distraía con más frecuencia. Pero no le contaba a nadie cuán a menudo se sentía abatida y como anestesiada. Algo que en absoluto podía permitirse en ese lugar.

Se sobresaltó al oír el toque de trompeta. Los convocaban. Y no habían acabado. Estera se inclinó aprisa sobre la mesa y amontonó la tela. Al comprender lo que estaba haciendo, Genie la ayudó a tapar los colchones. Se unieron a las demás y avanzaron en doble fila hacia la puerta. Justo cuando Genie llegaba al umbral, sintió una porra en el vientre.

—*No has acabado todavía. ¡Venga, vuelve al trabajo!*

El vigilante le gritó directamente en la cara, y tuvo que hacer un esfuerzo para reprimir el impulso de limpiarse la saliva de la mejilla. No comprendía lo que le había dicho, y eso debía de ser lo que expresaban sus ojos, puesto que él la fulminó con una mirada homicida. Genie dio un respingo.

—*Sí. Gracias.*

Estera la cogió de la mano y la arrastró de regreso a la mesa de trabajo.

—¿Qué hacemos ahora? Tenemos que acudir a la llamada —se lamentó Genie.

—¿Y crees que el cabrón de ahí fuera nos va a dejar salir? ¿No has visto hacia dónde miraba? A nuestra mesa. Tenemos que acabar.

—No vamos a conseguirlo.

—En mi opinión, mejor ponte a trabajar como si te fuera la vida en ello. Es posible que en realidad así sea.

Con manos temblorosas, Genie procedió a terminar con las costuras mientras Estera rellenaba los colchones. Nunca antes habían trabajado tan rápido. Genie podía notar la mirada del vigilante posada en su espalda mientras deambulaba de arriba abajo. No se atrevía a mirar en su dirección, pero le bastaba con oír el ruido que hacían los tacones de sus botas en el suelo. No las dejaría ir tan fácilmente.

—¿Cuántos tenemos que acabar?

—Solo estos dos. Por lo menos eso espero.

Genie pensó en Feliks, que nunca se daba por vencido, ni siquiera cuando sus pacientes estaban al borde la muerte. Si él podía, ella también sería capaz de acabar de coser un colchón.

Tras lo que les pareció una eternidad, consiguieron terminar. Estera se incorporó de un salto y cogió a Genie por el codo. Sin dirigirle una palabra al vigilante, arrastró a Genie hasta la puerta. Una vez allí, esperaron hasta que el guardia la abriera. No se dio demasiada prisa, pasaron varios segundos entre cada golpe y golpe de tacón. Muy lentamente pasó a su lado y abrió la puerta. Con una amplia sonrisa, dijo gangueando:

—*Qué lástima que no vaya a volver a veros en la fábrica. Tal vez seáis las primeras ocupantes del nuevo cementerio. Espero que sea tan agradable como dicen.*

Genie y Estera asintieron y echaron a correr. Se abalanzaron por la pendiente de la colina como si el diablo estuviera echándoles el aliento en la nuca.

—¿Has entendido lo que ha dicho? —preguntó Genie jadeando.

—No, pero creía que no iba a dejar de hablar. Que Dios nos ayude. Sabe que llegamos tarde al llamamiento. Si nos matan por su culpa, le voy a escupir en el culo.

Genie no pudo evitar sonreír. Bajaron hasta el campo y redujeron la marcha al ver a los demás de pie un poco más adelante. En el peor de los casos podrían excusarse diciendo que estaban en las letrinas. Se habían librado. No había ningún vigilante entre ellas y los demás. Solo tenían que dejar atrás el último barracón.

—*Llegáis tarde.*

A Genie se le cortó la respiración cuando un guarda salió de la nada y se plantó ante ellas con una sonrisa de satisfacción. Detrás de él aparecieron más guardas acompañados de perros, y Estera cogió a Genie por el brazo y la escondió tras ella.

En un abrir y cerrar de ojos se vieron rodeadas. Quería decirles que estaban en las letrinas, pero no le salió la voz. Se aclaró la garganta, los perros ladraban como locos, y los guardas parecían estar a punto de soltarlos. De forma súbita se precipitaron los acontecimientos. Dos guardas se adelantaron y separaron a Genie de Estera. Unas manos enormes desnudaron a ambas, arrancando los harapos que las cubrían. Genie intentaba taparse con tanta desesperación que no se dio cuenta de lo que iba a suceder a continuación. Al sentir el primer golpe lanzó un grito de dolor.

—*Lleva la cuenta.*

Otro azote mordaz, un nuevo grito.

—¡Que cuentes!

Ya había presenciado palizas a otras personas, de modo que comprendió lo que le ordenaban.

—*Dos.*

Otro golpe, y tras él se le nubló la vista.

—*Tres.*

No sobreviviría a aquello. No podía comprender cómo pudo aquella niña aguantar hasta cien. Entonces se produjo una pausa. Genie abrió los ojos para ver si ya habían acabado, pero al instante volvió a esconder la cabeza. Se le saltaron las lágrimas al notar algo que, aparte de golpearla con dureza, al mismo tiempo le cortó la piel como la hoja de un cuchillo.

—*Cuatro.*

Casi no sintió el siguiente latigazo. Pero su cuerpo reaccionó encorvándose.

—*Cinco...*

Las botas a su alrededor se esfumaron en la oscuridad. Su último pensamiento fue para sus propias botas y el deseo de poder llevárselas a su tumba. Su *tat* se pondría furioso si alguien se las quitaba.

Se preguntó si tal vez estaría muerta. La oscuridad se había vuelto tan pesada que le oprimía el pecho. No podía abrir los ojos, pero sí podía oír sonidos extraños. Parecían voces.

—Saldrá de esta.

—No..., no... *Büttner, por favor, tráiganos más agua.*

—¿Qué puedo hacer?

—Aguanta esto con fuerza.

Oyó un gemido y de pronto cayó en la cuenta de que era ella misma quien gemía, al tiempo que empezaba gradualmente a sentir y percibir cada vez más las sensaciones.

—Oh, cariño. Lo siento mucho. Lo siento muchísimo. Cómo ha podido pasar esto...

—Feliks, para. No me mires así. Por favor, me estás asustando.

—Deberías estar asustada. Tenías que cuidar de ella ahí fuera. Me lo prometiste, Halina.

—¡Y lo he hecho! Es gracias a mí que solo trabaja en la fábrica. Pero parece ser que no es capaz ni de eso.

—Halina. Las muchachas como ella no están hechas para trabajar. Todavía me acuerdo de nuestros primeros meses juntos. Siempre llevaba unos vestidos preciosos en el gueto. Parecía una muñeca.

—Sí, de porcelana, muy frágil.

Genie recuperaba lentamente la consciencia, y el dolor fluía por su cuerpo como si de lava se tratara. Casi deseó regresar a aquella agradable oscuridad.

—¿Y dónde estaba tu preciado Büttner mientras los guardas intentaban matarla a golpes?

—Te la trajo de inmediato, en cuanto dio con ella. No estaba cuando convocaron a todos, y por eso fue a buscarla. Cargó con ella en sus brazos. Así que no te atrevas a decir ni un palabra en su contra. Ya te he dicho que es como Schindler. Un buen hombre.

—Por favor: Schindler. Un hombre que se enriquece con la guerra no puede ser bueno. Y Büttner encima está con las SS. Es un nazi. No confío en él.

—Mira, ahí viene. Ese al que llamas nazi es el que te está trayendo agua. Tal vez deberías expresarle tu desconfianza a la cara. Seguro que le encantaría escucharte, justo después de haber salvado a tu mujer. Ya sabes qué le ha pasado a la otra. El resultado habría sido el mismo con Eugenia.

Genie sintió algo húmedo sobre el hombro y gimió. Por fin consiguió abrir los ojos, y vio a Feliks, Halina y Büttner mirándola.

—¿Qué...?

—Cariño. No digas nada, por favor. Estamos aquí. No, no, quédate tumbada.

Sus ojos quedaron anegados en lágrimas y apoyó el rostro en el hombro de Feliks.

—Todo irá bien. Te has salvado. Halina, hermana, ¿podríais dejarnos un momento a solas?

Halina asintió y se hizo a un lado. Büttner todavía permaneció un instante al lado de la cama de Genie, examinándola, y luego se dio la vuelta y siguió a Halina. Se quedaron en un rincón susurrando.

Genie vio el instrumental y los catres y se dio cuenta de que se encontraba en la enfermería. Se le acumulaban las preguntas, pero lo único que podía producir eran lágrimas. Su cuerpo entero le quemaba como el fuego, y tenía la extraña sensación de que sus extremidades no le pertenecían. No podía moverse. Presa del pánico, volvió a desmayarse, pero ahora sentía la presencia de Feliks a su lado.

Los ojos de Genie empezaron a parpadear de nuevo. Con gran esfuerzo, abrió los párpados pegados y reconoció a Halina y Büttner. Estaba demasiado débil como para poder llamar su atención. Los vio de pie, juntos, y después Halina se alejó, y Büttner la siguió. Poco antes de que desaparecieran de su vista, Genie pudo ver que Halina cogía la mano de Büttner. ¿Qué estaban haciendo?

En ese momento llegó Feliks y se sentó en su cama. Cogió una de sus manos y le retiró de la frente un mechón de sus cabellos rizados.

—Feliks, yo... no puedo más. Es insoportable, no puedo con esto —dijo Genie sollozando.

—Lo sé. Acabamos de repasar nuestras opciones. Aunque no tengamos ninguna, pero...

Genie se rio apenas, y tras ofrecerle una cálida sonrisa Feliks la besó en la frente. Luego se incorporó y empezó a examinarla. Genie quedó asombrada con su repentino cambio de actitud y aquella mirada profesional. Con los ojos entrecerrados, comprobó minuciosamente sus heridas y contusiones. Presionó con delicadeza sobre algunos puntos al tiempo que observaba su reacción.

—Cuando vuelvan Halina y Büttner, les pediré más torundas y pomada —murmuró.

Hizo girar a Genie sobre sí misma hasta que quedó de lado. Ella se dejó hacer con un gemido, y mientras él le examinaba la espalda, volvió la cabeza hacia atrás para hablarle por encima del hombro.

—Pero si están ahí, Feliks. Acabo de verlos.

—¿Qué? Pero ¿dónde...? —Feliks enmudeció.

Parecía sorprendido, pero disimuló enseguida. A pesar de ello, Genie se había dado cuenta. Feliks la ayudó a incorporarse y le dio un vaso de agua. Genie le indicó por señas el hueco en el que ambos habían desaparecido. Con el ceño fruncido, Feliks se dirigió hacia allí.

Oyó un fuerte ruido, y luego cómo Feliks y Halina discutían en alemán. ¿Qué estarían haciendo cuando los había sorprendido?

Transcurrieron unos cuantos minutos, y Genie empezó a sentir cierta inquietud. Pero luego pensó cómo debía de sentirse Büttner. Para él tenía que ser mucho más embarazoso estar en medio. En cambio a Genie solo le resultaba desagradable oír que alguien discutía con Feliks, sobre todo si se trataba de su hermana.

Genie apretó los puños, impotente. Sentía la necesidad de defender a Feliks. Sabía qué se sentía cuando Halina decía aquellos exabruptos. Nunca habría pensado que también trataría así a su queridísimo hermano.

Aunque no entendía lo que decían, sí se dio cuenta de que Halina había alzado el tono de voz considerablemente. Lo que más deseaba Genie era poder levantarse, pero entonces de repente volvieron todos hasta donde se encontraba su lecho.

Genie apenas alcanzó a vislumbrar por un instante cómo Feliks movía la cabeza de un lado a otro y hacía un gesto desdeñoso con la mano. Luego se sentó al borde de su cama. Poco después llegó Halina y tomó asiento en el catre contiguo, mientras Büttner se quedaba en medio con las manos cruzadas a la espalda.

—*No eres papá, ¿vale?* —gruñó Halina a su hermano.

—*Al parecer necesitas dos padres, a juzgar por cómo te comportas* —respondió Feliks con un suspiro.

—Por favor, hablad en un idioma que entendamos todos —pidió Genie.

—Büttner no entiende el polaco, de modo que tampoco lo entenderíamos todos —repuso Halina.

—Con «todos» me refería a nosotros. Las personas de verdad.

—Cómo te atreves... —bufó Halina.

Se puso en pie de un salto, y aferrándose a la barandilla de metal de la cama se inclinó sobre Genie hasta quedar muy cerca de su cara.

—Halina, está malherida. ¡Déjala en paz! —advirtió Feliks alzando la voz.

Halina se apartó de la cama de Genie a regañadientes. Aunque siguió fulminándola con la mirada.

—Eres una niña mimada, ¿cómo es posible que mi hermano se fijara en ti? Y yo que siempre había pensado que era el listo de la familia.

—Entonces ¿tú quién eres? ¿La tonta? ¿O la egoísta? —replicó Genie.

Halina entrecerró los ojos mientras avanzaba hacia ella con aire amenazante. Pero una mano la detuvo. Se volvió sobre sí misma y luego hizo un gesto de aceptación con la cabeza dirigido a Büttner. A Genie no se le escapó la sonrisa que Halina le dedicó, y giró la cabeza asqueada.

—Deberíais ser un poco más amables conmigo. Büttner está de mi parte. Y prestad atención: a vosotros también os interesa estar ahí. Nos ha estado protegiendo todo este tiempo, pero si preferís rechazar esa protección…

—No, Halina, por supuesto que la queremos. Solo me pregunto cuál es el precio que pagas por ella —dejó caer Feliks. Halina lanzó las manos al aire haciendo aspavientos y se rio con amargura.

—Eso déjamelo a mí, hermano. *Venga, Büttner, nos vamos.*

Halina dio medio vuelta, y Büttner observó a Genie y Feliks con atención. A continuación le susurró a Feliks en alemán:

—*Tu hermana es muy fogosa, realmente impresionante.*

Les guiñó un ojo, y Genie no cabía en sí del asombro. Büttner se dio la vuelta deprisa y siguió a Halina hacia el exterior. El ruido que hacían sus tacones fue apagándose de forma gradual. Cuando ya no quedaba rastro de su uniforme, Genie miró a Feliks horrorizada.

—¡¿No me digas que ha…?!

—Ese canalla. Le voy a matar. Y luego otra vez por ser un nazi. —La voz de Feliks casi soltó un gallo, y no pudo evitar echarse a reír.

—No me puedo creer que un nazi nos acabe de hacer un guiño. ¿Qué ha dicho? —dijo Genie con una sonrisa burlona.

—Que le parece impresionante la fogosidad de Halina. No sabía cómo reaccionar. ¿Darle las gracias porque mi hermana le parezca tan entretenida? Por favor… —Feliks se dejó caer sobre el catre y se acurrucó junto a Genie. Ella se limitó a mover de un lado a otro la cabeza, en un gesto que denotaba incredulidad—.

Cariño, ¿no prefieres quedarte aquí conmigo en la enfermería cuando ya te hayas recuperado? —preguntó de repente.

—¿Qué quieres decir? ¿Para siempre jamás?

—Seguramente no. Tendrás que volver a la fábrica. Pero en lugar de regresar al barracón para dormir con las demás mujeres, podrías estar conmigo. Podríamos ayudarnos.

—¿Eso está permitido? ¿No tendremos problemas?

—Nadie tiene por qué enterarse. Además, Büttner está de nuestra parte y, como dice Halina, presta atención: ese es el lado correcto.

—¿Lo dices en serio? Me parece demasiado peligroso.

—A veces el amor compensa el peligro —susurró Feliks.

Genie cerró los ojos. Pero entonces pensó en Halina y Büttner, y en que su relación era mucho más arriesgada incluso, con independencia de lo que implicara ese riesgo. Quizá Feliks tenía razón. Si Estera estaba en lo cierto, y de todas formas iban a morir todos, entonces daba igual arriesgarse o no. En cualquier caso, estar con Feliks valía la pena.

Se despertaba continuamente a causa de sus propios gritos. Su cuerpo temblaba y se retorcía durante aquellas terribles pesadillas.

Feliks la había acariciado y murmurado palabras de consuelo al oído para que volviera a conciliar el sueño. Pero el dolor que sentía en huesos y músculos hacía que se estremeciera como un estridente toque de trompeta. Una y otra vez Feliks le rogaba que siguiera durmiendo, pero no lo consiguió. No había visto a Estera en la enfermería y estaba muy preocupada por ella. Tal vez se había recuperado más rápido y ya volvía a trabajar en la fábrica. Aunque en realidad no creía que eso fuera posible. Genie llevaba casi una semana en la enfermería. Tal vez Feliks había añadido algunas heridas más graves en su historial para que le dieran más tiempo para recuperarse.

Feliks se encontraba ocupado con otros pacientes cuando Halina hizo aparición con su ración de pan.

—Uf. Büttner me ha dicho que ahora tienes peor aspecto que antes. No podía creerlo. Pero es verdad —dijo Halina con una risa áspera.

Genie examinó su propio cuerpo con los ojos muy abiertos. Sí, algunas partes habían adquirido un tono azul y negro, pero Feliks no había hecho ningún comentario al respecto.

—Ya no puede verse ni un trozo de piel normal. Santo cielo, tu cara. La tienes completamente hinchada y abultada, y muy pálida.

—Muchas gracias —espetó Genie al tiempo que intentaba dedicarle una mueca.

Halina le arrojó el pan al regazo, y Genie se abalanzó hambrienta sobre él. Le dio las gracias con la boca llena.

—De nada. Pero, aparte de tu aspecto externo, ¿cómo te sientes? En serio. No puedo fiarme de lo que me dice mi hermano, de tan mimada como te tiene. —Por un breve momento, pareció demostrar un sincero interés por ella. Genie esbozó una sonrisa satisfecha; ¿acaso Halina estaba siendo amable con ella?

—Cada día un poco mejor. Pero me sigue doliendo todo. Gracias por el pan, por cierto. Te estoy realmente agradecida —reiteró Genie.

Se acordó del consejo de Feliks. Una noche que estaban acostados juntos en su catre, había admitido que Halina tenía razón. Era mejor mostrar una buena actitud hacia ella, para que Büttner siguiera protegiéndolos también a ellos. Ya le había salvado la vida a Genie en una ocasión, y Feliks confiaba en que volvería a hacerlo si fuera necesario. Büttner había arriesgado su vida para salvar la de Genie; habría sido en vano si acababa siendo asesinada.

Genie se retorcía por dentro, pero le ofreció la mejor de sus sonrisas. Halina resopló.

—¿Sabes qué? No necesitas fingir conmigo. Ya sabes que solo vengo a visitarte por Feliks. A mí me da bastante igual cómo estés.

—Muy amable por tu parte.

—Aunque a mi hermano sí lo quiero. Siempre hemos estado muy unidos, y él en todo momento ha cuidado de mí. Y te quiere, vete a saber por qué, y me ha pedido que cuide de ti. Y por eso lo hago. Pero no te hagas ilusiones pensando que es que te tengo cariño. Todo esto solo lo hago por mi hermano. ¿Entendido?

—Sí, con la primera frase de tu monólogo habría bastado. Está todo claro. —Genie puso los ojos en blanco.

Por lo menos ahora estaban siendo sinceras en cuanto a su mutua aversión. Pero Halina no había acabado.

—Eso también significa que no puedes hacer más tonterías. Fue una inmensa estupidez llegar tarde al llamamiento.

—¡Un momento! ¡Eso no fue culpa mía, sino de ese estúpido nazi! Nos impidió acudir aposta. No intentes hacerme responsable de la paliza que me dieron.

—Da lo mismo. En todo caso debes tener más cuidado. Durante los días que estuviste inconsciente no te imaginas cómo estaba Feliks. Fue…, en fin, digamos que fue horrible verlo así. Tu estado casi le hace volverse loco. No quiero tener que verlo de nuevo sufriendo de ese modo. O sea que no hagas ninguna tontería.

—De acuerdo —espetó Genie.

Halina se puso en pie con un suspiro. Genie la siguió con la mirada mientras se iba. Entonces se percató de que Büttner se encontraba en un rincón y también la estaba observando. Ambos juntaron sus cabezas y se pusieron a susurrar otra vez.

Genie se hundió en el catre de nuevo suspirando. Qué absurdo era todo lo que hacían. ¿Qué amor podría sobrevivir a esa guerra, el de Halina y Büttner, o el de Feliks y ella?

Aunque tal vez la simple existencia de ese amor era su legado, y el hecho de sobrevivir o no, algo accesorio. Puesto que si un nazi podía amar a una judía, quizá al final el mundo volvería a estar en orden algún día.

No podía seguir quedándose en la enfermería, pero Feliks había hecho todo lo que estaba en su mano para que se recuperara lo antes posible. Con frecuencia se colaba en su cuarto por la noche. Las primeras veces él seguía cuidándole las heridas. Aunque el único tratamiento que realmente necesitaba era estar cerca de él.

Era peligroso. En caso de que hicieran un recuento en los barracones, no quería ni imaginar las consecuencias que tendría no estar allí cuando pasaran lista. Pero su amor era más fuerte.

Noche tras noche Genie dormía con Feliks en la enfermería, y se preguntaba si Büttner tal vez lo sabría. Ahora le veía más a menudo, en ocasiones incluso tenía que ir a la fábrica a supervisar el trabajo. En caso de que estuviera al corriente, disimulaba. Casi nunca se dignaba siquiera a mirar a Genie. Pero su mera silenciosa presencia bastaba para que se sintiera un poco más segura. A veces incluso le guiñaba disimuladamente un ojo cuando pasaba a su lado.

Feliks le contaría más adelante lo que Büttner había hecho por ella. La había salvado, la había llevado a la enfermería y traído agua limpia. Y Halina se ocupaba de recordárselo siempre que podía. Genie debería tener muy presente hasta qué punto Büttner se había arriesgado, y estaba obligada por tanto a hacer todo lo que estuviera en su mano para que su esfuerzo no hubiera sido en vano.

Desde que pudo ponerse en pie de nuevo, Genie volvió a formar parte del destacamento de trabajo. Tenía la sensación de que ahora debía acarrear con más frecuencia cadáveres y tacos de madera. Todavía le dolía todo el cuerpo como consecuencia de la paliza, y el dolor invadía de nuevo sus miembros con cada movimiento. Cada vez que le tocaba agacharse o levantar peso, tenía que reprimir un gemido. Luchaba con todas sus fuerzas contra aquel espantoso recuerdo, pero el dolor se encargaba de que no consiguiera olvidarlo.

Lo que más aborrecía era tener que cargar con cadáveres. Feliks intentó aleccionarla para aislarse y que no le afectara: separar el cadáver de la persona que lo había habitado, decirse a sí misma que el alma había abandonado el cuerpo hacía ya mucho tiempo. Pero Genie no lo conseguía. No podía evitar mirarlos a la cara, y por la noche sus rostros la atormentaban. Algunos todavía tenían los ojos abiertos, otros la boca, lo cual era incluso peor porque no paraban de entrar y salir insectos. La mayoría de los cadáveres estaban bañados en sangre. En algunos casos apenas se podía reconocer que algún día fueron seres humanos, sobre todo si habían sido torturados. Feliks le hizo prometer que no pensaría en la vida anterior de aquellas personas. Ahora solo eran muertos. Sin embargo, a Genie le daba igual que su vida ya formara parte del pasado. A pesar de eso, le costaba soportar el peso de la realidad a la que tenía que hacer frente. Una realidad llena de innumerables cadáveres. Odiaba tener que manipular esos miembros flácidos. Esos cuerpos que se habían convertido en una masa de carne muerta, demasiado pesada para ella. Acompañada de unos cuantos prisioneros más, Genie iba empujando una carretilla y recogiendo los cadáveres que yacían por doquier en el campo. Nunca les costaba demasiado encontrar unos cuantos. El comandante era famoso por disparar de forma arbitraria a los prisioneros. A veces solo se limitaban a seguir a su caballo. Cuando oían el ruido de sus cascos, sabían que se encontraba cerca. Obviamente mantenían cierta distancia, pero estaban seguros de que tendrían trabajo cuando el comandante se paseaba a caballo por el campo.

Lo peor era cuando le tocaba el puesto al lado del patíbulo. Allí había aún más guardas vigilándola, y tenía que hacer acopio de todas sus fuerzas para no parecer débil cuando cargaba los cuerpos en la carretilla.

Y cuando acarreaba tacos de madera, sus heridas volvían a inflamarse. Ese trabajo le tensaba los músculos y sobrecargaba sus doloridos huesos. No paraban de construir nuevos barracones; el porqué seguía siendo un misterio para Genie. Un día tras otro se llevaban a más prisioneros del campo de trabajo, y no podía creer que vinieran otros tantos a reemplazarlos. Era imposible que quedaran todavía más judíos en el mundo. Y, sin embargo, el campo seguía creciendo.

Una noche se quejó a Halina. Últimamente la veía con tanta frecuencia en la enfermería que Genie se preguntó si tal vez también dormiría allí. Aunque no había visto nunca dónde podría pasar la noche, de vez en cuando sorprendía a Büttner deslizándose con sigilo. ¿Tal vez tendría turno de noche?

—¿Sabes por casualidad por qué tenemos que seguir construyendo nuevos barracones?

—Deja de quejarte. Por lo menos tienes trabajo.

—Sí, pero en realidad debería estar en la fábrica. Creía que Feliks te había dicho que tenías que arreglarlo.

—Sí, sí me lo dijo. Pero no soy la comandante del campo —dijo Halina en tono cáustico.

Abatida, Genie hundió la cabeza entre sus manos. ¿Algún día volvería a ser la vida más sencilla?

También Halina profirió un suspiro de agotamiento, pero enseguida se recompuso.

—Siguen trabajando en mejoras en el campo porque no se puede saber cuándo van a necesitar las instalaciones. Solo porque haya lo que ellos dan en llamar un «parque infantil» y una cocina totalmente equipada para los prisioneros, eso no quiere decir que podamos utilizarlos.

—¡¿Significa eso entonces que los nuevos barracones solo tienen por objetivo causar buena impresión?!

—No todos. Pero algunos... sí, probablemente.

Halina se examinó las uñas con aire meditabundo. Parecía estar tranquila, pero Genie estaba horrorizada. ¿Estaban trabajando sin descanso solo para que el campo tuviera mejor aspecto? Eso era un sinsentido. Genie se quedó sin palabras. La idea de que la madera que acarreaba algún día proporcionaría cobijo a alguien era casi apaciguadora. Pero si todo era en vano..., ¿para qué tanto esfuerzo?

Sus pensamientos empezaron a arremolinarse y comenzó a mesarse los cabellos. ¿Qué demonios estaba haciendo allí? ¿Qué sentido tenía todo aquello? ¿Para qué levantarse cada mañana y someterse al mismo tormento? Ya no quería seguir haciéndolo.

—Eugenia. Cálmate. ¿Te he contado alguna vez cómo nos conocimos Büttner y yo? —dijo Halina para intentar animar a Genie.

Aquella pregunta consiguió sacar a Genie de su desesperación. Por supuesto, Halina no dejaba escapar la menor oportunidad de hablar de Büttner, pero lo cierto era que esa historia no la había escuchado todavía. Negó con la cabeza, y Halina miró a Genie a los ojos.

—Era la nueva de la oficina. Casi todos ya se habían enterado de que sabía alemán. Y hablaban con un increíble descaro, nada apropiado para tus orejas inmaduras. Pero en cuanto los oficiales salieron, cambiaron las tornas, y les insulté. Les deseé a todos que se fueran al infierno.

—Oh, sí, eso sí me lo puedo imaginar. —Sonrió irónica Genie, y Halina la fulminó con la mirada.

—El caso es que un buen día entró un guarda por la puerta de atrás. Nunca había visto a nadie utilizarla; pensé que aquella puerta no conducía a ningún sitio. Pero justo detrás de ella tenía Büttner su escritorio. Y había escuchado cada palabra que yo decía.

—¡Halina! ¿Estaba enfadado?

—La verdad es que no. Solo dijo que tenía una lengua bastante afilada, y entonces yo repliqué con un chiste lascivo sobre bocas. Ya me entiendes.

—Qué asco, no digas más. —Genie hizo un gesto desaprobatorio con la mano.

Halina se echó a reír.

—Más adelante trasladó su escritorio a la enorme sala donde estamos todas las que trabajamos en la oficina. A todos les pareció chocante, incluidos sus jefes, pero Büttner también se cuenta entre el alto rango. Nunca cuestionaron su decisión. Colocó su escritorio justo al lado del mío, y con el tiempo nos volvimos más atrevidos. Ya no solo nos dirigíamos «casualmente» la palabra, sino que conversábamos, hablábamos, no solo del trabajo, también de la vida real. Es tan... inteligente. Reflexivo. Amable. Y además, guapo...

—De acuerdo, comprendido —rezongó Genie.

Alzó las manos en señal de rendición con la esperanza de que no siguiera ensalzando las virtudes de Büttner. No obstante, Halina prosiguió, y Genie no cabía en sí de asombro al comprobar que su cuñada no dejaba de sonreír durante todo ese rato. Nunca antes se había mostrado tan feliz en presencia de Genie.

—Esta guerra es un desastre. Pero siempre hay esperanza. No podemos dejar que Hitler gane. Por ejemplo, tú conociste a Feliks en el gueto. De modo que sabes perfectamente cuánto poder tiene el amor.

Se cruzó de brazos, y Genie asintió con cierta vacilación.

No acababa de comprender lo que había querido decir Halina, pero reflexionaría sobre ello.

—¿Os estáis haciendo amigas? ¿Sería mejor que me mantuviera al margen? Bueno, hagamos como que no ha pasado nada —se oyó decir a Feliks.

Asomó la cabeza por detrás de la cortina, y Genie sonrió. Con una sola zancada llegó a su lado, con cuidado de no tocarla. Sus heridas seguían causándole mucho dolor. Luego comenzó a hacerle un masaje en la cabeza, y ella suspiró de placer al compás del movimiento de sus dedos. Sí, realmente tenía manos de pianista.

—Dime, hermano, ¿siguen todos tus pacientes con vida? —bromeó Halina.

—Más o menos. Por hoy ya está bien. Ahora discúlpanos, Halina, por favor. Me gustaría estar un poco a solas con mi mujer —pidió Feliks con cierta picardía en su tono de voz.

Halina se puso en pie, en absoluto complacida. Pero mientras se alejaba les ofreció una sonrisa conciliadora. Genie dirigió su atención plena a Feliks, sonriente. Él la besó con dulzura, y ella lo abrazó, agradecida por poder pasar una noche más juntos.

—Feliks. ¡Feliks! ¿Estás ahí?

Con un gemido, Genie llevó la mano hacia el vientre de Feliks. Su catre era extremadamente estrecho, pero tampoco echaban de menos más espacio para dormir. Volvió a cerrar los ojos y dejó caer la cabeza sobre su hombro.

—Feliks, por favor, no debería estar aquí.

—Sí, lo siento, querida. Voy a ver qué pasa.

—¿Sería mejor que me escondiera?

—No, por el ruido parece que solo es el médico. Quédate aquí tranquila. Estás tan guapa por la mañana.

—Mmm, me gustaría mucho sentirme así.

Feliks le propinó un beso en la nariz y se liberó de su abrazo. Se vistió y desapareció tras la mampara de separación. Genie alzó la cabeza para intentar oír lo que decían.

—Doctor, qué bien que ya haya llegado. ¿Tenemos que preparar algo?

—No, Feliks, hijo mío. Hoy no hay más inyecciones programadas. Por lo menos, que yo sepa. Pero hay otro asunto del que quiero hablarte.

Se hizo el silencio durante un largo instante, y Genie pensó incluso que se habían ido. Pero luego volvió a oír al médico jefe con el que trabajaba Feliks hablando en voz baja.

—Va a haber otro transporte. Corren rumores desde hace semanas, pero ahora está confirmado. He preguntado a los guardas cuándo llegará el siguiente grupo de pacientes, y me ha dicho que pasará algún tiempo, porque antes tendrá lugar un transporte de gran envergadura. Feliks, tenemos que actuar. Aprovechar la oportunidad.

—¿La oportunidad? ¿Qué deberíamos hacer? ¿Abalanzarnos sobre la valla eléctrica? —preguntó Feliks con sarcasmo.

—No, vamos a llevar a cabo una operación —replicó el médico.

—¿Deberíamos abrirnos en canal? Creo que se ha vuelto loco.

—No me has entendido. Podríamos fingir que tenemos que operar de apendicitis a Genie y mi mujer. De ese modo podríamos evitar que se lleven a nuestras mujeres.

—¿Y realmente piensa que se lo van a creer?

—Sí. Podríamos conseguirlo con tu alemán y mi experiencia. Tenemos que hacerlo, Feliks. No podría soportar perder a mi mujer.

—Yo tampoco.

Genie se reclinó en la cama de nuevo porque no podía seguir

escuchando. La idea de que la separaran de Feliks le resultaba insoportable. Él la protegía. Su padre le había dicho que tenía que quedarse siempre con él. Y ella debía seguir las indicaciones de su padre. Se llevó las rodillas al pecho y apoyó la cabeza en ellas. Quería llorar, pero las lágrimas no afloraron. En lugar de eso, empezó a balancearse hacia delante y hacia atrás, hasta que dos brazos la rodearon y ella se dejó caer en ellos. Permanecieron así largo rato, hasta el toque matinal; y después tuvieron que separarse.

Era el infierno. Las palizas propinadas por los oficiales de las SS eran cada vez más brutales, el comandante abatía a disparos a más y más gente de forma indiscriminada. Las raciones de pan disminuyeron, y las enfermedades infecciosas proliferaban debido a las terribles condiciones higiénicas.

Con frecuencia llegaban camiones que llenaban con prisioneros. Dado que Genie ya no dormía en el barracón, no podía estar al corriente de los rumores. No tenía la menor idea de adónde se los llevaban. En una ocasión vio cómo empujaban a una mujer hacia uno de esos camiones. Su marido alargó la mano, y ella lo ayudó a subir a la zona de carga. Genie suponía que ambos morirían. Pensó en Feliks: nada tenía importancia mientras siguieran juntos. Ella también le habría ayudado a subir al camión. Pero eso no sería necesario en su caso. Ellos no tendrían por qué abandonar Plaszow. Eso es lo que le había dicho Feliks, y Genie le creía. Corrían rumores sobre un tren que solo conducía hacia la muerte, pero Genie no comprendía a qué se referían con eso, ni tampoco quería entenderlo.

—Feliks, tengo tanta hambre. ¿Crees que quieren que nos muramos de inanición? ¿Será ese su plan?

—No lo creo, cariño. Nos necesitan para trabajar. Mis increíbles manos y tu amabilidad son demasiado valiosas como para desperdiciarlas.

Con una pícara sonrisa, Feliks se inclinó hacia ella y la besó.

—Es posible, pero aun así tengo hambre.

—Lo sé. Pero eso cambiará en algún momento.

Se miraron a los ojos, y Feliks tocó una melodía sobre sus caderas con las puntas de los dedos.

Genie no quería volver a la fábrica, pero Feliks la llevó hasta la puerta. Volvió a besarla y luego regresó a la enfermería. Genie se dirigió a la fábrica arrastrando los pies y se dejó caer en su puesto. Realmente tenía demasiada hambre como para trabajar, pero se movía con agilidad, tal como se había acostumbrado a hacer desde aquel horrible día.

Apenas había intercambiado un par de palabras con su nueva compañera. ¿Para qué iban a hablar? Trabajaban silenciosa y rápidamente, y así transcurrió el día.

En la pausa, Genie volvió corriendo a la enfermería. Empujó la puerta del cuarto que compartía con él.

—Feliks, yo... ¿Qué es eso? —dijo Genie con los ojos muy abiertos, y la boca haciéndosele agua.

—Mira, coge.

—¿Es un sueño? —preguntó Genie mientras se dejaba caer en el catre.

Con una amplia sonrisa, le ofreció el pan. Cuando ella se dispuso a cogerlo, él se inclinó en una leve reverencia, como un camarero, y ella no pudo evitar echarse a reír.

—¿De dónde lo has sacado?

—Eso no importa.

—Solo si no te has metido en problemas. Feliks, yo...

—De acuerdo. He hecho un trueque con mi anillo. No te preocupes, querida. Come.

Ella se le quedó mirando boquiabierta. Ese anillo se lo había regalado su padre, y ella sabía lo importante que era para él.

Pero ahora iban a compartir aquella hogaza de pan. No podía estar más feliz.

A pesar de todo, cada vez que se despedía de Feliks lo pasaba peor. Por lo menos en aquella ocasión tenía el estómago lleno. Le ofreció una sonrisa, y le dio un beso mientras le cogía con fuerza las manos.

—Te quiero.

—Yo te quiero más aún.

—Eso es imposible.

Genie se puso de puntillas y volvió a besarle. Con un suspiro, le rodeó el cuello con los brazos. Al final, Feliks se separó de ella con delicadeza, liberándose de su abrazo. Mientras se alejaba de él, Genie se volvió para sonreírle una vez más por encima del hombro. La próxima vez que se vieran, no se separaría de él.

—¿Por qué has tardado tanto? ¿No has oído la señal para que acudamos todos?

Genie giró sobre sí misma. Era Halina quien se aproximaba hacia ella. Debía de haber salido directamente de las oficinas. A su lado estaba su madre, a la que Genie saludó con la cabeza con gesto cansado.

—Ahora mismo iba hacia la fábrica. ¿Nos llaman para asistir a otra ejecución?

—Seguro. Vamos, mamá, tenemos que darnos prisa.

Halina tiró de ella para abrirse paso a través de la muchedumbre que avanzaba en una dirección concreta azuzada por los guardas con sus perros.

Una tensión extraña flotaba en el ambiente, y en todos los rostros podía verse el miedo en estado puro. ¿Qué estaba pasando?

—Por aquí no se va al patíbulo.

—No. Yo tampoco sé qué está pasando —respondió Halina atemorizada.

Los espoleaban sin compasión, cada vez más lejos de los barracones y de Feliks. Nunca había estado en aquella zona del campo. Genie tomó a Halina de la mano.

—Ahí está.

Genie se quedó mirando a la mujer que había dicho aquello, y después, en silencio, intercambió una mirada con Halina.

—¿Quién? —preguntó Halina con el ceño fruncido.

—El tren de la muerte.

A Genie se le cortó la respiración. Aterrorizada, miró en derredor. No podía ser cierto.

—No tengáis miedo, hijas mías. Todo irá bien —dijo la madre de Halina en un intento por tranquilizarlas.

Sin embargo, al ver el tren sintieron un gran desasosiego. Genie seguía avanzando vacilante, como todos los demás. Pero no había escapatoria. Por todas partes había guardas con porras que conminaban a los prisioneros a formar una fila. Lentamente los empujaban hacia adelante, hasta que un vigilante agarró a la madre de Halina y la llevo a otra hilera contigua.

—¡Mamá! ¡Mamá, no! —gritó Halina.

—Halina, ¿dónde estás? —chilló su madre.

Halina lloraba y gritaba a voz en cuello, pero Genie tiró de ella. Las lágrimas se deslizaban por las mejillas de su cuñada, pero el vocerío que reinaba a su alrededor era tal que amortiguaba sus gritos. Genie giró sobre sí misma y vio a otra mujer de avanzada edad y un hombre que cojeaba en la misma cola que la de la madre de Halina. ¿Estarían separándolos por edades?

—¡Büttner! —chilló Halina.

Estaban a punto de llegar al tren, y Halina seguía gritando.

—¡Büttner!

Genie volvió el rostro y dejó escapar un grito de alivio al ver a Büttner ayudando a que la gente subiera al vagón. Si no se movían con rapidez, los ayudaba con la porra, a algunos incluso los agarraba por las axilas para ayudarlos a subir.

Halina y Genie estaban ya muy cerca del vagón, y aunque luchaban por no dejarse arrastrar por ese río humano, no pudieron evitar verse empujadas hasta llegar justo donde estaba Büttner.

—*Büttner, ¿adónde vamos?* —preguntó Halina.

Él no se atrevió a mirarla a los ojos.

—*A Auschwitz.*

Genie se encogió de hombros. No sabía qué significaba Auschwitz. De nuevo deseó que Büttner hubiera aprendido a hablar polaco.

—*Por favor, busca a mi madre. Encuéntrala, amado mío. Encuéntrala* —suplicó Halina. Genie nunca había visto a Halina tan desesperada. Si incluso ella tenía miedo, Genie se temía lo peor.

Alzó la mirada hacia Büttner, pero este había desaparecido de repente.

En su lugar había ahora otro guarda, que las obligó a subir al vagón. Los que iban detrás también las estaban empujando.

Halina se aferró a la puerta del vagón como si le fuera la vida en ello. No paraban de subir más y más prisioneros, pero Halina no se soltó. Con un brazo sujetaba a Genie para que no se la llevaran de su lado y con el otro agarraba el marco de la puerta como si fuera una tenaza. Seguía asomando la cabeza una y otra vez gritando el nombre de Büttner.

Genie se preguntó si los demás estarían al corriente del vínculo que los unía, su relación, como decía Halina. En todo caso ya no le importaba ser discreta.

—*¡Büttner! ¡Encuentra a mi madre! ¡Por favor, encuentra a mi madre!*

Pero por mucho que Halina le llamara, seguía sin dar señales de vida. En la parte delantera ya estaban corriendo las puertas. Se cerraban con un gran estruendo, como si estuvieran sellando su destino. En ese momento Genie abandonó toda esperanza:

habían perdido a la madre de Feliks y Halina. Y enseguida ellas se quedarían allí encerradas. Cerró los ojos y apoyó la cabeza en el brazo de Halina. Aunque la puerta seguía abierta, apenas entraba aire. ¿Cómo sería cuando la cerraran? Nunca antes se había sentido tan desamparada.

Genie oyó el chasquido de la puerta de al lado al cerrarse, aunque seguían empujando a la gente al interior del vagón.

—*¡BÜTTNER! ¡Büttner, por favor...! ¡Por favor!*

Las súplicas de Halina quedaron ahogadas entre los gritos de pánico generalizados. A través de uno de sus ojos entrecerrados, Genie vio que la puerta empezaba a deslizarse.

Había llegado el momento. En un instante las habrían encerrado; Genie se unió al griterío. Solo faltaban un par de centímetros.

Pero justo entonces, poco antes de que la puerta quedara completamente cerrada, empujaron a alguien más.

—¡Mamá! —exclamó Halina con voz ronca y la atrajo hacia sí. Se aferró a su madre y la abrazó.

Genie escudriñó el exterior, desconcertada. Y ahí estaba Büttner; contemplando sin articular palabra cómo se cerraba la puerta que se interponía entre él y su amada. El vagón quedó sumido en una completa oscuridad, y los gritos de pavor aumentaron en intensidad.

A26460
1943

No tenían nada para comer. Ni agua. Ni un techo sólido bajo el que cobijarse. Hacía muy mal tiempo, llovía prácticamente de continuo, y aunque eso las ayudaba a humedecerse la boca, también las empapaba hasta los huesos. El otoño parecía haberse adelantado, el aire estaba impregnado de un frío cruel.

Genie se acurrucó junto a Halina y su madre.

Su peor pesadilla se había hecho realidad. La habían apartado de Feliks, y lo único que le quedaba de él era su familia. No se habían separado durante todo el viaje; ni siquiera Halina, todavía asustada por la sensación de haber estado a punto de perder a su madre. Por suerte Büttner se había ocupado de que pudieran subir todas al tren de la muerte.

—¿Vamos a morir? —preguntó Genie en tono de vacilación.

—Por supuesto. Vaya pregunta más tonta.

Genie se estremeció, y Halina casi parecía alegrarse de la franqueza de su madre.

—Mamá, no vamos a morir. Büttner me dijo que los guardas ya se encargarán de evitarlo, porque de lo contrario los enviarían al frente. Si no hay prisioneros, no tienen nada que hacer aquí. Lo superaremos.

La madre de Halina se encogió de hombros y añadió:

—Hitler está loco, pero sabe lo que hace. Al final sea como sea moriremos todos.

De súbito el tren frenó bruscamente. Se abrieron las puertas y se oyeron órdenes a gritos.

—*¡Vamos, moveos! ¡Afuera!*

Estaba oscuro y llovía. Los oficiales de las SS sacaban a la fuerza a la gente del tren para repartirla en dos grupos. Genie mantenía la mirada gacha, pero bajo la luz de los faros pudo reconocer las siluetas de algunas personas que yacían en el suelo. Los perros descuartizaban los cuerpos de aquellos que habían muerto en el tren durante el trayecto. Les arrancaban la carne del cuerpo en consonancia con su condición de depredadores. El perro que se encontraba más cerca de ella consiguió hacerse con un pequeño cadáver, que debía de tener la mitad del tamaño de Genie. Sus dientes refulgían, y a ella se le cortó la respiración.

Al alzar la vista, la mirada de Genie se posó sobre unas chimeneas de gran altura.

—Entonces ¿es eso cierto? ¿Es aquí donde queman a la gente?

Genie se volvió hacia Halina para mirarla. ¿Cómo podía decir eso? Aunque lo cierto es que el aire estaba cargado de un hedor terrible, y Genie no pudo evitar las náuseas.

—No miréis hacia allí. Mirad dónde ponéis los pies para no tropezar —instó la madre de Halina.

Genie y Halina obedecieron, y mientras caminaba Genie no apartó la vista de sus botas, que tanto le recordaban a su querido *tat*.

Bajo la lluvia apenas podían avanzar, pero tuvieron que abrirse paso a duras penas a través de un bosque de abedules, obligadas por los soldados. Eran árboles hermosos. Le recordaron a Genie sus viajes para esquiar; en pocos meses, en lugar de todo ese lodo habría nieve blanca.

Poco después se encontraron en una pequeña estancia con suelo de tierra, hacinados junto a los demás. Durante horas, las tres permanecieron estrechamente abrazadas. Tuvieron que esperar toda la noche. Habían oído decir que mataban a la gente asfixiándola con gas, pero les resultaba imposible creerlo. La madre de Halina las exhortaba continuamente a no pensar en ello. Hacía un frío glacial, pero durante el transcurso de la noche el calor de todos aquellos cuerpos caldeó la estancia.

Por fin se abrieron las puertas, y la luz del sol se derramó en el interior.

—*Derecha. Derecha. Izquierda.*

Enseguida les tocó a ellas, y Genie apretó su cuerpo con fuerza contra el de Halina. No debían permitir que las separaran.

—*Izquierda. Izquierda. Derecha.*

Los guardas las condujeron a otro edificio. Genie respiró hondo, agradecida de encontrarse guarecidas del frío.

—¿Dónde está mamá? —Halina miraba a su alrededor asustada.

—¿Qué?

—¡Mamá! ¿No ibais cogidas del brazo? —gritó Halina.

Genie giró sobre sí misma, pero no consiguió ver a la madre de Halina. En estado de pánico se aferró al brazo de Halina.

—No lo sé. Ha sido todo tan rápido. ¿Dónde se ha metido?

—Voy a ver —anunció Halina con determinación y se abalanzó hacia la puerta con paso firme, dejando atrás a Genie.

—¡No, Halina! —Se quedó ante la puerta y vio cómo Halina enfilaba directamente hacia un guarda y le hablaba en alemán.

—No..., no..., no... Pero ¿qué está haciendo? —murmuró para sí Genie.

El vigilante contestó algo y se dio la vuelta. Halina se detuvo un instante y miró a su alrededor. Genie le hizo señas para instarla a que volviera, pero ella sonrió y negó con la cabeza. Dobló la esquina del edificio y desapareció.

—¡No, Halina! No me dejes sola. Por favor... No te vayas, por favor.

Genie alargó el cuello todo lo que pudo para intentar localizar a su cuñada. No paraba de entrar gente, pero se mantuvo firme en el marco de la puerta. Pasaron segundos, luego minutos. Después de lo que se le antojó una eternidad, Genie comenzó a sollozar en silencio. Y justo en ese momento llegó Halina corriendo... Con su madre a rastras.

—¿Cómo has...?

Justo cuando llegaban a la altura de la puerta, Genie las empujó a un lado. Halina le dio un beso a su madre y le rodeó los hombros con un brazo.

—Le he dicho al guarda que mi madre es una excelente secretaria y se han equivocado al enviarla a esa fila. Él me contestó que le indicara su número al guarda que tiene la lista, pero no soy tan estúpida como él. Estamos en Auschwitz-Birkenau. Todo el mundo sabe lo que pasa aquí.

—Está claro, ¿y luego? ¿Dónde fuiste? —Genie se enjugó las lágrimas.

—No quería esperar, de modo que corrí hasta el otro edificio y la saqueé de allí.

—¿Y nadie te lo ha impedido?

Halina negó con la cabeza, y los hombros de Genie se relajaron.

—Estoy tan contenta. Menos mal que...

—*¡RÁPIDO, CERDOS JUDÍOS!*

Genie se aferró a Halina y la madre de esta mientras las hacían pasar por una puerta que había en el fondo de la sala. Ante ellas vieron otra construcción de mayor tamaño, y de nuevo una larga cola.

—Será mejor que no digas que eres mi nuera. Eres mi hija y llevas mi nombre; así podremos seguir juntas —explicó la madre de Halina con determinación. Genie y Halina la miraron con extrañeza, pero ella insistió con un movimiento de cabeza. Mientras seguían avanzando vieron detrás de una ventana zapatos de una talla pequeña y maletas. ¿Qué quería decir todo eso?

—*Vamos, seguid avanzando, adelante.*

—*Os movéis más despacio que mi abuela. Y ya hace mucho que está muerta.*

Genie miró de hito en hito a los hombres que se encontraban a ambos lados, blandiendo unas porras de goma idénticas a las de los demás guardas.

—¿Son judíos? —preguntó Genie atónita.

—Sí, pero solo de nombre. Sus antepasados deben de estar revolviéndose en su tumba —siseó la madre de Halina.

—Mamá. No seas injusta. Lo hacen para sobrevivir. Seguramente el trabajo los ha embrutecido.

—Si siguen así, soy yo la que se va a embrutecer en cuanto hagan otro comentario más sobre alguna de las chicas.

Llegaron a otra sala, en la que las obligaron a desnudarse. Genie dobló con cuidado sus ropas, pero se quedó con las botas en la mano para intentar tapar su desnudez. Le daba vergüenza y se crispaba cuando sentía el roce de otro cuerpo desnudo.

Se esforzaba desesperadamente por cubrirse, aferrada a sus botas, tanto que perdió de vista a Halina y su madre. Se habían esfumado entre la muchedumbre que seguía avanzando. Presa del pánico giró sobre sus talones. Se puso de puntillas para intentar vislumbrarlas por encima del mar de cabezas, pero no consiguió localizarlas.

Pero tenía que seguir avanzando. Aunque no sabía hacia dónde. Al final acabaron en una estancia con varias estufas pequeñas, que unos hombres alimentaban con carbón. Desnuda como estaba, Genie intentó esconderse en algún sitio, pero no encontró ningún rincón apropiado. Solo podía hacer lo que le ordenaban. Algunas mujeres decidieron sentarse en el frío suelo, mientras que otras se abrazaban. El miedo ante lo que les aguardaba superaba incluso la vergüenza por su desnudez. Detrás de otro grupito Genie finalmente pudo distinguir a una hermosa mujer sentada en un banco, también en cueros, que charlaba con los hombres vestidos con el uniforme típico de los presos.

Por alguna razón creyó conocerla... Recelosa, Genie se acercó a ella. Y entonces la reconoció. Suspiró aliviada.

—Halina —susurró.

Se abrió paso rauda por entre las demás mujeres hasta llegar a Halina, que estaba sentada al lado de su madre. Escandalizada, Genie presenció con qué descaro Halina se mostraba ante aquellos hombres.

—¿Halina, se te ha olvidado que estás en cueros? —murmuró Genie.

Su cuñada la miró con picardía:

—Puedes simplemente imaginarte que llevo un vestido de noche.

Cruzó las piernas y alzó la mano como si le estuviera proponiendo un brindis. Los hombres se echaron a reír.

La madre de Halina se encogió de hombros.

—A estos brutos podría...

Halina se reclinó hacia atrás y con mímica hizo como si estuviera fumando un cigarrillo, mientras Genie se hacía un ovillo con los brazos cruzados. De nuevo su mirada se posó en Halina, fascinada por el espectáculo que estaba dando en mayor medida de lo que habría estado dispuesta a aceptar.

Genie se sintió aliviada al salir de aquella estancia. Volvieron a hacerles formar en fila, pero esta vez Genie se aferró con fuerza a la madre de Halina. Procedente de la parte delantera de la fila se oía un extraño ruido, rítmico, y Genie intentó descubrir qué era. Avanzaban muy despacio, porque todas las mujeres habían sido distribuidas únicamente en dos colas. Genie dio un respingo cuando por fin pudo ver algo. Les estaban cortando el pelo.

—¡Halina, no puede ser!

—No te preocupes, Eugenia. Tal vez te quede bien la calva.

—Cierto. Nunca se sabe... —confirmó la madre de Halina.

Genie reprimió una réplica, mientras Halina la empujaba hacia adelante. Genie se hallaba ante un hombre que, sin mirarla siquiera, se puso manos a la obra. Un escalofrío le recorrió la espalda al notar cómo sus cabellos caían al suelo. Después el hombre se detuvo un instante.

—Levanta los brazos.

Alzó las botas por encima de la cabeza y observó cómo la rasuraba todo el vello corporal. Observó desconcertada su cuerpo casi desconocido, mientras notaba que la mojaban con algo, que además olía raro.

—Es para despiojar.

—¿Cómo? Yo no tengo...

—Es cuestión de tiempo.

Genie hizo una mueca de disgusto, pero se dejó rociar de arriba abajo sin oponer resistencia.

Cuando la empujaron hacia un lado una vez finalizado todo el proceso, se llevó las manos a la cabeza. El pelo le llegaba hasta las orejas, y Genie profirió una oración de gracias en silencio.

Se dirigió a la siguiente sala cargando con sus botas, y una vez allí la arrojaron con fuerza sobre una silla. Lanzó una mirada airada al hombre que la había empujado, hasta que se dio cuenta de que era un oficial de las SS y no uno de los presos judíos que tenían trabajando.

Tragó saliva, y llevó la mirada a la mano que le sujetaba con fuerza un brazo. Un hombre presionó un extraño aparato contra su antebrazo, y ella profirió un grito. Con la mano que le quedaba libre intentó detenerlo, pero entonces vio por el rabillo del ojo que el oficial avanzaba un paso hacia ella. Y eso bastó para que no opusiera más resistencia.

Una vez el tatuador hubo acabado, el guarda la agarró por el hombro e hizo que se levantara de la silla. Genie tropezó, pero no cayó al suelo. Levantó el brazo y pudo ver lo que ponía: A26460.

—Halina, me han...

—Ya lo sé. ¿Qué número te han dado? —Halina la cogió bruscamente por el brazo.

Genie gimió. Halina parecía estar reprimiendo una sonrisa.

—Yo tengo el A26462. Ya ves, somos casi vecinas.

Halina le puso una mano en la espalda y le dio un empujón para que siguiera adelante. A continuación, Genie se encontró ante una alta vigilante rubia vestida con el uniforme de las SS.

—¿Cuántos años tienes? —preguntó aquella mujer de dientes refulgentes.

Genie se abrazó con fuerza a sus botas. Seguramente se estaba burlando de ella.

—¿Cuántos años tienes, pequeña? —repitió en polaco una mujer situada al lado de la vigilante.

Genie se sintió agradecida por tener una traductora.

—Diecinueve —contestó.

Aquella vigilante sonriente garabateó algo en su libreta, y la traductora la miró.

—Puedes continuar.

Genie respiró hondo y avanzó todavía cargada con sus botas. Era la única que llevaba algo en las manos, a diferencia de todas las demás. Les habían arrebatado todo lo que poseían, incluso las cintas para recogerse el pelo. Cuán agradecida estaba a la oficial que le había permitido quedarse con sus botas. Por encima del hombro vio a la siguiente mujer a la que le tocaba el turno.

De nuevo había perdido a Halina y la madre de esta, y Genie tuvo la sensación de que podría ser incluso que también se perdiera a sí misma. Entró junto con las demás mujeres en una estancia más pequeña. Alzó la vista con vacilación y distinguió unos tubos en el techo. De súbito en la estancia reinaba el silencio. Solo se oyó una voz más aguda de lo normal debido al pánico.

—Ya está. Ha llegado el momento. Era cierto. Que Dios nos ayude.

Genie se quedó mirando fijamente a la compañera que sollozaba. Enseguida otras empezaron a gritar, y Genie se sumió en la desesperación. Había estado tan ocupada buscando a Halina que todo lo demás había pasado a un segundo plano. Sin embargo, ahora los gritos y aullidos de las demás le contagiaron su pánico.

—¡Halina! ¿Dónde estás? —gritó Genie.

Estaba atrapada entre dos mujeres y no podía siquiera moverse. Cada vez quedaba menos espacio, y de pronto la puerta se cerró con un fuerte chirrido. Las lámparas parpadearon, y los gritos fueron en aumento. Genie cerró los ojos. Al notar algo húmedo sobre los hombros, miró hacia arriba.

—¡No, es agua!

—¿Agua?

—¡Agua! Sí, agua.

Fue un clamor al unísono, y Genie extendió los brazos mientras el agua fresca recorría su piel. Se limpió la suciedad bajo las uñas y se frotó con los dedos el pelo, ahora tan corto. Inclinó la cabeza y abrió la boca para disfrutar del chorro de agua en su garganta. No duró demasiado. Genie en absoluto había tenido suficiente, pero enseguida las obligaron a continuar.

—*¡Rápido! ¡Seguid avanzando!*

Salieron de aquella sala para llegar a una larga mesa. Unas mujeres arrojaban ropa, y Genie se quedó boquiabierta al comprobar el estado de las prendas con las que había podido hacerse. Intentó no protestar en voz alta. La ropa interior estaba manchada de sangre.

—*¡Rápido, cerdas judías!*

Genie titubeó, tal vez debería dar media vuelta, pero su grupo seguía avanzando. Pasaron al lado de algunos hombres que se las quedaron mirando fijamente, riéndose. Unos las señalaban con el dedo, otros les gritaban obscenidades. Con la cabeza gacha, Genie siguió avanzando mientras dejaban atrás cuatro edificios de ladrillo. Luego entraron en el primer barracón y Genie miró a su alrededor. No había ni rastro de Halina y su madre. Definitivamente las había perdido.

Al mirar en derredor se dio cuenta de que apenas había camas. ¿Dónde se suponía que dormirían? Mientras las demás empezaban a vestirse, Genie contemplaba su montón de ropa. Alzó de nuevo la ropa interior y arrugó la frente. En ningún caso usaría aquello.

Días después Genie seguía sin conseguir ropa interior limpia. Se había quejado de ello a Halina por lo menos un centenar de veces a través de las ranuras de las paredes de las letrinas. Ese era el único lugar en el que podían intercambiar un par de palabras, sin que se enteraran los guardas.

—Deja de darme la lata con tu ropa interior. ¿Cómo es posible que esté manchada de sangre? Hace años que no conozco a ninguna mujer que todavía tenga la regla —comentó Halina.

—No me importa, de todos modos es asqueroso.

—Úsala simplemente. No seas tan infantil.

—No soy...

—Es un decir. Te alegrarás de llevarla puesta cuando nos envíen a trabajar —insistió Halina.

Se separó de la ranura entre los tablones. Genie bajó la mirada con un suspiro. El hedor que emanaba aquel agujero inundó su nariz, y agitó el cuerpo como intentando sacudírselo de encima.

—Cuéntame, ¿cómo es vuestro barracón? —dijo Genie para cambiar de tema.

—Seguro que no mejor que el tuyo. Hay treinta y seis catres, y tenemos que compartirlos y dormir cinco o seis en cada uno. Completamente absurdo.

—En el nuestro solo hay una cama de matrimonio, en la que dormimos quince. Me caí sobre la plataforma —explicó Genie.

—Casi que es mejor así. Bueno, espero que podamos vernos mañana.

—Sí, yo también.

Genie se irguió sobre la letrina y se subió los pantalones. Ya casi había salido cuando de pronto volvió a ver brillar tras la fisura uno de los ojos de Halina.

—Escucha, sé que odias tu trabajo, pero no dejes que te transfieran a la oficina del comandante.

—¿Realmente crees que podría optar a eso? —siseó Genie.

Halina se la quedó mirando, como si estuviera reflexionando.

—Probablemente no. O tal vez sí. Haz bien tu trabajo y no te sustituirán. En la comandancia se guarda el expediente de las presas, y cuando las secretarias del registro saben demasiado, las eliminan y sustituyen por otras.

—Me sorprende que no quieras trabajar allí. Te iría perfecto. Tal vez gracias a tus encantos podrías incluso convencerlos de que no te mataran.

—Ya sé que soy encantadora, pero... —Halina le hizo un guiño.

—Me refiero a que... —espetó Genie molesta, pero Halina la interrumpió.

—Otra cosa. Aléjate del Pabellón 10.

—¿El que está rodeado por una valla electrificada?

—Sí. Allí llevan a cabo experimentos médicos con seres humanos. Los que entran no vuelven a salir. Mantén siempre la distancia, ¿entendido?

—De acuerdo —murmuró Genie.

Había visto cómo entraban prisioneras en varias ocasiones, pero lo cierto es que nunca había visto a nadie salir. Era una sensación devastadora, y Genie pensó qué diría Feliks al respecto. Tal vez que debería imaginarse que dentro había un circo, donde los nazis disfrutaban en secreto de sus espectáculos. Con el recuerdo de Feliks en mente, Genie no pudo evitar sonreír. Pero enseguida regresó aquella sensación de ahogo. ¿Volvería a oír su voz algún día? Genie rápidamente decidió pensar en otra cosa.

—¿Cómo está tu madre?

—Bueno..., ahí está. Le he encontrado un trabajo en los barracones, limpiando las letrinas. No es ideal, pero por lo menos es mejor que el tuyo.

—Muchas gracias.

—O sea que ten cuidado con lo que haces, porque luego la que tiene que limpiar es mamá.

—Pues entonces será mejor que les digas a las chicas del almacén que dejen de hacer trueques con comida podrida... —dijo Genie refunfuñando.

—Chisss, no grites. Venga, vámonos. Las demás también quieren charlar —intentó apaciguarla Halina.

Genie salió del cubículo desalentada. Se despidió de Halina con un gesto de la mano y se dirigió de regreso al barracón.

Apenas tenían tiempo de ir al baño, pero cuando estaban en las letrinas intentaban aprovecharlo al máximo. Era casi la única posibilidad que tenía Genie de poder hablar con Halina. Cuando llegó a su barracón, las demás ya estaban listas para emprender la marcha hasta su lugar de trabajo.

Era un largo camino, y al pasar por los almacenes (a los que llamaban Canadá porque estaban llenos de cosas valiosas), sintió envidia de las chicas que trabajaban allí. Clasificaban la ropa y otras pertenencias de los recién llegados al campo para que pudieran ser reutilizadas; no obstante, lo más importante para las prisioneras era que hacían trueques de comida en secreto.

Genie lo había intentado con su ropa interior, pero las mujeres que allí trabajaban se habían limitado a mirarla desconcertadas y se habían reído de ella en su cara. Más allá del campo el terreno ascendía suavemente. Lo único positivo era que en el portón una orquesta tocaba una música preciosa. Genie tenía la esperanza de que se pudiera escuchar desde la fábrica.

Los guardas debían de haberse fijado en sus botas de esquí, porque siempre era la que tenía que caminar más, varios kilómetros, y no quería imaginarse cómo sería eso en invierno. Rezaba para no tener que llegar a experimentarlo.

Al pasar al lado de la enorme fábrica química Buna-Werke situada justo detrás del subcampo de Monowitz, se quedó mirando fijamente las altísimas chimeneas. Por lo menos el olor que emanaban no era tan desagradable como en el campo al que la habían asignado. La mayoría de las mujeres trabajaban allí, pero ella tenía que seguir hasta la siguiente estación de carga.

—¿Preparada para un nuevo día?

—Claro. Me encanta el caucho —murmuró entre dientes Genie, mientras aquel hombre arrojaba una pesada carga en sus brazos.

Genie dio media vuelta y siguió a las demás hasta la fábrica. Jadeando, descargó el caucho en uno de los contenedores.

Los trabajadores la saludaron con la cabeza, y ella dio media vuelta con apatía. Y así transcurrió todo el día. Cargaba con caucho sintético y a veces con grandes piezas de recambio para las instalaciones del tren, que debía llevar hasta la fábrica. Y maldecía cualquier clase de goma, aunque cada noche tuviera la sensación de que sus piernas y brazos estaban hechos de ese material.

—Esto es demasiado grande, muchacha. Déjalo para los chicos.

Genie asintió y se hizo a un lado. Los prisioneros que se hallaban tras ella estaban descargando un tubo de gran tamaño.

Volvió al vagón de mercancías y se asustó al ver una caja muy grande.

—Sí, es realmente enorme. Oye, chica, ven y ayuda a llevar esto.

Una joven de la misma edad que Genie se adelantó. Juntas consiguieron alzar la caja de madera del vagón de mercancías y avanzaron cargadas con ella, dando algún que otro tropiezo, en dirección a la fábrica.

—¿Desde cuándo estás aquí? —preguntó la joven, y por su tono de voz parecía que de verdad le interesaba.

Jadeando, Genie la miró por encima del borde de la caja. La muchacha era hermosa, con trasquilones de pelo negro sobre unos ojos azul celeste. Tenía los hombros anchos, y aunque no podía verle las piernas, Genie imaginaba que también debía de tenerlas muy fuertes. Contempló su propio cuerpo y después hizo una mueca.

—¿Siempre... hablas, cuando... cargas con cosas pesadas? —dijo Genie resollando.

—Sí, eso lo hace un poco más interesante. ¿Por qué?

—Solo... se me acaba de ocurrir. No es por nada en concreto.

—Parece que te falta el aliento.

—Qué cosas... dices.

Genie reafirmó el agarre y parpadeó de nuevo por encima de la caja. La joven le sonrió.

—Me llamo Regina. ¿Y tú?

Genie se quedó mirando pasmada a la muchacha que llevaba el mismo nombre que su madre. ¿Cómo estaría su familia? Probablemente seguirían trabajando en la fábrica. Ojalá pudiera decirles que estaba viva, y saber si Jurek y la pequeña Halinka habían cambiado mucho. Sacudió la cabeza de un lado a otro, con un nudo en la garganta. No debía pensar en su familia. Le hacía demasiado daño.

—Eugenia —murmuró.

Con la mirada fija en los pies, giraron a la altura del portón y llegaron al lugar donde debían dejar la carga. La depositaron con cuidado, mientras oían murmullos a su alrededor. Sin detenerse un momento, Genie giró sobre sus talones.

—¡Ay, espera! Cuando quieres puedes ser muy rápida.

Genie se detuvo, perpleja, y se quedó mirando a Regina. Todavía tenía aquella sonrisa en el rostro, pero Genie siguió su camino con cara avinagrada.

—¿Sabes una cosa? No me gusta demasiado trabajar con otras personas. La última vez no salió demasiado bien.

—No pasa nada. A mí tampoco. Entonces mejor que no trabajemos juntas con otras mujeres.

—¿Qué? No, yo...

—No te preocupes, Eugenia. Ya verás, soy una buena porteadora. Mis piernas son muy fuertes. En Cracovia era esquiadora. Hace mucho de eso, pero mis piernas todavía se acuerdan.

—¿Cómo? ¿Eres de Cracovia, y hacías esquí? Yo también. —De pronto Genie sentía curiosidad.

Regina le dio una palmadita en la espalda y se echó a reír.

—¿De veras? ¿Dónde?

Siguieron conversando durante todo el camino de regreso, y solo dejaron de hablar al llegar de nuevo a la estación y descargar las siguientes mercancías. Genie se dio cuenta de repente de que era la primera vez que sonreía desde que la habían separado de Feliks.

Por la noche Genie regresó al barracón. Antes había tenido que presenciar una ejecución, por supuesto, como tantas otras veces. Pero ya se había acostumbrado durante su estancia en Plaszow. Y por eso allí también era capaz de mirar sin ver.

Genie se abalanzó sobre su ración de pan, y sus vecinas la

observaron con compasión. Siguió comiendo imperturbable. Sin duda aquellas dos mujeres no estaban tan agotadas como ella. Algunas jóvenes, a las que apodaban «prominentes», habían podido elegir los mejores puestos de trabajo. No porque trabajaran mejor, sino porque eran las más guapas, hablaban alemán o, aún mejor, eran las que coqueteaban con más empeño. En cualquier caso, esa clase de chicas eran las que mandaban, las que tenían los mejores empleos y, por tanto, las que a menudo gozaban de privilegios. Genie estaba segura de que solo era cuestión de tiempo que Halina se contara entre ellas.

—¿Alguien sabe algo de la chica guapa del otro barracón? —preguntó una mujer.

Se oyó una respuesta procedente del catre donde se encontraba Genie:

—No, ¿por qué? No estaba entre las que han ejecutado hoy.

—Ahora trabaja en el registro.

Las mujeres inspiraron audiblemente, pero Genie sacudió la cabeza de un lado a otro.

—Estaba claro —murmuró Genie.

Había dado buena cuenta de su ración de pan, más rápido de lo que le habría gustado, se arrastró hasta su catre y cerró los ojos.

—La pobre. No creo que dure mucho, ¿no os parece?

—Con lo guapa que es, tal vez la dejen quedarse un poco más. Cuando la llevaron allí, se echó a llorar.

—Por lo menos es mejor que el Pabellón 10. Eso significa una muerte segura.

—Ambas cosas suponen lo mismo. Antes o después nos va a tocar a todas.

Genie se tapó las orejas. Las demás todavía no estaban en la cama, pero intentó dormir un poco antes de que se acostaran. Por desgracia no le fue posible: el consejo de Halina de que se durmiera antes que las demás, no funcionaba.

En el barracón siempre había mucho ruido. Se oían todas las conversaciones y chismorreos. Al parecer, esa noche tampoco pegaría ojo.

Resultó que el barracón de Genie no estaba demasiado lejos del de Regina, y tras el toque matinal se encontraron en la fila y recorrieron juntas el largo trayecto hasta los raíles. Al menos tenían tiempo de sobra para hablar.

—El tipo de ayer era atractivo. Creo que te ha echado el ojo —comentó Regina con un elocuente guiño.

—¿Cómo dices? ¿A quién te refieres?

—A ese que casualmente siempre estaba allí cuando llegábamos para descargar a la fábrica.

—Regina, es su lugar de trabajo.

—A mí no me cogió de los brazos las cosas que cargaba ni una sola vez. Estaba siempre demasiado ocupado con las tuyas.

Genie reflexionó. A Halina le encantaría enterarse de eso.

—Me da igual. Estoy casada.

—¿Estás casa...? Espera un momento, pero ¿cuántos años tienes? Suponía que unos doce.

—Muy graciosa. No, tengo la edad suficiente. Feliks y yo nos casamos en el gueto.

—¿Está...? —Regina enmudeció al ver que Genie le lanzaba una mirada afilada como una navaja.

—¡No! Está vivo. Nos separaron. Está todavía en Plaszow. Es médico y músico, los nazis le necesitan. Está bien. Solo que ya no estamos juntos, pero conseguiremos superar todo esto. Muy pronto volveré a verlo, seguro. Además es...

—Vale, Eugenia. Seguro que estás en lo cierto. Probablemente esté bien.

Genie miró a Regina y le ofreció una sonrisa desvalida.

—Por lo menos ahora lo sé, por si alguien me pregunta. Te cubriré las espaldas —aseguró Regina. Genie alzó las cejas y se colocó tras ella en la cola para transportar las mercancías del tren que acababa de llegar.

—Parece bastante cargado —suspiró Regina.

—Otro día lleno de diversión.

—Bueno, no exageres. Aunque en realidad tienes razón, esa es la actitud correcta. Quizá deberías hablarme más a menudo de tu marido. —Regina cogió una caja.

Genie se echó a reír, y el prisionero que iba cargando en sus brazos varios trozos de goma la miró inquisitivamente. Mientras se alejaba con paso pesado en dirección a la fábrica, no pudo evitar pensar en el comentario de Regina.

Le resultaba más fácil no permitirse a sí misma pensar en su familia o en Feliks. No debía acordarse demasiado de ellos, porque eso le pesaba más que cualquier castigo corporal o ejecución.

Al fin y al cabo era la primera vez que estaban separados. Solo deseaba que estuvieran todos bien. Hasta entonces toda su vida había girado en torno a su familia, y había compartido con ellos todo lo que experimentaba, oía o comía. Y sin embargo, la vida continuaba sin ellos. Ahora era una mujer casada, y eso lo cambiaba todo.

Obviamente preferiría poder volver a jugar con Jurek y Halinka, pero era imposible regresar a la infancia. Con independencia de la guerra, el tiempo avanzaba de forma inexorable, por mucho que le hubiera gustado volver atrás.

Pero eso no significaba que tuviera que borrar sus recuerdos por completo. Tal vez no debería ignorarlos, sino aprovecharlos para ayudarla a sobrellevar los días. Y justo entonces Genie se acordó de una tarde en la que de niña fue a patinar sobre hielo con su padre. Cómo reía mientras él hacía piruetas y lo concentrada que estaba cuando él le enseñó a hacerlas. El recuerdo era tan vívido que casi le parecía estar deslizándose a su lado por la pista.

El día pasó volando, y Genie sonrió sin esfuerzo a aquel trabajador de la estación. Cogió a Regina por el brazo, y ya se disponían a regresar cuando oyeron a alguien toser con fuerza. Tras ellas se encontraban los trabajadores encendiendo sus cigarrillos, haciéndoles señas para que se acercaran.

—Si queréis podéis quedaros un rato aquí.

—Pero ya hemos acabado —repuso Regina.

—Lo sé, pero de todos modos deberíais quedaros un rato.

Algo en su tono hizo que Regina y Genie le prestaran atención. ¿Querría meterlas en un lío? No, siempre había sido amable con ellas. Bajo la mirada benevolente de aquellos hombres, Genie tomó asiento en la primera caja que vio y trajo a Regina a su lado.

—Bueno, solo un rato —cedió.

—Muy bien. Lo cierto es que somos buena compañía.

—Os tomo la palabra —replicó Genie. Regina sonrió disimuladamente.

Se quedaron con ellos mientras el día iba cayendo poco a poco, y luego empezaron a ponerse nerviosas. Si regresaban después del toque de queda o del llamamiento para pasar lista podrían tener problemas.

—Nos ha gustado estar con vosotros, pero ahora deberíamos irnos —anunció Genie, y Regina confirmó con un gesto de cabeza. Se pusieron en pie al mismo tiempo.

Pero al oír la voz ronca de uno de los hombres, se detuvieron en seco.

—Hoy van a hacer una selección.

Genie miró aterrorizada a Regina. Luego se giró sobre sí misma.

—¿Qué? ¿Cómo lo sabes?

—Simplemente lo sé. Es peligroso estar allí ahora, deberíais quedaros un rato más. Nadie se dará cuenta, y si os preguntan, diremos que todavía había trabajo pendiente.

—Si insistís…

Genie se frotó las manos en un gesto que denotaba nerviosismo. No sabía que iban a hacer una selección, pero por el tono de voz de aquel hombre se trataba de algo serio. En ese caso realmente podía estar contenta de tener aquel trabajo.

Examinó a aquel hombre y reflexionó sobre qué le habría movido a ser tan amable con ellas. El tipo siguió jugando a las cartas con los demás y encendió otro cigarrillo. Pero entonces sus miradas se cruzaron.

—Gracias —susurró Genie.

Él asintió y sopló el humo. Genie alargó la mano para coger la de Regina y suspiró. Observaron cómo seguían jugando a las cartas hasta que el hombre les indicó que ya podían irse. De regreso al campo solo se atrevieron a volver la vista atrás cuando la estación casi había desaparecido de su vista.

—Qué tipo tan raro. Debe de tener sus razones para protegernos. ¿No crees, Eugenia?

—No lo sé. Tal vez simplemente todavía quedan buenas personas. Aunque sea como encontrar una aguja en un pajar —sugirió Genie.

—Más bien una pajita en un montón de agujas. Pero sí, ha sido increíblemente amable.

Intercambiaron miradas y se echaron a reír.

Todo se volvió rutinario. Un día típico en Auschwitz era exactamente igual que el anterior. Los guardas las despertaban con la alarma matutina. Y cuando esta sonaba tenían que formar ante el barracón lo más rápido posible. Si alguien seguía durmiendo, se ganaba una paliza o la muerte por llegar tarde. Por suerte Genie tenía el sueño ligero, y la encargada del pabellón siempre se ocupaba de que todas se levantaran. Tras pasar lista se dirigían al trabajo, y durante el trayecto una orquesta tocaba en el portón del campo. Aunque aborrecía aquel largo camino a pie, la música de la orquesta era el mejor momento del día.

Le gustaba imaginar que Feliks tocaba en esa orquesta. Que sus manos sobrevolaban las teclas, impresionando incluso a los nazis.

Su mayor deseo era estar con él, pero eso era algo ilusorio. El campo estaba rodeado por una valla electrificada, y el trayecto hasta la estación de mercancías lo vigilaban las tropas de las SS. Con frecuencia los convocaban para pasar lista, y si alguien no estaba presente en ese instante, pagaba con su vida.

Regresaban muy tarde por la noche. Puesto que no les daban nada de comer en todo el día, al anochecer estaban hambrientas. Cuando por fin llegaban al barracón, compartían una hogaza de pan entre tres personas y sorbían una sopa asquerosa que sabía a lodo.

Cada día odiaba más a las «prominentes». De algún modo siempre conseguían una ración extra de sopa, que luego trocaban con las otras prisioneras. Pero Genie aborrecía aquel brebaje al que llamaban sopa, y prefería pedir un poco más de pan. Aunque casi siempre en vano. El pan era un bien extremadamente codiciado. De modo que se contentaba con su tercio de hogaza y la cantidad de caldo turbio que conseguía engullir, y se acostaba lo antes posible. Ignoraba las conversaciones y cerraba los ojos; lo siguiente que sucedía era que se despertaba ante un nuevo día, para el cual en realidad nunca estaba lo bastante recuperada.

Constantemente pasaban lista a voz en grito, para contarlas. Al acostarse cada noche Genie murmuraba siempre la misma oración: «No dejes que me despierte nunca más». Pero sus ruegos no eran escuchados.

La idea básica del campo de concentración era torturar lentamente a los prisioneros. Una actividad que los nazis dominaban a la perfección. Algunos presos tenían como única tarea estar todo el día en posición de firmes en la calle. Genie insistía cada día en sus oraciones con mayor vehemencia.

Un día, al caer la noche, las convocaron por tercera vez bajo el sonido de la música. Halina y su madre se hallaban tan solo a cinco barracones de distancia; enseguida se encontraron con Genie y corrieron hacia la plaza de armas.

—¿Qué sucede? Hoy pasa algo especial —masculló Genie.

Y estaba en lo cierto. Había muchos más oficiales de las SS que de costumbre, y los prisioneros cuchicheaban nerviosos. Finalmente, dos niñas fueron llevadas ante los demás. Rodeadas de guardas y perros fueron empujadas hasta el patíbulo. Al pasar cerca de donde se encontraba, Genie pudo mirar de reojo sus rostros, y al instante se sobresaltó. Ambas debían de tener como mucho trece años, aunque parecían más jóvenes.

Genie sin querer dejó escapar un amago de risa amarga. Halina le lanzó una mirada fulminante.

—Son dos chicas. Rodeadas de veinte guardas con perros, es ridículo.

Sin decir nada, Halina volvió la cabeza para mirar hacia adelante, como todos los demás, y ver cómo traían una tarima especialmente elevada. Los guardas subieron a las muchachas a ella, y uno de ellos se adelantó. Empezó a hablar, y Genie le dio unos golpecitos a Halina en la espalda.

—Al parecer se estaba preparando un alzamiento —tradujo enfurruñada Halina en un susurro.

—¿Qué? ¿Aquí?

—Querían hacer volar el crematorio. Y las chicas habrían colaborado transportando los explosivos.

Genie se quedó mirándolas. Al lado de los guardas parecían niñas.

—No es posible. Esas chicas no pueden cargar con tanto peso —replicó Genie.

Halina se encogió de hombros y volvió a mirar hacia adelante.

En el momento en que procedieron a colgarlas, ambas gritaron:

—¡VENGANZA!

Justo después de que las empujaran desde la tarima, se oyeron susurros y cuchicheos en las filas. Sonó el crujido de su cuello, ambas murieron al instante. Genie se sintió aliviada de que por lo menos no hubieran tenido que soportar una agonía.

Aquellas jóvenes no se merecían sufrir más aún, y se alegró por ellas. Murieron con una llamada a la venganza en los labios. A continuación, las prisioneras tenían que acercarse al patíbulo. Con aire abatido, descendieron hasta donde habían dejado caer los cuerpos. Tras las ejecuciones siempre debían acercarse a las ajusticiadas para observarlas. Pero Genie ya sabía cómo soportarlo, con la mente ausente.

En el camino de regreso al barracón, Halina susurró a Genie:

—Creo que las siguientes serán Alma y Elie. Saben demasiado. Yo solo estoy en la entrada de las oficinas, pero ellas trabajan dentro, con los oficiales de alto rango del registro.

—Debe de ser fantástico ser una prominente y enterarse de todo.

—Oh, claro que sí, Eugenia, y además estarán encantadas con el hecho de que puedan ser eliminadas de forma arbitraria. ¿En serio?

—Por lo menos obtienen algo a cambio. Tú y tu madre seguro que tenéis más privilegios.

—Mamá está limpiando las letrinas.

—¡Sí! Con un techo sobre su cabeza y la mejor sopa del día.

—También es más mayor; es lo mejor para ella. Y además, ¿cuántas veces te has tomado la sopa que mi madre ha guardado para ti de su propia ración? Nunca te he oído quejarte por eso.

Genie enmudeció, porque Halina tenía razón. Con frecuencia su madre le había llevado parte de su sopa, y por cada cucharada Genie le estaba agradecida. Sin embargo, no quería admitirlo ante Halina.

—¿Sabes? Últimamente se están complicando las cosas aún más —intentó calmarla Halina—. Todos parecen estar volviéndose locos. Hasta los guardas. Mira, te propongo una cosa: ven conmigo al concierto. La comandancia organiza actuaciones, y esta noche hay una. Mi jefe no estará, de modo que puedes ocupar su lugar. Ven conmigo —invitó Halina.

—¿Cómo? No me dejarán entrar. No tengo una posición privilegiada como tú.

—Por favor, Genie, acompáñame.

—¡No, Halina!

Genie chilló cuando Halina la cogió por el brazo y echó a correr con ella a rastras. Genie no quería asistir a ningún estúpido concierto, y además seguro que estaba prohibido, pero no había quien detuviera a su cuñada. Entraron en la sala de conciertos, y Halina saludó con un gesto de cabeza al vigilante que había en la puerta. Genie agachó la mirada, intentando esconderse detrás de Halina. Tras intercambiar un par de palabras en alemán con el guarda, Halina prosiguió hacia el interior.

—Hoy van a tocar piezas de Schubert. Vamos, no pongas esa cara. No pasa nada.

—Aquí solo hay oficiales de las SS y prominentes —murmuró Genie aterrada.

—Sí, ¿no te parece gracioso? Todavía puedes disfrutar de la vida por una noche. Te va a gustar. Sé cuánto amas la música. No me extraña que te enamorases de Feliks. En cambio, mi hermano... no entiendo qué ve en ti. —Halina la miró de arriba abajo. Genie entrecerró los ojos.

—¿Acaso pretendes...?

—¡Chisss, va a empezar! —Halina se llevó un dedo a los labios.

Cuando los músicos empezaron a tocar, Genie se reclinó en su silla a regañadientes. La música sonaba maravillosamente bien, y por primera vez en mucho tiempo sintió una emoción real. Con los ojos cerrados, se concentró de lleno en el piano.

La pianista tocaba de forma sublime, y Genie visualizó a Feliks sentado ante las teclas. Se balanceaba al compás de la música, y Genie escuchaba sonriendo ante su virtuosismo. Pero al abrir los ojos, vio a una extraña sentada al piano. Por muy bien que tocara, Genie solo podía pensar en Feliks. El hechizo con el que la había encantado durante meses había regresado, y se dejó embargar por él.

Era una pieza bellísima, y Genie se aferró a su asiento. Recordó su vida anterior, aquella en la que ella misma se estaba preparando para cursar la carrera musical... ¿Cuánto tiempo hacía que no pensaba en ello? Una eternidad. Tímidamente, Genie miró de soslayo la sala, sin mover la cabeza.

Observó a los oficiales. Algunos llevaban el compás con un pie, uno de ellos incluso se movía al vaivén de la música. Casi tuvo la sensación de que eran seres humanos de verdad, que compartían aquel concierto todos juntos, judíos y nazis.

Feliks estaría orgulloso. Siempre decía que la música une a la gente. Por desgracia, en algún momento el concierto llegaría a su fin. Y mientras las prisioneras regresaban arrastrándose a su barracón, todavía hambrientas y reventadas por el trabajo, los guardas llevaban uniformes limpios y elegantes y nunca se iban a la cama hambrientos.

Entonces Genie se dio cuenta. Las «prominentes» estaban sentadas entre el público del concierto, pero ¿era eso realmente una ventaja? Seguían siendo prisioneras. La única diferencia era que su jaula brillaba un poco más. Y para la mayoría, su destino estaba sellado desde hacía tiempo; si seguían en el registro, no vivirían mucho más para contarlo.

Genie se preguntó si eso valía la pena. Tal vez pensaban lo mismo que muchas otras prisioneras, y daban por hecho que todas iban a morir de todos modos. En ese caso era mejor encontrar algo de solaz antes de morir. Su mirada se posó sobre Halina, preocupada. ¿También se la quitarían de en medio algún día? Ahora que Büttner no podía seguir protegiéndola...

A Genie no le caía bien Halina, pero era consciente de que sin ella no sobreviviría. Su alemán y su audacia la hacían destacar entre la multitud. Mientras siguiera de su lado, a Genie le daba igual con cuántos guardas coqueteara. Eso las mantenía a ambas con vida.

El concierto estaba llegando a su punto culminante, y se sentía infinitamente conmovida. La orquesta tocaba de forma admirable. Genie inspiró hondo y se concentró en uno de los guardas que se encontraba sentado por delante de ella, que tamborileaba con los dedos sobre su pierna. El talento de aquellas mujeres era indiscutible; ¿cómo era posible que los nazis las consideraran «seres inferiores»? ¿Cómo podían escuchar su música de ensueño y tratarlas como bestias en cuanto dejaban a un lado sus instrumentos?

Genie empezó a reflexionar sobre aquello: ¿tal vez distinguían entre las judías que eran músicas y las demás prisioneras sin nombre a las que golpeaban aleatoriamente en el campo?

Ella misma también se encontraba bajo esa maldición. Se sentía como cualquier otra prisionera. En la monotonía de los días a menudo se olvidaba de quién era realmente. No obstante, eso no explicaba qué veían los nazis cuando escuchaban a aquellas mujeres tocando. ¿Seguirían siendo «alimañas judías»? ¿Cómo podían sin embargo unas alimañas producir un sonido tan armonioso? Halina le había dicho que se celebraban conciertos con frecuencia; qué cinismo tan espantoso.

La música era justo lo contrario a las actividades cotidianas de las SS, que sembraban la destrucción y el odio. Por el contrario, la música creaba constantemente algo nuevo y expandía el amor. Llegaba al alma y a la mente, y aquellas emociones no podían expresarse con palabras. La música superaba a la mera razón, y solo necesitaba ser apreciada con sinceridad. Era tal su pureza que ni siquiera los nazis podían profanarla.

Genie deseó ser solo una nota en una partitura; formar parte de una gran obra maestra, en la cual tendría un papel tan ínfimo que no le costaría apenas ningún esfuerzo. Y cuando le tocara sonar, que fuera gracias a un único soplo o al roce de un solo dedo.

Entonces su existencia no carecería de sentido. Aunque únicamente fuera una breve nota que durara tan solo un latido; con su sonido formaría parte del todo. Al fin y al cabo no sonaría en solitario, como el piano, el violín y el acordeón que aunque tocaran diferentes notas al sonar al unísono creaban ese instante dichoso que encarnaba el auténtico sentido de toda la pieza. Era un desafío o una respuesta. Sonaba como una aspiración, el comienzo silencioso de un fantástico *crescendo*. Un sonido por sí solo no podía hacer mucho, pero en caso de que formara parte de un todo ambicioso, sí. Genie anhelaba tener un propósito como ese.

La pianista la cautivó con una complicada cadencia, y Genie se sintió abrumada. De pronto pudo ver de nuevo a Feliks ante ella, guiñándole un ojo desde el piano.

Empezó a acelerársele el corazón, y miró frenéticamente a su alrededor. Estaba rodeada de nazis que escuchaban la música o conversaban en voz baja. No podía permitir que le dieran un momento de alegría. No, mientras estuvieran allí, no podría albergar ningún buen recuerdo. Eran malvados, y eran culpables de que ahora no estuviera con Feliks.

Imaginaba que él estaba allí, pero no conseguía sentirlo, por culpa de todos esos nazis. Y ella se encontraba allí sentada entre ellos. Genie no fue capaz de soportarlo ni un segundo más.

Hizo amago de levantarse, pero Halina le posó una mano sobre el brazo.

—Ni se te ocurra.

—No puedo más —susurró Genie con desesperación.

Sacudió enérgicamente la cabeza y esquivó la mirada de Halina. De nuevo se deslizó sobre su silla con intención de ponerse en pie. Halina la agarró con más fuerza.

—Quédate en tu sitio, o moriremos las dos.

Genie se reclinó nuevamente, y las primeras lágrimas empezaron a caer sobre su regazo. Su pecho ascendía y descendía muy rápido, y tuvo que esforzarse por no sollozar de forma audible.

—Pero ¿qué te pasa? Contrólate —masculló Halina enérgicamente.

La música aumentó en intensidad, y a Genie se le antojó como si estuvieran tocando justo delante de ella. Contempló a la pianista, y durante un instante volvió a ver a Feliks. Pero luego la visión se esfumó. Genie dejó de pensar, no reflexionó en las consecuencias de sus actos, a las que tendría que hacer frente. Su instinto de supervivencia la sobrepasó, instándola a huir.

Ya no podía luchar contra él. Solo sabía que tenía que salir de allí. El hecho de que tal vez pagaría con su vida ni siquiera se le pasó por la cabeza. No pensó en el castigo, solo obedecía a su instinto. Se levantó de un salto conteniendo la respiración y salió corriendo de la sala. Para no tener que mirar a ningún guarda con los ojos llorosos, mantuvo la cabeza gacha todo el tiempo. No se atrevía a abandonar el edificio, por lo que buscó un rincón donde esconderse. Pero no encontró ninguno, ni tampoco a nadie que le diera un abrazo. Se llevó las manos a la cara y lloró. Lentamente se dejó caer al suelo y se desplomó sobre las frías baldosas.

Pasados unos cuantos minutos alzó la cabeza. Nadie la había seguido. Por lo menos ese día los nazis no la matarían. Lloró hasta que sus sollozos se calmaron.

—Podría preguntar, pero la verdad es que no tengo la menor gana —bufó Halina.

Genie se restregó la nariz y alzó la mirada. Con un resoplido, giró la cara en dirección contraria.

Halina se acuclilló a su lado y le rodeó los hombros con un brazo. Se quedaron así, en silencio, un largo instante. Ninguna de las dos se atrevía a decir nada.

Transcurrido un buen rato, Halina se puso en pie y le tendió la mano a Genie.

—Venga, vamos adentro otra vez.

—Halina, yo... no puedo. No quiero. Solo de pensar... —Genie no pudo acabar la frase debido al llanto.

Halina agarró a Genie de la mano con brusquedad, sacudiendo la cabeza de un lado a otro.

—Dios mío, eres como una niña pequeña —la regañó.

Como un crío al que han sorprendido en una travesura, Genie se dejó llevar al exterior. Halina la acompañó hasta la entrada de su barracón y luego siguió hacia el suyo. Haciendo caso omiso de las conversaciones de las demás mujeres, Genie se arrastró hasta su camastro. Estaban hablando de las dos muchachas a las que habían ahorcado. Una de ellas insinuaba que había un nuevo intento de sublevación.

Genie se acurrucó en su jergón. Cuando se acostaran las demás, ya no podría seguir en esa postura. Intentó olvidar el concierto y recordarse a sí misma dónde se encontraba. Si se entregaba a la ensoñación de que podía ir a conciertos y escuchar su amada música, todo acabaría para ella.

Ni siquiera debía imaginar que existía semejante desahogo. Si permitía que se abrieran paso sus recuerdos de cuál era la sensación cuando se entregaba por completo a la energía de la música, no habría vuelta atrás en su pena. Entonces estaría perdida, alejada de sí misma, y peligrosamente desconectada de la cruda realidad.

A la mañana siguiente, Genie se sentía incluso peor que de costumbre, aunque eso pareciera imposible. Sin embargo, se dirigió penosamente hacia las letrinas, temiendo cómo se comportaría Halina con ella.

Pero Halina no mencionó el incidente en absoluto. En lugar de eso, intentó convencer a Genie de que volviera a ocupar su antiguo puesto en la fábrica de costura. Halina había trabajado allí durante algún tiempo, en el turno de noche. Eso le ofrecería la posibilidad de obtener algún privilegio durante el día. Genie casi no podía dar crédito a sus palabras.

—Te digo que es mejor que tu trabajo actual. Y puedo hacer que te destinen allí —aseguró Halina.

—No. Estoy bien.

—Siempre dices que casi no puedes pegar ojo por la noche y encima tienes que caminar durante kilómetros hasta allí. A mí no me parece que estés bien. Venga, si trabajas en el turno nocturno, tal vez te den más comida. Mamá tiene ahora contactos y podría conseguir un par de raciones de sopa más.

—Genial. Vaya, así es como funciona todo con vosotras —espetó Genie.

Halina profirió un bufido, y Genie no disimuló su enfado. Desde que trabajaba en el registro se comportaba como si tuviera todo bajo control. De hecho, su cometido tenía que ver con la inscripción de las prisioneras y su asignación a destacamentos de trabajo. También con las listas donde se contabilizaban aquellas que habían sido gaseadas, que asimismo se guardaban en el registro.

—Pruébalo. Si no te gusta, siempre puedes volver a cargar caucho con los chicos.

—Ya veremos.

—Pero tienes que decidirte pronto. Tengo que asignar el puesto enseguida. Desde que Büttner está aquí, tengo un poco más de manga ancha —explicó Halina.

Últimamente parecía más segura de sí misma. Paulatinamente Genie había empezado a sospechar por qué. Pero al oír aquellas palabras, lo entendió todo.

—Un momento, ¿Büttner? ¿De Plaszow? —preguntó Genie, incrédula.

—No, de Honolulú. ¡Por supuesto que me refiero a mi Büttner! Me encontró en el registro. Todavía está destinado en Plaszow, pero aprovecha la menor oportunidad para venir a verme. Y me ha prometido que pronto será mi superior directo.

—¿Eso significa que ya os habéis visto varias veces? ¿Por qué no me lo contaste?

—No viene a verte a ti. Pero él trabaja en las SS, Eugenia. Puede mover hilos. Estoy casi segura de que le debemos la vida a él.

—Te estás haciendo ilusiones, Halina. Büttner no nos ha salvado de la cámara de gas; ha sido pura suerte. Pero sea como fuere, tal vez sepa algo de Feliks. ¿Sabe si sigue en Plaszow?

—Sí, Genie, está vivo. Lo siento, iba a decírtelo ahora —susurró.

No parecía que sintiera realmente no habérselo dicho antes. Genie estuvo a punto de desmayarse. Feliks. Estaba vivo. Siempre había mantenido la esperanza.

—Por favor, dile a Büttner que tiene que decirle a Feliks que le amo.

—Lo haré —confirmó Halina.

A Genie le parecía que podía echar a volar. Le dio las gracias con un gesto de cabeza y se puso en pie. En el trayecto de las letrinas a su columna de trabajo se sintió como si estuviera flotando en una nube. Feliks todavía estaba en Plaszow, y le iban a asignar un nuevo puesto de trabajo. Tenía que contárselo enseguida a Regina.

Fue como si el destino estuviera de su parte, puesto que el cargamento de aquel día consistía en mercancías más pesadas de lo normal. Necesitaron de varios hombres que tuvieron que unir sus fuerzas para trasladarlas, y las jóvenes se ocuparon juntas de las cargas menos pesadas. Genie casi nunca podía hablar a solas con Regina.

Tras descargar junto con otras dos muchachas una caja de gran tamaño en la fábrica, Genie por fin pudo hacerle señas para que se acercara.

—Espera, necesito que me aconsejes —susurró.

—¿Es sobre tu peinado?

—¿Qué? ¡Pero cómo podría peinarme! —saltó Genie. Se llevó la mano a los rizos todavía cortos, pero que habían empezado a crecer. Le llegaban hasta la altura del lóbulo de las orejas, y se alegraba de ello. La mayoría de las mujeres seguían yendo rapadas.

—Ay, Genie, era una broma. ¿Qué pasa?

—Mi hermana..., bueno, me refiero a mi cuñada, trabaja en el registro.

—¡Oh, no, la pobre!

—No te preocupes por ella, se las apañará. Pero me ha dicho que debería ocupar su puesto en la fábrica de costura, en el turno de noche. ¿Qué opinas?

—Seguro que te va bien allí, porque probablemente se te dará mejor coser que acarrear peso; sin ánimo de ofender. Por otra parte, no me parece ideal, porque entonces ya no trabajaremos más juntas.

—Exacto... —dijo Genie titubeando, pero Regina le apretó la mano.

—Pruébalo. Es algo distinto. Tal vez podamos vernos en las letrinas. Y te contaré cómo está afrontando tu amigo favorito la pérdida.

Genie se echó a reír y se quedó mirando a Regina. Era una buena persona, y tenía la esperanza de que los trabajadores siguieran advirtiéndola cuando amenazara algún peligro.

—Regina, llámame Genie. Así me llaman todas mis amigas, o más bien todas las personas que me conocen bien —le pidió Genie con timidez mientras le ofrecía una sonrisa de agradecimiento.

Cuando Genie se presentó junto a las demás en la fábrica de costura, intentó disimular su buen humor. Se había encontrado aquella mañana con la madre de Halina, la cual le había dado una ración extra de sopa. Era menos repugnante de lo habitual, porque se trataba de la primera tanda del día. Casi se parecía a una sopa de verdad, y por eso Genie había comenzado el día de mejor ánimo que de costumbre.

Examinó a las demás prisioneras con la intención de evaluar su estado. Todas iban con la cabeza gacha y los hombros caídos, y Genie decidió imitarlas.

—*¡Rápido, rápido!*

Aterrorizada, Genie se apresuró junto a las demás hacia las máquinas de coser. Mientras empezaba a trabajar, su mirada se posó en la *kapo* de las SS que supervisaba el trabajo de las prisioneras: una mujer checa de aspecto feroz que parecía que estuviera buscando con la mirada a su próxima víctima. Al lado de la máquina de coser de Genie había un montón de uniformes; cogió el primero y empezó:

—*¡Más rápido, más rápido!*

Por el rabillo del ojo Genie observaba cómo la *kapo* iba de una máquina a otra y golpeaba con un látigo a las prisioneras para conminarlas a que se dieran prisa. Atemorizada, con las manos temblorosas, puso el primer uniforme sobre la mesa. Le parecía un lugar horrible, y Genie se preguntó cómo había podido Halina aguantar tantas semanas en aquel sitio.

Aparentemente la única palabra que la vigilante conocía era «rápido», y no paraba de gritársela en la cara a las presas durante todo el turno. Deambulaba orgullosa entre las máquinas y golpeaba con el látigo a las trabajadoras al azar.

Genie observó a las demás mujeres. Con la cabeza gacha, arreglaban un uniforme tras otro. Trabajaban tan rápido, que Genie se cuestionaba si realmente cosían los agujeros. Era imposible que esas máquinas funcionaran a esa velocidad.

Decidió probar con una chaqueta del montón. Accionó la máquina con el pie y puso la manga sobre la mesa. Tiró velozmente de la tela que corría bajo la aguja, para intentar trabajar con la misma soltura que las demás, pero de pronto se detuvo. Había hecho una costura pasando justo por encima del agujero, y en vez de arreglarlo había cosido la tela de al lado. Genie se sobresaltó.

—*¡Rápido!*

Oyó unos pasos acercándose. A cada golpe de tacón, agachaba la cabeza aún más, con la esperanza de que la *kapo* no se dirigiera hacia ella. Pero ya era demasiado tarde. O tenía oído de tísica y la había oído parar la máquina un momento, o tenía una vista de águila y había advertido que estaba arruinando el uniforme.

Una mano la cogió por el cuello, y ella se tambaleó en su silla. La *kapo* la arrancó de su puesto frente a la máquina. Genie lanzó una mirada suplicante a las demás mujeres. ¿La ayudarían?

Sin embargo, ninguna de ellas pareció siquiera darse cuenta. Como si fuera un soplo de aire en vez de la chica que apenas hacía un instante estaba trabajando junto a ellas. ¿Acaso iba a morir? ¿Cómo sería? A veces, cuando oscurecía y se quedaba a solas con sus pensamientos, se imaginaba cómo le llegaría la muerte. ¿La abrazaría tras un disparo o cuando la bajaran de la horca? ¿O tal vez recogería su cuerpo destrozado tras una paliza?

Siempre estaban a punto de morir, a un paso del abismo. Ni siquiera estaba segura de si se daría cuenta cuando sucediera. ¿Sería en efecto así, como caer en un abismo? Obviamente, había cometido un error; otras presas habían sido asesinadas por mucho menos. No era fácil saberlo, pero tal vez todas se sentían como ella ahora antes de morir: sin poder creer realmente que les había llegado el turno; que todo acabaría con un solo golpe. Quizá solo lo asimilaban en el milisegundo en el que se apretaba el gatillo. Había llegado su hora. Y no había forma de impedirlo. Genie supo que no sería distinto en su caso. Avanzaba tropezando con sus propios pies, mientras la *kapo* la arrastraba.

Se vio arrojada contra una pared y se hizo un ovillo en el suelo. La supervisora le gritaba algo. Seguro que en checo, pero en sus ojos podía verse un destello de locura, y hablaba tan rápido que las palabras que salían a borbotones de su boca no debían de tener sentido ni siquiera para ella misma.

De repente enmudeció, y Genie se atrevió a alzar la vista. La *kapo* estaba inclinada sobre ella, con las manos ocultas tras la espalda. Genie se esforzó por esbozar una tímida sonrisa, en vano. Entonces pudo ver una de sus manos, en la que sostenía un látigo de cuero.

Genie se apartó y se llevó las manos a la cara. Fue como si las hojas de mil cuchillos cayeran sobre ella. Al sentir aquel primer latigazo profirió un grito. El dolor la cegó y se agazapó aún más contra el suelo. La correa del látigo caía sobre ella como la lengua de un dragón. Los latigazos parecían provenir de todas direcciones, notaba los cortes en el brazo, el cuello, las piernas y la espalda. Luego en la mano, y eso hizo que se tapara aún con más firmeza la cara. No quería perder un ojo.

Apretó los dientes, y sus gritos de dolor se acallaron. Le dolía tanto que era como si estuviera aturdida. Lo peor era, no obstante, no saber dónde caería el siguiente. Cuando creía que sería en la espalda, tensaba la musculatura. Pero el látigo caía donde menos se lo esperaba.

Y de pronto, nada. Los latigazos cesaron, y Genie oyó el repiqueteo de los tacones alejándose. Cautelosa, abrió un ojo y vio a la *kapo* marcharse apresuradamente. A través de todo su dolor, Genie suspiró aliviada. Todavía estaba viva.

Aunque las heridas le quemaban y hacían que se le saltaran las lágrimas. Genie intentó ponerse en pie, pero sus piernas se negaban a reaccionar. Volvió a acurrucarse sobre el suelo, sollozando como una niña pequeña.

Se sentía miserable e impotente. Si Halina pudiera verla en ese momento, seguro que diría que no debería comportarse como un bebé. Aquel pensamiento la enfureció hasta tal punto que consiguió reunir las fuerzas para erguirse apoyada en las manos. Se quedó mirando fijamente la espalda de la vigilante hasta que su ira le resultó incluso demasiado agotadora para su cuerpo maltrecho. Volvió a desplomarse sobre el suelo y cerró los ojos.

—¿Está muerta?

—Es un milagro que siga con vida. Me extraña que haya sobrevivido tanto tiempo.

—Seguramente en su vida anterior debía de estar bastante consentida.

—Basta ya. Sed un poco amables. Mirad, todavía respira.

—Tal vez solo sean los últimos estertores.

—No seas tan zafia. Venga, ayudadme.

Genie se movió al notar que la alzaban unos cuantos pares de brazos. Gimoteó y sus párpados se agitaron.

—Lo sabía...

Al oír aquella voz tan aguda, Genie abrió los ojos. Era una niña de once o doce años cuyo rostro estaba muy cerca del suyo. Tenía los ojos grandes y redondos. Desconcertada, Genie gimió. La chica se apartó, y dos mujeres más mayores se inclinaron sobre ella. Genie de pronto estaba rodeada de siete mujeres que la examinaban, como si nunca hubieran visto nada igual.

Debían de haberla sentado en una silla sumando todas sus fuerzas. Súbitamente Genie recordó dónde se encontraba, y trató de localizar a la supervisora, asustada.

—¿Qué ha pasado? —graznó.

—Que no sabes coser, evidentemente. Así no podrás sobrevivir demasiado tiempo. ¿A quién se le ocurrió enviarte aquí? —preguntó una de las mujeres más mayores.

Genie sacudió la cabeza de un lado a otro, sin fuerzas; no podía explicar que había sido idea de su cuñada.

—La *kapo* estará de vuelta enseguida. Vamos, chicas, tenemos que curarle las heridas y volver a ponerla en su puesto de trabajo.

Genie las miró con los ojos llenos de lágrimas. No tenían ninguna razón para ayudarla, y eran conscientes de que si las sorprendían haciéndolo recibirían un severo castigo. Y sin embargo, allí estaban, socorriéndola. Las mujeres iban de una mesa a otra recogiendo retales de tela, chocando incluso entre ellas en su afán. Trajeron todo lo que pudieron: tiras de tela, pedazos sobrantes y restos de cordones, con los que vendaron los cortes más profundos. Algunos de ellos sangraban de forma abundante, especialmente grave era una herida en la nuca justo por debajo de donde empezaba el pelo. Cuando las mujeres intentaron secarle la sangre, Genie gritó y echó la cabeza hacia atrás; simplemente le dolía demasiado. Pero tenía que aguantar. Una mujer se acuclilló ante ella y le cogió las manos. Movió la cabeza de arriba abajo lentamente, hasta que consiguió captar la atención de Genie. Su mensaje era claro: ahora tenía que pasar por eso.

Apretando los dientes, Genie permitió que intentaran curarle las heridas de nuevo. Sumida en el más intenso dolor, sus pensamientos vagaron hacia Feliks. Ojalá fueran sus manos las que la curaran. Seguramente la distraería con un par de chistes tontos y luego le daría un beso sobre el vendaje.

A pesar del dolor, las facciones en su rostro se relajaron cuando las mujeres que la estaban curando a sus ojos se convirtieron en Feliks. Y a él le permitiría hacer todo lo que fuera necesario para sanarla.

—Tenemos que sacarla de aquí. ¿Conocéis a alguna prominente?

La imagen de Feliks se esfumó, y Genie dio un respingo. De repente volvía a estar en la fábrica de costura.

—Puedo preguntar. Tal vez en un par de meses haya una vacante en otro puesto de trabajo.

—¡Puedo solucionarlo yo misma! No necesitáis romperos la cabeza por mí, mi cuñada trabaja en el registro —aseguró Genie.

Observó a las mujeres arrodilladas ante ella, cómo la estaban ayudando, y se dejó llevar. Enterró la cara entre las manos.

—Ay, niña. Nuestra vida es horrible. Te comprendemos perfectamente.

Notó una mano sobre uno de sus hombros, y con lágrimas en los ojos alzó la vista para mirar a aquellas mujeres, que sonreían con dulzura.

Sentaron a Genie ante su máquina de coser y depositaron un montón de uniformes ya acabados al lado. De ese modo podría fingir que estaba cosiendo y acabando el trabajo. Cuando la *kapo* regresó, todas estaban con la cabeza agachada, trabajando, como si ellas mismas fueran también máquinas, porque así es como las veía la vigilante.

De nuevo, la *kapo* recorrió deambulando las hileras de mesas alineadas y repartió latigazos de forma arbitraria. Genie apenas podía contener las lágrimas. Aquella noche masticó su pan con el ceño fruncido. Cada movimiento le producía dolor, le ardía todo el cuerpo. ¿Por qué le había hecho eso Halina? Era una tortura, y Genie estaba convencida de que no sobreviviría demasiado tiempo en aquella fábrica.

Por supuesto que había sido espantoso cargar con cadáveres en Plaszow, pero aquel puesto de trabajo como costurera parecía que iba a convertirse en su pesadilla personal. Constantemente temía por su vida, y volvió a recibir latigazos con frecuencia. Ya no recordaba cómo era acostarse sin dolor y despertarse sin lágrimas.

Tras su primer día allí, llegó a creer firmemente que moriría en la fábrica. Pero sus compañeras no lo permitirían. Siempre que podían le enseñaban trucos y la aconsejaban. Cuando la *kapo* tenía que ir a las letrinas o desaparecía tras una esquina con uno de los guardas, aquellas mujeres se esforzaban por enseñarle a Genie toda clase de cosas, por ejemplo cómo tenía que ajustar el ritmo del movimiento del pie para que la máquina cosiera justo cuando ella quería. Algunas máquinas estaban defectuosas, de tal manera que el pedal se quedaba atascado, pero aun así aprendió a accionarlo en el momento exacto. Le enseñaron cómo encontrar rápidamente en los uniformes los agujeros y desgarros mediante la técnica de doblar el pantalón o la camisa y palpar la tela.

Genie nunca llegaría a coser como ellas, pero lo intentaba. Y aunque no se le daba nada bien, cada día lo hacía mejor. Ya era capaz de coger una camisa de su montón y hacer una costura lisa con un movimiento del pie sobre el pedal de la máquina de coser. Su trabajo no era perfecto, pero sí lo suficiente como para satisfacer a la *kapo*.

Genie aprendió además a trabajar sin llamar la atención. Las mujeres le dijeron que se habían dado cuenta enseguida de que la *kapo* quería que dieran la menor cantidad de señales de vida posibles. Cuando una de ellas respiraba con una intensidad demasiado audible o se movía en exceso, parecía advertir de repente que se encontraba ante seres vivos, lo cual la enfurecía y hacía que propinara latigazos a diestra y siniestra, hasta que las mujeres trabajaban exactamente como ella quería.

Genie aprendió a relajar los músculos antes de cada turno para que no se contrajeran espasmódicamente, y a respirar despacio por la nariz para reducir el movimiento del pecho al elevarse y descender al mínimo posible. Y en efecto, tras unas cuantas semanas en aquel trabajo, empezó a creer que ella misma era una máquina. Su cuerpo ya solo se movía de forma automática, y su mente vagaba con pensamientos carentes de sentido. Con cada día que pasaba, las esperanzas que albergaba se iban desvaneciendo. El látigo de la *kapo* sobre su espalda ahuyentó los pocos ánimos de vivir que le quedaban. Empezó a acostumbrarse a la idea de que nunca más volvería a ver a Feliks. Se llevaría su amor a la tumba.

Y sin embargo, estaba agradecida. En los años en el gueto había conocido el amor, una clase de amor que a mucha gente no le era concedido en toda su vida. Había encontrado un alma gemela. Siempre amaría a Feliks, aunque eso obviamente no bastase para sobrevivir.

Transcurridas un par de semanas, Genie esperó a Halina en las letrinas, pero no había ni rastro de ella. Pasaron varios minutos, y ya se disponía a irse cuando oyó que se acercaban unos pasos. Con gran alivio, reconoció la silueta familiar de su cuñada.

—¡Halina!

—Normalmente se suelen dar los buenos días. En tu caso por lo menos sería de esperar que me dieras las gracias.

—¿Encima tengo que darte las gracias? ¿Por qué? ¿Por haber intentado asesinarme? —siseó Genie a través de la ranura. Al oír suspirar a Halina con fastidio, le entraron ganas de ponerse a chillar.

—¿A qué diablos te refieres? —preguntó Halina.

—Esa *kapo* quiere acabar con todas nosotras.

—Oh, por favor. Si haces tu trabajo no hay problema. Solo usa el látigo con las que son demasiado lentas.

—¡Eso no es cierto! Me da latigazos aunque trabaje rápido. No sé cómo podría mover las manos más rápido.

—Pues tendrás que encontrar la manera.

Genie dejó caer la cabeza entre las manos y notó que las lágrimas rodaban por sus mejillas. Era simplemente demasiado.

—Escucha. Creía que te estaba haciendo un favor. Pero si te parece tan horrible, puedes volver a tu puesto con tu querido caucho. Solo tienes que conseguir acabar esta semana, y luego podré volver a asignarte tu antiguo puesto.

Genie levantó la cabeza de golpe.

—¿En serio?

—Sí, pero deja de comportarte como una niña pequeña, ¿de acuerdo?

Genie inspiró hondo y salió de la letrina un poco más animada. Podría soportar un par de días más en la fábrica. Y luego podría volver a encontrarse con Regina y contarle todas sus penas.

A finales de aquella semana, Halina le dijo a Genie que tenía una sorpresa. Büttner le había dado algo para ella. A través de la ranura entre las tablas de madera hizo pasar un paquete de pequeño tamaño para que lo cogiera Genie, y dijo en tono seco:

—Es de Feliks.

—¿Qué? —gritó Genie.

No podía creerlo. Con manos temblorosas, hizo girar entre sus dedos aquel objeto: un pequeño corazón de cuero. Se enjugó una lágrima de la mejilla y lo abrió.

En su interior había una breve carta de amor y una foto de

los dos en el gueto. Era la foto de cuando se prometieron. Una lágrima cayó sobre la foto, y Genie, alarmada, la secó con una esquina de la camisa.

—Lo recortó Feliks de uno de sus zapatos. Por fin ha decidido aceptar a Büttner, y se lo confió a él. ¿No te parece un milagro? Ese corazón de cuero ha recorrido un largo camino.

Genie se había quedado sin habla, y se limitó a apretar el corazón de cuero contra su pecho. Era el mejor regalo imaginable. Un regalo que le proporcionaría esperanza, algo indispensable para soportar los próximos años. Una señal de Dios, un milagro en un campo de concentración.

—Büttner me ha contado que Feliks se mostró bastante sorprendido de que siguieras con vida. Teniendo en cuenta que en el gueto eras aquella muchacha frágil y consentida. Pero Büttner le dijo que estás bien. Feliks no cabía en sí de alegría. Estaba tocando el piano en ese momento, cuando Büttner le habló de ti, y perdió el compás.

—¿Cómo? A Feliks nunca le pasan esas cosas —respondió Genie sin poder ocultar una sonrisa.

—Lo sé. Seguro que simplemente se quedó trastocado al oírlo. En los últimos tiempos escasean las buenas noticias —comentó Halina.

Sonriente, Genie volvió a leer la carta. Una y otra vez sus ojos regresaban al final, donde podía leerse:

> Muy pronto volveremos a estar juntos. Y entonces te plantaré un jardín. Sé fuerte, mi amada. Por el día pienso en ti, por la noche sueño contigo.

Era un regalo de Dios, que le decía que todo iría bien en un futuro. Besó el corazón de cuero y lo guardó con ademán resuelto en una de sus botas. Aunque la golpearan hasta morir, no se separaría nunca de él.

Era su único rayo de esperanza en Auschwitz, mientras luchaba por sobrevivir.

Una vez más volvieron a convocar a los prisioneros en la plaza, y Genie maldijo en voz alta. Alguien le dio unos golpecitos en el hombro, pero ella no reaccionó. Tampoco alzó la vista cuando Halina pasó a su lado. Pero su cuñada la cogió por la muñeca y le sacudió el brazo.

Genie se sobresaltó. Intentó liberarse del agarre de Halina, pero tenía demasiada fuerza. Por supuesto, al fin y al cabo era una «prominente» privilegiada que no tenía que trabajar tan duro. Todos los demás eran ya casi esqueletos, cuyos músculos y energía no bastaban siquiera para mantenerse en posición de firmes cuando hacían un llamamiento.

Genie puso los ojos en blanco, como solía hacer a menudo en los últimos tiempos, pero Halina no permitió que se saliera con la suya. Se llevó las manos a las caderas y fulminó a Genie con la mirada.

—Deja de maldecir. Les estás dando la razón a los nazis. Están intentando convencer a todo el mundo y a nosotros mismos de que los judíos solo somos unos cerdos asquerosos —respondió Halina mordaz.

Genie quería deshacerse de ella, pero después de todo era la hermana de Feliks, por lo que dejó de resistirse. Sin embargo, no pudo evitar añadir en tono sarcástico:

—Eso seguro que te lo ha enseñado tu amigo Büttner.

Halina permaneció inalterable a su lado.

—No, fue una amiga, en el gueto. Yo también necesité algún tiempo hasta que llegué a comprenderlo. Pero obviamente tu cerebro es más pequeño, así que tómate tu tiempo.

Genie le lanzó una mirada airada, pero enseguida dirigió la atención al corazón de cuero de Feliks en su bota, y su amor consiguió apaciguarla. Se apartó de Halina mientras hacían el llamamiento para presenciar de nuevo una ejecución. Otra vez. En esta ocasión con la guillotina, lo que era mejor para los ajusticiados que la horca, o por lo menos más rápido.

Cada vez con más frecuencia, algunos prisioneros se arrojaban voluntariamente a la alambrada eléctrica porque ya no podían más. La muerte era una bendición. Cada día al dejar atrás el Pabellón 10, a Genie se le antojaba más evidente hasta qué punto era mucho mejor morir. En algunos casos experimentaban con las piernas de los presos; otros perdían un ojo. Les inyectaban toda clase de sustancias. Y cuando morían demasiados, necesitaban reponerlos para poder seguir haciendo experimentos.

Genie se alegraba de no seguir trabajando en el turno de noche, porque nunca podía saberse qué iba a suceder al día siguiente. Podían seleccionar nuevos presos para el Pabellón 10 o para llevar a cabo más ejecuciones. Cuando salía del campo para ir a la estación, se sentía más segura.

Tras la ejecución las dispensaron y Genie formó junto a los demás miembros de su grupo de trabajo. Entonces notó de nuevo una mano sobre la muñeca. Se detuvo y supo de quién se trataba, pero no giró la cabeza. Conocía aquella forma de agarrarla.

—Escucha, Eugenia. Sé que he sido dura contigo últimamente, y yo...

—¿Últimamente? Por favor... —la interrumpió Genie.

Se quedó mirando a Halina, cuya frustración era más que evidente: como si estuviera pidiendo paciencia en silencio, cerró los ojos. Genie se cuestionó a quién exactamente estaba rogando paciencia.

—... y creo que necesitas ayuda. ¿No asistes a las oraciones de la tarde? —inquirió Halina ansiosa.

Genie apretó los labios. No quería escuchar la opinión de Halina acerca de lo que hacía o necesitaba. Y no era asunto suyo a qué dedicaba sus tardes. Solo intentaba protegerse a sí misma. De pasar cada tarde oyendo a las mujeres de su barracón, se volvería loca. Solo hablaban del «estado» de la guerra, y chismorreaban sobre las demás presas. Genie nunca las escuchaba. Era una ingenuidad creer que la guerra acabaría pronto. No podía concebir una realidad más allá de la suya. Hacía mucho tiempo que, a ser posible, mantenía alejados aquella clase de pensamientos.

Desde hacía un par de semanas, las prisioneras hablaban del avance de los aliados. Al parecer, creían en algo tan descabellado como su pronta liberación. Hasta ella sabía que los nazis preferirían matarlas a todas antes que dejarlas en libertad. Una fuerte sacudida en el brazo la sacó de sus pensamientos. Era Halina, que le movía el brazo con un gruñido.

—¿Es que no puedes dejarme simplemente en paz? ¿Te aburres y no sabes qué hacer? Podrías, por ejemplo, qué sé yo, ¿tomarte un café con leche y pastas con las demás prominentes?

—Eres tan infantil. Si te decides por convertirte en una adulta, puedes empezar por asistir a las oraciones. Podrían ser el principio de un proceso de sanación —aseveró Halina.

Hablaba sin atisbo de sarcasmo, y Genie la escuchó.

—¿Sanación? ¿Y por qué debería encontrarla precisamente ahí?

—Eugenia, tal vez sería conveniente prepararse. Para cuando por fin se acabe la guerra.

—Cielo santo. ¿Tú también? —dijo Genie con un suspiro.

Halina se alejó de ella con paso firme sin disimular su frustración. Genie siguió su camino hacia la estación moviendo la cabeza de un lado a otro, decepcionada. Al llegar al tren de mercancías, Regina ya estaba allí, cargada con una pesada caja que apoyó sobre una rodilla para poder saludar a Genie con la mano.

Genie temía que se le cayera la caja al suelo y que castigaran a Regina por ello. Pero consiguió sostenerla en equilibrio y después prosiguió su camino hacia la fábrica con la caja. Genie recibió su carga y se puso en marcha.

El día transcurrió dentro de la usual monotonía. Regina y Genie pudieron intercambiar algunas palabras, pero no tuvieron la oportunidad de conversar. Aunque tras tantos meses en Auschwitz tampoco es que hubiera mucho más de qué hablar. Las únicas novedades eran la muerte de otra compañera o acaso un castigo excepcional. Y tales conversaciones no eran precisamente edificantes.

Durante las largas caminatas, la mente de Genie estaba vacía. Apenas podía formular pensamientos coherentes. Su cuerpo parecía moverse de forma automática. Sabía lo que tenía que hacer una y otra vez, cada día, y realizaba el trabajo de la mejor manera posible. Su mente, por el contrario, era como un engranaje roto dentro de un mecanismo. Apenas funcionaba ya; solo a veces, cuando surgía un pensamiento, demostraba que seguía existiendo.

Poco después, Genie yacía sobre su jergón, masticando un trozo de pan apenas más grande que su dedo gordo. Era su primera comida del día. Oía sin escuchar el parloteo de las conversaciones de las mujeres. Sin embargo, recordó el consejo de Halina. Tal vez hoy tampoco le perjudicaría escuchar con atención. Como mínimo sería algo nuevo.

Una voz instó a inclinar la cabeza a las asistentes, y una mujer empezó a rezar, con una voz que a Genie se le antojó como una canción de cuna. En un tono monótono comenzó a recitar:

Escucha, oh Dios, mi oración.
Y no te escondas de mi súplica.

Genie se irguió y se arrastró hasta el borde del catre. Se sentó con las piernas colgando a escuchar. Al parecer Dios ignoraba también las súplicas de las demás mujeres. Genie no era la única.

Lávame más y más de mi maldad,
y límpiame de mi pecado.
Porque yo reconozco mis transgresiones,
y mi pecado está siempre delante de mí.
Acepta mi sufrimiento y mi miseria como penitencia
y borra todas mis maldades.
Contra ti, contra ti solo he pecado,
y he hecho lo que es malo delante de tus ojos;
sea tu voluntad, Dios de mis padres,
que no peque más.

El barracón se llenó por completo de docenas de voces. Mujeres de todas las edades, jóvenes y ancianas, rezaban al unísono, y Genie se sintió conmovida.

Purifícame con hisopo, y seré limpio.
Lávame de mis pecados en tu misericordia,
pero no a través del sufrimiento y la enfermedad.
Envíame la salvación perfecta a mí y a todos los desdichados.
Dios mío, Dios de mis padres,
confieso que mi cuerpo y mi salvación
están en tus manos.
Cúrame según tu voluntad.
Pero si te place que muera en esta angustia, que mi muerte expíe toda la iniquidad que he cometido ante ti.
Ofréceme el abrigo de tus alas; llévame al mundo venidero.
En tu mano pongo mi alma.
Tú me liberas, Dios de la Verdad.

Genie reconoció el siguiente fragmento, y se unió a las demás:

Schma Jisrael,
Adonai Eloheinu,
Adonai Echad!
¡Oye, Israel!
El Eterno, nuestro Dios,
¡es un ser único y eterno!
Adonai Hu Ha Elohim
El Señor es Dios.
Dios juez es Dios misericordioso.

Las mujeres intercambiaban miradas, sonrientes. Genie estuvo a punto de echarse a reír, pero reaccionó a tiempo y se llevó la mano a la boca. Era algo increíble que se sintiera tan dichosa.

Se desearon mutuamente las buenas noches, y Genie las imitó, sin pensar. Las mujeres que compartían el catre con ella le demostraron su alegría por haber participado. Se acostaron, y Genie seguía sonriendo cuando se acomodó para dormir. Sacó el corazón de cuero de Feliks de la bota y lo apretó contra su pecho, tal como hacía cada noche.

Estaba orgullosa de ser judía. Hasta ahora Dios la había protegido. Si había conseguido sobrevivir durante todo ese tiempo, ¿por qué no iba a poder superar todo aquello? Todavía quedaban muchos judíos, y eso era algo muy positivo. Los nazis nunca podrían ganar, y estaba agradecida a sus compañeras de encierro por ello.

Al día siguiente Genie se situó al inicio de la fila de regreso al barracón. Regina no le preguntó por qué, y ocupó su lugar habitual al final de la cola.

Genie ahora se alegraba de compartir aquellas oraciones en su barracón. En la plaza donde pasaban lista reconoció una cara familiar. Con un suspiro, se animó a hablar con su cuñada.

Cuando Halina la vio, se detuvo y acudió a regañadientes a su lado.

—¿Qué pasa? —inquirió.

—Solo quería..., creo que te debo algo.

—La lista es bastante larga. ¿Por dónde quieres empezar? —dijo Halina en tono burlón.

Genie ignoró su tono de voz y tomó aire. Ahora que se había decidido, tenía que hacerlo bien.

—Quería disculparme. Por todo. Lo siento. Me has mantenido con vida, y soy consciente de que mi comportamiento y mis palabras en ocasiones no han sido las más acertadas. Yo... no sé. A veces estoy tan furiosa y tan triste que reacciono de ese modo, porque no comprendo...

—Eugenia. Déjalo. Con esas sandeces estás estropeando el momento. Aunque lo tendré presente durante mucho tiempo. ¡Estás intentando disculparte, y voy a poder reírme de esto durante un buen rato!

—Halina, lo digo en serio. De veras.

—Lo sé. Por eso es tan gracioso. Bueno, ya está. Voy a ver una película. ¿Quieres venir conmigo? —ofreció Halina.

Tenía una expresión decidida en su rostro, y Genie sabía qué significaba eso. Nada podría hacerle cambiar de idea. Genie se encogió de hombros, y Halina tiró de ella. Se abrieron camino entre las filas de prisioneros que regresaban de una larga jornada de trabajo. Pasaron al lado de varios guardas, y en cada ocasión Genie se escondía detrás de Halina.

Y lo cierto es que ninguno reaccionó. Nadie les hizo detenerse, aunque eran las únicas que avanzaban en sentido contrario a todos los demás. Genie miraba ensimismada la espalda de Halina. ¿La conocían los guardas? Si podía pasearse por el campo sin problemas, ¿qué le impedía escapar? ¿Sería posible? ¿Acaso la estaría llevando consigo con la intención de huir en ese mismo momento? El corazón de Genie empezó a latir con fuerza, y una parte de ella misma, oculta desde hacía mucho tiempo, volvió a abrirse. La fría y dura piedra que tenía en el pecho se resquebrajó y Genie abrió los ojos. Había olvidado aquella sensación, la había enterrado junto a su vida anterior.

Libertad.

Poco a poco aquel sentimiento se abría paso hacia el exterior. Aunque estaba tan profundamente escondido, que no era fácil vislumbrar la luz a través de aquella enorme piedra. Hacía tanto que Genie no sentía nada parecido, que se alteró solo de pensarlo. Había olvidado cómo era sentirse libre, porque nunca había disfrutado de forma consciente de esa sensación.

Sin embargo, Halina no había planeado huir ese día. Al comprenderlo, el corazón y el alma de Genie volvieron a congelarse. En lugar de escapar, su cuñada la arrastró hasta un edificio en el otro extremo del campo. A medida que se aproximaban a él, los pasos de Genie se tornaron vacilantes. Se liberó de la mano de Halina que le agarraba la muñeca al ver a un oficial de las SS a la entrada. Tenía las manos cruzadas tras la espalda, e incluso desde aquella distancia resultaba intimidante. Parecía como si las estuviera esperando. ¿Qué tenía en mente Halina?

—¿Qué pasa? Vamos, llegamos tarde —la apremió Halina, que volvió a cogerla de la muñeca aún con más fuerza. Pero Genie se resistió con fiereza. No pondría un pie cerca de ese edificio.

—Halina, no voy a dejar que experimenten conmigo. Sabes perfectamente lo que hacen ahí dentro.

—¿Te has vuelto loca? Vamos a ver una película… —Halina movió la cabeza de un lado a otro.

Genie se quedó pensando un momento, pero entonces llevó su atención al corazón de cuero de Feliks en su bota. Le rozaba el talón como si el propio Feliks la empujara hacia delante. Con un suspiro, se dejó arrastrar por Halina. Y entonces pudo relajarse.

Había reconocido al oficial de las SS: era Büttner quien estaba ante ellas. Al pasar a su lado, apenas hizo un gesto con la cabeza a modo de saludo.

Genie se sentía tan aliviada que ni siquiera fue consciente en ese instante de lo que significaba la presencia de Büttner para ella. ¿Habría visto a Feliks recientemente? ¿Seguiría con vida? Aquellas preguntas ardían en sus labios, pero Halina había apretado el paso y ya casi estaba corriendo. Por encima del hombro Genie vio que Büttner las seguía. Halina no le había prestado demasiada atención. Genie no sabía qué esperaba; por supuesto, era imposible que se hubieran abrazado o besado. No obstante, no pudo evitar preguntarse si todo iría bien entre ellos.

En silencio, Genie se dejó llevar por Halina hasta un rincón, donde Büttner finalmente se unió a ellas. Cuando él se les acercó, Halina tomó del brazo a Genie, mientras la peinaba con la mano libre y palmeaba su ropa.

—Vale, ya está bien, basta ya —refunfuñó Genie.

El primer guarda con el que se encontraron estaba ante una puerta de gran tamaño. Büttner habló con él en voz baja. A continuación Halina también le dirigió un par de palabras, en un tono de voz sumamente dulce, que Genie no reconocía en ella. El guarda hizo un leve gesto de consentimiento con la cabeza y abrió la puerta.

Ya en el interior, Genie no pudo evitar parpadear. Sus ojos estaban intentando acostumbrarse a la penumbra, pero enseguida quedaron cegados por una brillante luz procedente de la parte delantera. Estaban en una especie de sala de cine, y Genie se quedó atónita al ver la enorme pantalla. Hacía una eternidad que no veía algo así. Y de forma involuntaria le sobrevino una sensación de alegría.

Encontraron asientos libres en la zona posterior de la sala. Genie vio cómo Büttner se sentaba al lado de Halina, y dejó de sonreír de inmediato. El cine estaba lleno, casi todos los sitios se encontraban ocupados. El lugar se hallaba abarrotado de oficiales de las SS. Se frotó nerviosa las piernas y miró a Halina aterrada.

—¿No es peligroso en realidad que os sentéis juntos? —susurró Genie.

—Soy su prominente. No empieces. Nunca entenderás lo complicado que es todo aquí. O sea que no pongas esa cara. Alégrate de que te haya podido invitar —murmuró Halina.

Sintiendo una rabia silenciosa, Genie volvió a girarse para mirar hacia adelante. La película ya había empezado. Era muda, pero no costaba entender la trama. En la pantalla podía verse una encantadora familia. Nada especial, ni trucos de magia ni efectos espectaculares.

En su vida anterior, seguro que a Genie le habría resultado aburrida aquella película, y le habría pedido a su padre salir del cine antes de que llegara a su fin. Para tener tiempo de hacer algo más divertido, ir a la biblioteca o la pista de hielo, en vez de perder el tiempo viendo una historia tan anodina.

Pero ese día Genie miraba boquiabierta la pantalla, y observaba a la familia mientras cenaban. Se pasaban cosas como azúcar y mantequilla. Los niños reían y hacían travesuras mientras los padres los llamaban al orden despreocupadamente.

Y todos sonreían sin parar. Mostraban sonrisas tan ligeras que casi parecían estúpidos. Aparte de comer, no hacían nada. Entre bocado y bocado conversaban, y cuando tenían la boca llena, asentían con educación a los comentarios de los demás. La película no tenía nada de especial, pero al final los guardas y las prominentes aplaudieron con vehemencia. Como si ver a una familia cenando fuese el mejor entretenimiento del mundo. Genie estaba complemente desconcertada.

Los tiempos habían cambiado, y ver a una familia sentada a la mesa ahora era como un cuento de hadas, con efectos mágicos, como por ejemplo que alguien paladeara el azúcar o que sonriera. Pequeños detalles que habían quedado relegados a un lugar tan lejano en su memoria que se le antojaban como pura fantasía.

Más tarde, Genie recorrió con la mirada los barracones. De regreso a su propia realidad, era consciente de que tendría que seguir luchando por conseguir unas gotas de sopa aguada. No quería ver nunca más una película en aquel lugar infernal. Era como si se hubiera infringido a sí misma de forma voluntaria una clase de tortura especialmente cruel.

Ver cómo debería ser en realidad la vida, perseguir una chispa de consuelo, le había supuesto más sufrimiento que un posible beneficio. Aunque Halina quisiera seguir asistiendo a conciertos y proyecciones de películas, Genie ya no la acompañaría. Con los ojos empañados por las lágrimas, aquella noche rogó en sus oraciones no volver a despertar a la mañana siguiente. El efecto había sido tan pernicioso que llegó a pensar que una familia cenando todos juntos era una realidad que nunca más volvería a experimentar. Noche tras noche repetía aquella súplica en sus oraciones, hasta que llegó a creer que tal vez fuera escuchada.

La bala y la bota
1945

De pie en la plaza, a Genie casi se le cerraban los ojos. Halina le dio un codazo y ella se sobresaltó. La noche anterior apenas había dormido, porque en el barracón las mujeres no habían dejado de hablar. Al parecer, se avecinaba algo importante. Genie estaba demasiado débil como para mostrar interés por nada. El frío de aquel crudo invierno la había consumido hasta tal punto que apenas era un cascarón vacío.

Mientras aquel guarda volvía a gritarles en un alemán incomprensible para ella, reprimió un bostezo.

—¡Oh, Dios mío! —susurró Halina.

Al oír aquella exclamación, sin embargo, la curiosidad hizo que Genie despertara y mirara de reojo a Halina. En su rostro podía verse puro terror, y eso sacó definitivamente a Genie de su entumecimiento.

—¿Qué pasa?

—Nos trasladan. Debemos ir a otro campo.

—¡Hurra! —replicó Genie en tono cínico.

Halina le dio un golpe con el brazo.

—Escucha, Eugenia. ¡Esto es algo serio!

—¿Y qué? Debemos irnos. No tenemos que hacer las maletas, así que simplemente nos vamos.

Halina y su madre la observaron consternadas. Pero cuando hicieron avanzar a su fila, ambas la cogieron de la mano.

—No te separes de nosotras —le ordenó Halina.

Genie entrecerró los ojos mientras miraba de soslayo las manos que la asían y asintió. Esta vez tenían que permanecer juntas a toda costa. El guarda gritó una orden y toda la columna echó a correr hacia el exterior del campo. Luego, de repente, las hicieron detenerse en seco. A continuación las obligaron a iniciar la marcha, dar media vuelta y caminar en sentido contrario.

—Esto es una locura. No saben adónde llevarnos —suspiró la madre de Halina.

Obviamente, así era. Reinaban el caos y la confusión. Por todas partes podían verse filas de presos avanzando en distintas direcciones. A pesar de estar vigilados por oficiales de las SS armados y con perros, algunos prisioneros consiguieron huir: corrieron hacia el bosque, y Genie vio con asombro que varios de ellos habían podido escapar; desaparecían en la espesura y eran libres como los pájaros. Aunque, en comparación con los pocos que lo lograron, muchos más fueron abatidos en el acto por intentar escapar, mientras sus compañeros de fila eran golpeados como castigo.

El trayecto se les antojó interminable. Tiritando por el frío se abrían camino a través del hielo y la nieve, con cuidado de no tropezar, puesto que los que caían al suelo eran asesinados, o quedaban rezagados y morían congelados. Genie no podía estar más agradecida por haber conservado sus botas, que por lo menos le protegían los pies, mientras el frío le calaba los huesos. No les daban comida, y en lugar de agua lo único que podían hacer era engullir la nieve. Genie suponía que los llevaban de nuevo a un tren de la muerte, pero tenía la impresión de que no conseguirían subir a él con vida. Una y otra vez coincidían con otros grupos de prisioneros, pero los vigilantes los agredían solo con que se atrevieran a establecer contacto visual. Aunque lo peor no era el hambre o los golpes, sino el implacable frío que se había apoderado de sus cuerpos.

—Ha llegado el día. Están sacando a todos los presos de los campos. Tal vez se haya acabado la guerra —murmuró Genie con esperanzas renovadas.

—Por favor. Aunque la guerra hubiera acabado, no nos dejarían con vida. Somos pruebas vivientes de sus crímenes. Sería muy tonto por su parte permitirnos vivir.

—Entonces ¿por qué no nos han matado ya, mamá? —preguntó Halina con el ceño fruncido.

—Probablemente se acerque el fin de la guerra, pero todavía falte un poco. Vamos, hijas: de Auschwitz a Cracovia debe de haber unas dos horas a pie. ¡Huyamos! Algunos lo han conseguido.

—Sí, pero no tenían más de cincuenta años.

—Vigila tus palabras, Halina. Puede ser que ya sea casi una anciana, pero después de todo hemos conseguido sobrevivir. Debemos escapar.

Genie le lanzó una mirada inquisitiva. Ni una sola vez se le había pasado por la cabeza huir, pero quizá ese fuera el momento de aprovechar esa oportunidad. ¿Podrían ellas también correr hacia el bosque y hacia su libertad? Notaba el roce del corazón de cuero que le había regalado Feliks en la bota, como si quisiera advertirles que tuvieran cuidado.

—*¡Deteneos!*

De nuevo una pausa, en esa ocasión para hacer sus necesidades, y Halina la arrastró como siempre a una zanja. Genie no entendía por qué eran las únicas que se aliviaban en una zanja, pero Halina insistía en que era necesario. Tras un par de gotas, Genie fue la primera en ponerse en pie.

—*¡En marcha, rápido!*

Las columnas de prisioneros volvieron a formar apresuradamente para seguir avanzando. Era una tortura.

—Tendríamos que intentarlo en una de las pausas para orinar. Es nuestra única posibilidad.

—¡Mamá!

—Lo digo en serio. Nos dirigiremos a Cracovia, nadie nos echará de menos.

—A excepción de los guardas armados de las SS que nos están vigilando —repuso Halina.

La madre de Halina estaba cada vez más alterada, pero Genie no podía culparla por ello. Suspirando, la cogió de la mano.

—Id vosotras. Lo digo en serio. No me mires así, Halina. Tú y tu madre deberíais intentar esconderos. Pero yo no me iré hasta que encuentre a Feliks. Le amo tanto... Es mi vida, y no trataré de huir hasta que estemos juntos —anunció Genie.

Vio cómo Halina movía la cabeza de un lado a otro, pero le daba igual si querían lanzarse a su perdición. Su único pensamiento era para él. Seguía notando el corazón de cuero en la bota, y eso la hacía sonreír.

Ya había anochecido, y tras un día de marcha sin comer se encontraban completamente exhaustas.

—Alto, zorras. Dormiremos aquí.

Se detuvieron frente a un pequeño granero e intercambiaron miradas recelosas: ahora se trataba de conseguir el mejor lugar para dormir. Todas echaron a correr. Genie no quería pelearse y acabó durmiendo con Halina en el establo contiguo. Puede que se debiera a que el establo era casi acogedoramente cálido, o al resoplar de los caballos, pero, sea como fuere, Genie durmió como no lo había hecho en meses, y cuando los gritos del guarda la despertaron, le sorprendió que el sol ya estuviera alto en el cielo.

—¡LEVANTAOS!

Genie y Halina intercambiaron miradas, y enseguida se pusieron en pie de un salto. Todavía adormiladas formaron junto con las demás en la fila. Los guardas también parecían estar desconcentrados. Por lo menos no les estaban gritando insultos sin parar, como de costumbre.

—*¡Moveos, rápido!*

Genie inició la marcha con paso pesado, bostezando.

—Eugenia.

Ojalá hubieran podido quedarse con los caballos. Si fuera más valiente, habría robado uno y cabalgado en él por todos los campos en busca de Feliks.

—¡Genie!

Salió de su ensoñación, y su sonrisa se esfumó. Miró interrogativamente a Halina.

—¿Qué pasa? Solo intento poner un pie delante del otro.

—Mamá no está.

Genie miró a su alrededor, con los ojos muy abiertos. Sabía que se había dirigido al granero con las demás para buscarse un sitio donde dormir. Pero aquella mañana todavía no la había visto. Alargó el cuello y escudriñó el extremo de la fila.

—Para, deja de hacer eso —masculló Halina.

—¡Pero tenemos que encontrarla! ¿Dónde se habrá metido?

—Tal vez haya huido.

—¿Tu madre? ¿Crees que ha huido? No sabía que todavía podía correr —replicó Genie con voz débil.

—Quizá ha huido realmente en dirección contraria, hacia Cracovia. Si es así, volveremos a encontrarnos allí.

—Eso espero... —Genie miró a su cuñada con nerviosismo.

Su madre había estado siempre con ellas. Y justo ahora, cuando parecía que todo estaba a punto de acabar, tenía que morir. Y Halina parecía no querer aceptarlo.

¿O acaso Halina solo hablaba así para tranquilizarla? Genie ya no sabía qué pensar. Estaba más decidida que nunca a encontrar a Feliks. Él volvería a darle el coraje necesario para seguir viviendo. Debía dar con él; era todo lo que tenía que hacer, simplemente.

Alzó la vista y alargó la mano: estaba empezando a nevar de nuevo.

Tras otro día de marcha llegaron a unos raíles. Un manto blanco cubría el tren de mercancías. Halina y Genie fueron obligadas a subir a un vagón junto a dos supervisoras y sus perros.

Genie había visto con frecuencia cómo los perros devoraban cadáveres, y por eso apretó su cuerpo aún más al de Halina.

Se trataba de unos vagones de carga abiertos, por lo que estaban expuestas por completo al frío y la nieve. No tenían nada de comer ni ropa de abrigo. Genie tiritaba, aunque seguía dando gracias por las botas; los zapatos bajos de otras prisioneras estaban destrozados.

—Halina, tengo mucho frío —susurró Genie mientras le castañeteaban los dientes.

—Cálmate, tu tiritona hace temblar mis huesos. Ven, acurrúcate conmigo.

—¿Dónde crees que nos...?

Genie se interrumpió a sí misma, cuando uno de los pastores alemanes se deslizó muy cerca de ella; se sentó justo delante de la cara de Halina, la cual profirió una risita nerviosa.

Genie se quedó paralizada por el miedo. Había visto ese hocico matar gente. Pero el perro se limitó a subírsele a las piernas y tumbarse a sus pies. Su pesado cuerpo descansaba sobre sus piernas, cubriéndolas casi en su totalidad.

—Por el amor de Dios —murmuró Genie.

—Quédate... quieta.

Halina podría haberse ahorrado aquella advertencia. Genie miraba fijamente, horrorizada, al perro que le calentaba los pies y las piernas.

Durante el trayecto se detuvieron en varios campos, que parecían estar abarrotados. Subieron a algunos prisioneros más al tren, apretujándolos; otros caminaban en infaustas filas en distintas direcciones.

En la siguiente parada las guardas descendieron del tren. El perro se levantó y las siguió.

—*¡Venga, moveos! ¡Rápido!*

Saltaron hacia el exterior y su primer cometido fue descargar los cadáveres de los muchos prisioneros que habían muerto congelados durante el viaje. Los cuerpos helados olían a huevos podridos. Por suerte Genie pudo esconderse detrás de la esbelta Halina, la cual iba sacando del vagón, uno tras otro, los cuerpos sin vida. Lo cierto es que Genie debería haberla ayudado, pero como Halina no dijo ni una palabra al respecto, le pareció que no le importaba que se estuviera escabullendo. Pasó como mínimo una hora hasta que todos los cadáveres quedaron depositados en el terraplén del ferrocarril.

Una vez descargado el tren, prosiguieron la marcha hacia el campo más próximo; más tarde se enterarían de que se trataba de Ravensbrück. Genie albergaba la débil esperanza de poder tal vez encontrarse allí con Feliks, pero por todas partes solo pudo ver mujeres.

De repente, un guarda se plantó frente a ellas, rugiendo:

—*Estáis todas sucias. Primero tendréis que pasar por la cuarentena.*

Las hicieron pasar a una sala enorme.

—*¡Formad una fila!*

Se colocaron alineadas, y les fue repartido un trozo de pan a cada una. A Genie se le hizo la boca agua solo de mirarlo: en su mano había un trozo de cielo. Estaba a punto de hincarle el diente cuando recibió un fuerte empujón y cayó al suelo. Profirió un grito. Otra prisionera la había derribado para intentar arrebatarle el pan de las manos. Genie pataleó, aullando, pero fue en vano. La mujer salió corriendo mientras Halina ayudaba a Genie a levantarse.

—Esa perra. ¿Cómo se atreve...?

—Da igual. No estoy herida.

—Mira, compartiremos el mío. Ahora solo falta mamá, y volveríamos a estar las tres juntas.

Genie engulló sin decir más su trozo de pan. No permitiría que nadie volviera a robárselo.

Las condujeron hacia el exterior, rodeadas de guardas. Hacía un frío terrible, y Genie se sentía insoportablemente sucia. Al parecer volverían a despiojarlas. De modo que se apartó un poco y se desnudó. Se lavó con la nieve, había llegado a un punto en que las miradas de los guardas ya no le afectaban.

En el interior de un edificio se les asignó un nuevo número. Para su gran asombro, Genie y Halina no fueron destinadas al bloque de los judíos. Aparentemente, los vigilantes no sabían qué hacer con ellas. Se rumoreaba que allí habían estado encarcelados los criminales que ahora se encontraban al mando. A Genie ya le daba todo igual.

Por la mañana temprano Genie y Halina tenían que disputarse los pocos grifos que había para poder lavarse. Desde que Halina había tenido que cargar con todos aquellos cadáveres, estaba muy obsesionada con la limpieza, e insistía en este hábito, sobre todo porque su madre se lo había inculcado.

Genie no se quejaba. No quería discutir; ya había bastantes cosas por las que luchar. Cada día tenían que compartir una hogaza de pan entre diez prisioneras. A veces estaba duro como una piedra. Algunas presas incluso se arrodillaban para comer tierra. Genie no se lo podía echar en cara, sobre todo teniendo en cuenta que su comida apenas era mejor que eso. El «café» que les daban era solo agua marrón.

Dormían en catres, y Genie se acurrucaba al lado de Halina.

—¿Qué pasará con nosotras? ¿Con todas las mujeres? No podremos aguantar esto mucho más —suspiraba Genie.

—Me lo preguntas cada noche. Gracias a Dios que en Auschwitz no estábamos en el mismo barracón.

—Lo digo en serio, Halina. No puedo morirme sin haber encontrado a Feliks.

—¿Y entonces podríais morir juntos?

—Sí —respondió Genie meditabunda.

Halina tenía la mirada fija en la litera por encima de su catre. Luego se llevó una mano a los ojos.

—Aquí no solo hay mujeres.

—¿No?

—También hay hombres. En otra zona del campo.

—Ah, ¿sí...? De todos modos, ¿cómo se supone que vamos a sobrevivir?

—Genie —susurró Halina y cerró los ojos—. Buenas noches.

Genie se giró sobre sí misma, pero todavía permaneció despierta largo rato.

No estuvieron demasiado tiempo en Ravensbrück. Las subieron a un tren hacinado y las llevaron a otro campo, con muy pocos barracones. El campo se hallaba en un lugar llamado Malchow, pero eso no era importante.

Apenas podían caminar, y mucho menos trabajar. Tenían la sensación de que los nazis habían decidido dejarlas morir, simplemente. Apenas hacían nada, y cada día se les antojaba como si hubiera transcurrido una semana. Genie no tenía la menor idea de cuánto tiempo llevaban allí, pero le parecía una eternidad. Las obligaban a formar de tres a cuatro veces al día para hacer un recuento. Cuando las convocaban para pasar lista, algunas prisioneras solían desplomarse porque ya no se aguantaban de pie.

Después de unas cuantas semanas evacuaron también aquel campo, y las condujeron de nuevo a pie hasta una gran ciudad. Por el camino vieron aviones americanos en el cielo. Se preguntaban qué querría decir aquello. ¿Habría acabado la guerra? Era difícil saberlo. Halina bromeaba diciendo que debían ondear banderas blancas, y algunas mujeres de hecho empezaron a buscar algo que pudieran enarbolar.

Caminaban sin cesar, casi siempre por campos que parecían infinitos, en los cuales germinaba el primer verdor primaveral. Una noche llegaron a una fábrica de munición con muchos barracones. Genie se acostó en la quinta plataforma. Pero tampoco permanecieron allí demasiado tiempo. Tras un par de días, tuvieron que ponerse de nuevo en camino.

Siguieron más días de marcha. Cuando llegaban a alguna granja, intentaban arrancar los primeros tallos de la incipiente primavera para comer. Las personas con las que se encontraban al pasar los observaban en silencio, y Genie era consciente de que su aspecto era aterrador. En varias ocasiones estuvieron cerca de tropas americanas, también vieron unidades de soldados rusos, pero ninguna de ellas reaccionó en modo alguno.

Parecía que estuvieran avanzando en círculos; alguna vez tuvieron que cruzar el Elba. En una ocasión subieron a un ferry, y Genie pensó que tal vez los guardas querrían arrojarlas al agua para que se ahogaran. En realidad, los vigilantes no sabían qué hacer con ellas: no querían entregar a las prisioneras a los aliados, pero tampoco asesinarlas. Si la guerra realmente había acabado, ¿por qué no venía nadie a salvarlas y a apresar a los nazis?

Tomaron un puente para cruzar el Elba por tercera vez. De pronto unas cuantas mujeres saltaron por encima de la barandilla, y Genie salió de su estado de parálisis con un sobresalto. Los guardas empezaron a disparar, solo se oían gritos por todas partes.

—¡Vamos! —gritó Halina.

Echó a correr y Genie la siguió, hasta que notó un dolor punzante en el talón. Se desplomó, pero Halina la arrastró hasta el final del puente, donde esperaron a que cesara el caos.

—Creo que me han disparado —dijo Genie.

Se sacó la bala del talón de forma automática y la arrojó a un lado. De haber imaginado que iba a sobrevivir, la habría conservado. Pero estaba convencida de que todas iban a morir de todos modos. Hacía años que venía escuchando aquella profecía, y había llegado a creer en ese final amargo.

—Halina, no puedo seguir. Ya no puedo más.

—Tienes que aguantar.

—No puedo, este debe ser el fin —dijo en un murmullo que quedó amortiguado bajo el estrépito de las botas y el ruido de los cuerpos al caer sobre el frío y duro suelo.

Con la mirada empeñada por las lágrimas, miró a la hermana de su amado, mientras oía a los guardas gritar de nuevo:

—*¡En marcha! ¡En marcha, adelante!* —Los gritos les llegaban desde el puente.

—Ay, pequeña. Me temo que esto todavía no ha acabado.

Los guardas seguían disparando sin tregua, aunque ya no quedaba nadie a quien detener. Todas, a excepción de aquellas a las que habían derribado, se habían agazapado esperando a que pasara aquella caótica situación. Los guardas arrojaron los cadáveres por encima de la barandilla del puente, y Halina ayudó a Genie a ponerse en pie.

Volvieron a formar en una sola columna y siguieron caminando, aunque a Genie le sangraba el pie, causándole mucho dolor. Constantemente se quejaba de que no podía seguir, pero Halina hacía como si no pudiera oírla.

—*¡Deteneos!*

Halina arrastró a Genie a un lado, hasta una zanja. Se agacharon y Halina ayudó a Genie a quitarse la bota para examinar la herida. De la otra sacó el corazón de cuero de Feliks, y lo encerró en la mano apretándolo con fuerza entre los dedos.

Un horrible ruido chirriante llegó hasta ellas procedente de la carretera. Y después unos gritos desgarradores. Un camión había atropellado a una madre junto a sus dos hijas. Genie cerró los ojos, seguramente las tres estaban muertas. Pero una de las muchachas profería gritos de dolor. Solo le quedaba una pierna. Los nazis del camión parecían muy alterados. Al parecer había sido un accidente. Qué extraño ver a personas que infligían dolor a otros para luego sentir lástima por ellos. Genie casi se había olvidado de que existían semejantes reacciones humanas.

Un par de hombres saltaron del camión. Comprobaron el estado de las mujeres atropelladas, alzaron a la joven herida y la subieron al vehículo.

—Ojalá estuviera en su lugar. Es como si se estuvieran ocupando de ella. *Perdone* —Halina saludó en tono vacilante a uno de los alemanes que se acercaba a ellas.

Llevaba un uniforme de la Wehrmacht y se acuclilló junto a ellas. Genie tenía la esperanza de que también las hicieran subir al camión. No quería seguir caminando. El soldado rebuscó en su bolsa, y al ver aquel gesto Halina y Genie dieron un respingo. Cuando volvió a sacar la mano, tenía entre los dedos diez marcos, y se los dio a Halina.

De repente apareció una niña que dejó caer una hogaza de pan en su regazo. Genie apenas podía creer tener tanta suerte.

—Gracias... *Danke.*

El soldado y la muchacha las observaban extrañados. Genie no estaba segura del significado de la expresión de sus rostros, pero si estaba en lo cierto, casi le parecían tristes. El motor del camión arrancó, y el hombre se apresuró a subirse a él y huir con los demás.

—¡Vamos, rápido! —urgió Halina.

Con las manos temblorosas por la emoción, Genie partió el pan y le dio la mitad a Halina. La sensación de tener algo en el estómago suscitó en ellas suspiros de felicidad. Llevaban mucho tiempo esperando ese momento.

El cielo se encapotó y enseguida empezó a llover. Empapadas y tiritando volvieron a formar en la fila. Pasaron por varios pueblos, y Genie notó que su cuerpo tenía energías renovadas tras haber comido aquel pan. Tiró de la manga de Halina.

—Halina, no puedo caminar más. ¿Por qué no intentamos escapar? Venga, primero tenemos que conseguir quedarnos rezagadas en el final de la fila.

Halina asintió, y tras la siguiente pausa para orinar pasaron a formar parte de la retaguardia de la columna. Genie examinó a los guardas a su alrededor. El que estaba más cerca de ellas parecía un tanto confiado.

—Esperaremos un poco, y entonces diremos que tenemos que orinar de nuevo. Intenta conversar un poco con el oficial de las SS. Pregúntale qué tienen previsto hacer con nosotras.

Con un suspiro, Halina avanzó un paso y se puso a su altura.

—*Bonito uniforme, aunque esté completamente empapado.*

El guarda la miró un instante. Halina caminaba justo a su lado, y Genie aguzó el oído. Luego tropezó; el pie le dolía muchísimo, y con la lluvia le costaba aún más caminar. Simplemente tenían que huir.

—¿Cuál es el plan, *qué vais a hacer con nosotras?*

—*No lo sabemos* —replicó en un tono seco.

Genie enarcó las cejas. No entendía ni una palabra, pero tuvo la sensación de que le daba absolutamente igual.

—*Debemos ir a aliviarnos* —dijo Halina.

Sin perder más tiempo, agarró a Genie y tiró de ella. Genie cojeaba lo más rápido que podía.

Llovía a cántaros, como si la misma naturaleza quisiera disuadirlas de aquella descabellada idea. La lluvia les golpeaba la cara, de forma que apenas podían ver nada, y sus pies se hundían en el fango.

Un poco más adelante descendieron por una empinada pendiente, y Genie gimió. La salvación estaba tan cerca. Pero la lluvia acallaba cualquier señal de alarma. Para cuando pudieran oír los disparos o los gritos de los soldados de las SS sería demasiado tarde. Solo un par de pasos más…

Halina llevó a Genie hacia una zanja, la cual se dejó caer resbalando sobre el lodo. Jadeando, se agacharon detrás de aquella loma, que se les antojó como un regalo del cielo.

Halina seguía aferrando con fuerza el brazo de Genie, y se llevó un dedo a los labios. Aunque de todos modos Genie no habría hecho el menor ruido.

Poco a poco se iba dando cuenta de lo que ese momento significaba para ambas. Con los ojos muy abiertos contaba mentalmente los segundos. Pasaron unos cuantos minutos. No se oían disparos en su dirección. Por lo menos no de momento. Intercambiaron miradas conteniendo la respiración; no podían creérselo.

Justo entonces Genie notó un roce, y giró sobre sí misma. Había otra mujer, de mediana edad. Presas del pánico, sus ojos miraron en todas direcciones.

Se quedaron agazapadas en silencio, esperando. El paisaje casi parecía como el de un cuadro, a pesar de la lluvia. La hierba refulgía, y los árboles se mecían con el viento. Estaba todo tan… tranquilo y en paz. Una sensación que Genie había olvidado hacía ya mucho tiempo.

—Halina… ¿eso quiere decir que la guerra ha terminado? ¿Somos libres? —masculló Genie.

—Tal vez la guerra haya acabado. Pero todavía no somos libres. Seguimos estando en peligro.

Genie observó la cara de Halina, mojada por la lluvia, y sonrió. No había ningún soldado de las SS a la vista. Y muy pronto aquella columna de prisioneras se convertiría en una oscura sombra tras aquella cortina de lluvia, que se alejaba de ellas hacia un destino incierto. Un destino que Halina y Genie ya no compartirían.

A lo lejos pudieron distinguir la silueta de una granja, y Genie avanzó arrastrándose por la carretera hacia allí, apoyada en el brazo de Halina. La mujer que las siguió cuando descendieron por el terraplén no se separaba de su lado, pero no dijo ni una palabra. Simplemente caminaba tras ellas en silencio.

De pronto Halina les ordenó con un bufido que no hicieran ruido, aunque nadie decía nada, mientras escudriñaba la carretera.

—Viene alguien. Venga, vamos hacia allí —susurró Halina.

Genie apenas podía mantenerse en pie, pero aquella silenciosa mujer la ayudó, y las tres avanzaron hasta llegar a la altura de un hombre de pequeña estatura que se encontraba en medio de la carretera.

—*¿Hola? Buenas tardes. Somos trabajadoras migrantes y necesitamos un lugar para dormir.*

El hombre vaciló y miró con miedo a su alrededor. Genie no podía culparle por su estado de nerviosismo. Halina le puso una mano en el brazo y se inclinó hacia delante. Tras un suspiro, el hombre contestó:

—*Bueno, no puedo hacer gran cosa por vosotras. Pero ahí detrás hay un herrero. Es la última casa a la orilla del río.*

Le dieron las gracias, y Halina ayudó a Genie a salvar la distancia hasta allí lo más rápido posible. Su nueva amiga las seguía.

Al llegar a la casa y llamar a la puerta, abrió una mujer joven que en un primer momento intentó deshacerse de ellas.

—Mirad, tenemos un hijo y no queremos ponerlo en peligro. La guerra por fin ha terminado. Dejadnos tranquilos. No queremos meternos en líos.

—No os causaremos problemas. Por favor, no sabemos adónde ir. Solo necesitamos descansar un poco y decidir qué vamos a hacer —explicó Halina.

En el umbral de la puerta un hombre asomó la cabeza.

—Podríamos necesitar ayuda en la granja. Pero la dueña que

nos arrienda las tierras no debe enterarse. Nos echaría de aquí de inmediato.

—Podemos dormir incluso en el tejado, si hace falta —añadió Genie.

Halina la miró extrañamente divertida, pero Genie se limitó a encogerse de hombros. Como si no hubieran dormido en sitios peores. Además, la familia por fin les había confirmado que la guerra había terminado, y ellas anhelaban que estuvieran en lo cierto. Resultó que la familia que las había acogido con tanta amabilidad procedía de Ucrania, y habían sido enviados a Alemania para trabajar. Al parecer los cristianos también habían sido obligados a trabajar durante la guerra. Aunque nominalmente eran libres, en la práctica eran esclavos de los nazis.

—Os podemos dar comida y ropa limpia. Pero llevad siempre el antebrazo cubierto. Muy pronto vendrán los rusos, y los rumores sobre su comportamiento en su avance a través de Alemania son terribles...

Genie, Halina y su nueva compañera de fatigas no podían creer su suerte al comprobar que tendrían un cuarto para ellas solas. Era pequeño, con una cama de verdad y una colcha; en un rincón había además una silla de madera.

—¡Qué bonito es todo! —susurró Genie.

A la mañana siguiente se hizo evidente la presencia de las tres mujeres. De pronto había el doble de personas de lo habitual en aquella familia, y las huéspedes se abalanzaron hambrientas sobre el desayuno. El niño no podía dejar de mirarlas.

La joven pareja se mostró muy amable. Les dieron ropa limpia y una tina para bañarse. Genie fue la última en hacerlo, y también la que más tiempo se tomó. Permaneció metida en el agua hasta que se le quedó arrugada la piel de los dedos. La herida del tobillo ya no le dolía: la había podido limpiar a fondo y ya no hacía tanto frío. No pudo evitar pensar que habría sido mucho peor si su padre no le hubiera insistido en no quitarse nunca las botas. Aquellas gruesas botas de esquí habían amortiguado la fuerza con la que había impactado la bala. Su padre le había salvado la vida, y Genie estaba deseando poder agradecérselo en algún momento.

Al día siguiente a cada una de ellas le fue asignada una tarea. A Genie le tocó ayudar al padre de la familia con el heno en el campo. Obviamente no sabía manejar la guadaña, pero le acompañó sin decir palabra. Él le indicó que cogiera un cesto, la guio a través del campo y le enseñó cuál sería su cometido: recoger el heno que él cortaba en el cesto. Cuando este estuvo lleno, él le ofreció una sonrisa.

—Ahora ve al establo y deja el heno dentro. Y cuando hayas acabado, regresa con el cesto.

Genie asintió para hacer de inmediato lo que le había encomendado. De pronto todo parecía fácil, y se sintió como si su corazón estuviera a punto de estallar.

Casi cada noche se oía la alarma de ataque aéreo en el pueblo. Y finalmente llegaron los rusos. Invadieron la zona, saqueando todo lo que se les ponía por delante. Cada vez corrían más rumores terroríficos sobre la conducta de los soviéticos, sobre todo en lo tocante a las mujeres. Ya nadie estaba seguro. Halina tenía razón. La situación seguía siendo bastante peligrosa para ellas. Pasaron dos semanas más, y la familia seguía siendo amable y paciente con ellas. Y cuando por fin llegó la noticia que confirmaba que la guerra de verdad había acabado, su actitud hacia ellas se tornó incluso más afectuosa.

Sin embargo, no podían quedarse allí para siempre, sobre todo ahora que tenían la esperanza de poder volver a moverse libremente. Con gran pesar, se despidieron de la familia y se dirigieron a la estación de tren más próxima con la intención de regresar a casa.

Se pusieron en marcha cargando sus nuevas pertenencias en

un pequeño hatillo. Consiguieron llegar sin problemas a la estación más cercana. Se apoyaron en una pared de ladrillo, y Halina intentó averiguar cuándo salía el siguiente tren a Polonia. Unos cuantos soldados pasaron a su lado riendo, y se quedaron mirando a las tres muchachas. Uno de ellos alzó una mano, y sus amigos se detuvieron en seco.

—Bueno, ¿qué hacen estas bonitas damas por aquí?

Genie cogió a Halina del brazo mientras escudriñaba el andén en busca de alguna posibilidad de huir.

—Vamos a Polonia. Que tengáis un buen día —espetó Halina moviendo la cabeza de un lado a otro.

—No tengáis miedo. No tardo mucho, y mis amigos son aún más rápidos.

Halina lanzó una mirada nerviosa a Genie, aunque ella tampoco supiera cómo salir de aquello. Todo el mundo estaba al tanto de lo que los rusos hacían con las mujeres.

—Abríos de piernas y nos ocuparemos de que lleguéis a Polonia.

—No os andáis con rodeos, ¿no? —bromeó Halina con el ceño fruncido.

—Si tenéis prisa, no quiero haceros perder el tiempo. No nos hagáis desperdiciar el nuestro. Venga, vamos.

Trajo a Halina hacia sí, y los demás soldados las rodearon por detrás. Genie estaba acongojada. Buscó a alguien que pudiera ayudarlas, pero ninguna de las personas que esperaban en el andén se dignó siquiera a mirarlas. Nadie las socorrería. Eso no había cambiado.

Genie pensó en Feliks y en el corazón de cuero que le había regalado. Su amor la había ayudado a soportar Auschwitz y los horribles días invernales de marcha. Y ahora que la libertad parecía estar al alcance de su mano, casi podía sentir físicamente sus cálidos abrazos. Le había regalado su corazón para que nunca se diera por vencida.

Entonces Genie avanzó dando un salto, agarró a Halina y tiró de ella hacia sí. El soldado en un primer momento se quedó atónito, pero enseguida se puso furioso. Sin embargo, antes de que pudiera decir nada, Genie le interrumpió.

—Soy una mujer casada. Hemos sobrevivido al horror de un campo de concentración, y estamos más que contentas de que nos hayáis liberado. Los nazis eran unos bestias. Verdaderamente horribles. Sí, nos habéis liberado, pero prefiero que me matéis aquí mismo a acostarme con vosotros —anunció con toda la determinación de la que pudo hacer acopio.

Los soldados intercambiaron miradas en silencio, mientras Genie se aferraba a Halina y la otra mujer tomándolas del brazo. El líder de los soldados miró de arriba abajo a Genie. Se mesó la barba y después pareció haber tomado una decisión.

—Venid.

Dijo algo en ruso a sus hombres, y estos se pusieron en marcha con paso firme y desaparecieron tras una esquina. Genie profirió un suspiro y bajó la vista al suelo.

Entretanto, un tren había hecho entrada en la estación, y la gente estaba intentando subir a él. El caos era absoluto debido a la cantidad de personas que querían viajar en aquel ferrocarril, algunos con equipaje, otros tan solo con lo puesto. Los soldados rusos intentaron restablecer el orden, pero la muchedumbre era abrumadora.

De pronto, aquel soldado ruso volvió a acercarse a ellas, y Genie pudo reconocer a sus camaradas pisándole los talones.

—Este es vuestro tren. Lo siento. No tenemos nada más, pero, por favor, aceptad esto en señal de amistad. —Les hizo un guiño y les puso un cesto lleno de comida en los brazos. Pesaba tanto que casi hizo que ambas se tambalearan. Halina y Genie no sabían qué decir. Aunque al parecer no hacía falta, puesto que los soldados las ayudaron a subir al tren sin más tardanza.

—¿Esto está sucediendo de verdad? —susurró Genie al oído de Halina al entrar en el vagón.

Apenas podía creer haber tenido tanta suerte. Famélicas, se abalanzaron sobre las provisiones.

El tren arrancó con una sacudida, y los rusos siguieron saludando con la mano hasta que la estación quedó difuminada por el humo. Era como si fuera un sueño. Se dieron un festín de pan y mermelada, lamieron todos los recipientes y recogieron incluso todas las migas del suelo. Aliviadas se sonrieron mutuamente: por fin empezaban a creer que la guerra había terminado.

La búsqueda
1945

Halina estaba desesperada. Creía que su madre había conseguido escapar y se encontraba en un lugar seguro. Pero al llegar a Cracovia no había podido encontrarla.

Los últimos días los habían pasado en las instalaciones de la Cruz Roja, donde intentaron ayudarlas, al menos hasta que los aliados fueran resolviendo todo lo demás. Los trabajadores de la Cruz Roja se mostraron muy amables, les proporcionaron comida y una bonita habitación de un apartamento. La mujer silenciosa se quedó en aquellas instalaciones, y ya no supieron más de ella.

Pasaron los días sin tener señales de vida de la madre de Halina. Sabía que su padre había muerto en las cámaras de gas de Auschwitz, y por eso buscaba aún más frenéticamente a su madre. Y también a Büttner, puesto que creía a pies juntillas que en realidad no era un nazi. A Genie aquella búsqueda le parecía un sinsentido, pero Halina no cejaba en su empeño. Casi nunca estaba en aquel cuarto que compartían, solo regresaba para comer, y enseguida volvía a emprender sus pesquisas.

Genie también albergaba grandes esperanzas. Un buen día se armó de valor y acudió de nuevo a la Cruz Roja. El miedo a saber le había impedido hacer indagaciones. Seguía aferrándose a la creencia de que su familia había ido a parar a otro campo, porque la otra opción le resultaba insoportable. Pero había llegado el momento de saber la verdad.

Llegó hacia el mediodía. Había largas colas que se extendían a lo largo de la orilla del río, avanzando lentamente: cientos de refugiados y gente sin hogar esperaban para recibir algo de comer. Genie se alegró de no tener que estar en aquella fila. En lugar de eso se dirigió a otra zona de la enorme tienda, en la que a veces se oían sollozos, otras gritos de alegría. Aún irresoluta, Genie esperaba recibir noticias alegres. Tras un biombo también había una cola, aunque no tan larga, que acababa frente a una mesa.

La fila avanzaba muy despacio. Una mujer joven rompió a llorar y fue conducida a otra mesa, en la que un trabajador distinto se sentó a su lado y le posó una mano en el hombro. El siguiente era un hombre que debía de tener unos cuarenta años y leyó con una sonrisa de dicha la nota que alguien le había depositado en la mano. Genie esperaba temblorosa poder tener noticias de su familia.

—Siguiente, por favor. Dime los nombres de las personas a las que estás buscando, querida.

Genie dio un paso adelante con una sonrisa de vacilación. Facilitó los nombres de sus padres y hermanos. Su cuerpo entero empezó a temblar. Le pareció que pasaba una eternidad, mientras el trabajador de la Cruz Roja revisaba el registro que tenía sobre la mesa. Deslizaba el dedo sobre la lista de nombres. Con cada página que pasaba, la esperanza de Genie iba en aumento. Tal vez los supervivientes estaban al final de todo. Se imaginó el reencuentro con sus padres. Primero se echaría en brazos de su padre y no le soltaría. Luego se sumaría a ellos su madre, y Jurek y Halinka se colarían por en medio, y todos se abrazarían. Después de todo lo que les había pasado, juntos volverían a recuperar su antigua vida.

A Genie le habían explicado muchas cosas de la vida. Cómo había que vivir. Cómo era posible sobrevivir y salir adelante. La vida es hermosa, le decían. Un placer. Un regalo. Una oportunidad de marcar la diferencia. Pero ahora también sabía que se podía existir sin vivir. ¿Cuál era la diferencia? Que esta última opción no tenía sentido.

El objetivo vital de Genie siempre había sido bastante abstracto. Algo que el destino mantenía fuera de su alcance. Una meta que nunca podría alcanzar. Pero ¿debería buscar el sentido de la vida como si estuviera escondido detrás de un arbusto, esperando a ser encontrado?

El sentido de la vida procedía del interior, y ese era exactamente el problema. Siempre había buscado el sentido de su vida en un único lugar: su familia.

—Lo siento mucho. Al parecer Jurek Wein, de catorce años, y Halinka Wein, de siete, fueron asesinados en las alcantarillas del gueto. En marzo de 1943. Y el señor Henryk Wein y su mujer, Regina Wein, fueron asesinados en una fábrica. Todos el mismo día. También has preguntado por Lilli y Helga Schlanger. Lilli también fue asesinada en las alcantarillas, y Helga se ahogó durante el naufragio de un buque en el mar Báltico. ¿Alguien más, querida? —Los ojos de aquel hombre rezumaban una profunda compasión.

Genie no podía respirar. Retrocedió un paso y se llevó la mano al corazón.

Evidentemente, la Cruz Roja había sido de gran ayuda, pero a pesar de ello en ese momento se sintió como si le hubieran dado el golpe de gracia. El hombre que se hallaba justo detrás de Genie le puso una mano en el hombro.

—¿Puedo ayudarla?

Se puso en pie y con un movimiento brusco le apartó la mano. Huyó a toda prisa de una trabajadora de la Cruz Roja que iba hacia ella. Solo quería salir de allí.

Todo lo que hasta entonces había dado sentido a su vida se había desvanecido. Al enterarse de que su familia estaba muerta sintió vértigo. Por su mente se deslizaban atropelladamente muchas imágenes. ¿Habrían muerto de un disparo en la cabeza? ¿O les habrían disparado en otra parte del cuerpo, y se habrían desangrado lentamente? ¿Habrían sufrido dolor? ¿Dónde estarían sus cuerpos? ¿Los habrían quemado, o tal vez arrojado a una fosa común? ¿Quién les habría disparado la bala que acabó con sus vidas? ¿Era ella quien tenía la culpa?

Se dirigió de regreso a su cuarto, tropezando, tambaleándose, como embriagada. Al abrir la puerta vio a Halina. Parecía como si hiciera un buen rato que estaba esperando a Genie.

—¿Dónde estabas...? —espetó.

Genie se dejó caer en sus brazos. Halina no dijo nada, mientras los sollozos de Genie sacudían los cuerpos de ambas. Halina interrumpió su búsqueda durante unos cuantos días para quedarse con ella, asegurándose de que comiera algo y durmiera un poco.

El duelo era como los tentáculos de un monstruo marino que la arrastraran al fondo del mar. ¿Cómo podría encontrar un nuevo sentido a su vida desde ahí abajo? Estuvo llorando sin parar durante semanas, día tras día.

Estupor. Sufrimiento. Agonía del alma. Sentimiento de culpa. Oscuridad. Genie ya no conocía otra cosa. ¿Cuánto tiempo había pasado? No lo sabía. ¿Qué era el tiempo? En su pena abismal, cada momento del día en que estaba despierta el concepto «tiempo» había perdido su sentido. Sufría una agonía sin fin. Sentía como si algo la estuviera succionando sin remedio hacia un profundo agujero negro. Hacía tiempo que había dejado de aferrarse al borde, ahora ya no tenía dónde agarrarse. Estaba atrapada en lo más profundo del epicentro, en su pena, de la que no había escapatoria.

Cuando sus lágrimas se secaron, se abrieron paso hasta sus oídos las voces de otras personas, como amortiguadas. Oía a

Halina hablar. Expresiones de aliento de gente desconocida que venía de visita. El pésame de otros. Tras dos semanas Halina se hartó. Había invitado a toda esa gente con la esperanza de que animaran a Genie. Había otros muchos supervivientes que se torturaban a sí mismos con idénticos sentimientos de culpa y pena.

Aunque Genie supo apreciar los esfuerzos de Halina, no sirvió de nada. Lloraba tanto que le sorprendía que todavía pudieran fluir más lágrimas. Sufría además tal deshidratación que siempre le dolía todo, entre otras cosas las extremidades; los músculos seguían flácidos. Y bajo el peso que sentía en su pecho, apenas podía respirar. Halina le decía que dormir le haría bien, pero tampoco ayudaba demasiado. Genie temía los sueños que cada noche le traía. Eran de dos tipos. Había una clase de sueños en los que Genie y su familia llevaban una vida absolutamente normal: su padre tocaba el piano y su madre cantaba en el salón; observaban cómo esquiaban sus hijos, y también cómo abrían sus regalos en Janucá; Jurek y Halina jugaban con ella en el parque, y juntos corrían por toda la ciudad.

Con mayor frecuencia soñaba con su *tat*, porque con él había pasado los momentos más felices de su infancia. Siempre le sonreía. Incluso cuando la reñía porque no ayudaba con las tareas de casa, lo hacía sonriendo.

Genie odiaba esos sueños porque al despertar inevitablemente se daba cuenta con horror de que solo eran eso, sueños. Y de que lo soñado nunca más podría volver a suceder en la realidad.

Peor aún eran los otros sueños, aquellos que ya mientras dormía resultaban insufribles. Una y otra vez veía su propia muerte. Nunca antes había tenido esa clase de sueños. Sin embargo, ahora casi no había ninguno en el que los nazis no la persiguieran y acabaran con ella.

Lo más terrible era que siempre corría la misma suerte. Ya

había perdido la cuenta de cuántas veces le disparaban en el pecho en aquellos sueños. Estaba jugando con Halinka cuando un soldado derribaba la puerta y abría fuego contra ella. O caminaba por los pasillos de la escuela y al doblar una esquina un desconocido sin rostro le pegaba un tiro. O estaba en el cine con Mietek y un nazi sentado a su lado se ponía en pie de un salto y le incrustaba una bala en el pecho. El sueño se reproducía en innumerables variantes. Genie podía verse a sí misma, horrorizada, con la boca abierta, y el dolor en sus ojos velados. Siempre oía cómo se estrellaba su cuerpo contra el duro suelo con un ruido sordo, y veía cómo su pecho se elevaba y descendía por última vez. Y cada vez que moría, se despertaba sobresaltada y sentía literalmente un doloroso orificio en el pecho. Era espantoso, y Genie poco a poco volvió a sentirse invadida por el miedo. Las pesadillas la consumían como una enfermedad. Un día por fin se lo contó a Halina.

Genie se sentía agradecida a Halina por haberse mostrado dispuesta a escucharla. Su cuñada dejó hablar a Genie, sin interrumpirla con ningún comentario, limitándose a asentir con la cabeza. Y después decidió que Genie tenía que hablar con un rabino.

Era una tarde calurosa más, y Genie estaba acostada en su cama hecha un ovillo, como de costumbre. Ese día, sin embargo, el silencio habitual quedó interrumpido al abrirse la puerta.

—¡Eugenia! Ya está aquí —gritó Halina impaciente.

Con un suspiro, Genie apartó la colcha. A cámara lenta hizo descender de la cama una pierna, y luego la otra. Fue hasta la cocina arrastrando los pies y se dejó caer en una silla. Halina y el rabino seguían de pie en el umbral.

—Lo siento, rabino Kohler. Por favor, disculpe a mi cuñada. No es precisamente el mejor ejemplo de buenos modales en estos momentos —dijo Halina en tono burlón.

Genie mantenía la mirada fija en la mesa.

—No pasa nada, querida. Por favor, si nos disculpas —insinuó el rabino Kohler con un gesto de cabeza.

Halina sonrió, y luego lo miró boquiabierta.

—Ah, ¿se refiere a mí?

—Sí. Me gustaría hablar a solas con Eugenia.

Halina alzó las manos en señal de aceptación y dirigió a Genie una mirada admonitoria, para después cerrar la puerta tras de sí. El rabino tomó asiento a la mesa. Apoyó la barbilla en una mano y se quedó observando a Genie.

Ella no levantó la cara, aunque podía notar su mirada. Pasaron unos cuantos minutos, y se preguntó cuándo empezaría el sermón. ¿Cuánto tiempo esperaría hasta dar inicio a su monólogo, para decirle que debía considerarse sumamente afortunada por haber sobrevivido? ¿Que debería dar gracias a Dios todos los días?

En algún momento se preguntó quién de los dos rompería antes el silencio, y alzó la vista de la mesa. Sus ojos se encontraron, y ella suspiró.

—Sé por qué ha venido. Y no creo que me pueda ayudar —murmuró Genie.

—¿De veras? ¿Por qué estoy aquí, pues? —preguntó el rabino Kohler en tono amable.

Posó las manos cruzadas sobre la mesa. Genie quería gritar, dejar salir la rabia y la pena, echarlo de allí; pero no pudo. Su energía era tan... tranquilizadora. Su mirada era distinta, absolutamente libre de compasión y vergüenza. El rabino solo veía a Genie, a la muchacha que estaba sentada frente a él. Ella vaciló un momento, y luego rompió el silencio.

—Supongo que Halina se lo habrá contado todo. Que estoy sola y ya no me quedan fuerzas para ver lo positivo y estar agradecida por seguir con vida. Puesto que millones de personas han muerto, pero yo no. No me asesinaron. Estoy aquí, y solo por eso debería dar gracias. Debería vivir mi vida, tan merecida, en nombre de todos los demás que ya no pueden. ¿Estoy en lo cierto?

—Sí, creo que has hecho un buen resumen —respondió él con voz tranquila.

Genie se reclinó en su silla, esperando atemorizada las siguientes palabras, hasta que no pudo soportarlo más:

—Entonces dígame sin más dilación lo que les cuente a los demás, empiece ya con su discurso de rabino.

Él le ofreció una sonrisa, lo cual precisamente no sirvió para que Genie se pusiera de mejor humor.

—Por mucho que me guste el «discurso de rabino», como tú misma acabas de decir, tienes muchos motivos para estar agradecida y vivir una vida plena; y sin embargo, quieres que te dé permiso para ello. Quieres que alguien te diga que tienes que dejar de estar triste. No obstante, hija mía, eso no funciona así. Eres tú misma quien tiene que elegir ese camino.

Genie no sabía qué decir. Con la boca un poco abierta se quedó mirando al rabino desconcertada.

—No..., no lo entiendo. ¿A qué se refiere? ¿Simplemente tengo que decidir si quiero ser feliz? Como si eso fuera tan fácil. —La voz de Genie rebosaba sarcasmo.

Se puso en pie de un salto y empezó a deambular por la estancia.

—Por supuesto que no es todo tan fácil. Nuestros sentimientos no siempre surgen de forma natural. A veces tenemos que darles un empujoncito. Por ejemplo, vamos al cine para animarnos, o compartimos una comida con la familia para recuperar la confianza. La decisión de ser feliz en sí misma no es difícil; lo que resulta más peliagudo es preservar esa felicidad. Escucha, Eugenia, eres una víctima de esta guerra, ¿no?

Genie asintió y volvió a sentarse, sin perder de vista al rabino.

—Pues no, eso no es cierto. Eres una superviviente. Sí, has

sufrido. Sí, has experimentado grandes pérdidas. Has soportado cosas que la mayoría de la gente ni siquiera podría imaginar. Pero no debes permitir que otros te digan cómo has de enfocar tu propia historia. No tienes por qué seguir así. No te ahogues en tu pena. Elige la esperanza. Separa el pasado de tu yo actual. Son cosas independientes: tu yo del pasado, hambrienta y exhausta hasta el punto de abandonarte a ti misma en Auschwitz. Y tu yo actual, aquí sentada en este bonito apartamento, hablando con un viejo rabino, que solo pretende ayudarte. Llora si lo necesitas, niña, pero no porque hayas asumido la pena como tu futuro yo. No eres tus sentimientos, y tienes que aprender a reconocerlos por lo que son en realidad: sentimientos. Pero no son tú.

Genie estaba anonadada. Aquellas palabras llegaron a su helado corazón, y resonaron con fuerza en su interior. Se trataba de sanar, de un nuevo comienzo.

Pero ¿estaba Genie preparada para eso? Sin más palabras, empezó a sollozar y se arrodilló ante el rabino. Él le puso una mano en el hombro y no la retiró hasta que dejó de llorar.

El hecho de que la Cruz Roja hasta entonces no tuviera ninguna información de Feliks le dio a Genie esperanzas renovadas, puesto que eso significaba que todavía existía alguna posibilidad de que siguiera con vida. Y ella decidió centrar todas sus energías en ese pensamiento. Feliks era lo único que le quedaba. Su anhelo por dar con él era tan intenso que estuvo a punto de lanzarse a buscarlo en los campos de concentración donde habían estado. Pero la Cruz Roja le aconsejó que se quedara donde estaba. La convencieron de que para él sería más fácil encontrarla si permanecía en un mismo lugar. La idea de que Feliks tal vez la estuviera buscando era como una mano fresca en su frente febril. Podía esperar. Y por eso decidió pasar su tiempo con la comunidad judía, y preguntar por Feliks a quienquiera que encontrara. Salía por la mañana después de desayunar. Casi siempre se comía sola su pan con mermelada, porque Halina pasaba mucho tiempo fuera buscando a su madre y a Büttner. Y cuando estaba en casa, le insistía en que tenía que buscar un trabajo. Pero no se quedaba demasiado tiempo, enseguida volvía a desaparecer, y Genie empezó a preocuparse por ella.

Hasta ahora no había podido conseguir ninguna pista sobre el paradero de Feliks. Nadie había coincidido con él en ninguno de los campos de trabajo. Nadie sabía dónde estaba. Pero Genie persistía con obstinación. Fue de puerta en puerta, asombrada de sí misma. Antes de la guerra ni en sueños habría podido hacer algo semejante. Sin embargo, ahora había conseguido hacer acopio de valor. Había tantas cosas mucho peores que llamar a la puerta de un desconocido...

Genie hizo nuevas amistades. Personas que le ofrecieron una taza de té y pastas, y que no se sentían inhibidas en su presencia. Solo se sintió incómoda en alguna ocasión con hombres solteros. En caso de que se produjeran demasiadas miradas sugerentes y promesas de que ahora debían mantenerse unidos a toda costa, Genie no repetía su visita.

Sobre todo eran las mujeres quienes más solidarias se mostraban en aquellos tiempos oscuros. Se contaban unas a otras los avances de sus respectivas búsquedas y se consolaban mutuamente. Y además, preguntaban por Feliks a todos aquellos que conocían, y Genie hacía lo mismo por ellas.

Hubo un día especialmente decepcionante. Regresó agotada al apartamento. Todas las personas con las que se había reunido estaban considerando la posibilidad de emigrar a América para escapar de las tropas de ocupación rusa. Una de las amigas de Genie ya había huido. Había encontrado de repente una posibilidad de salir, y se esfumó en cuanto pudo pagar el pasaje.

Parecía que algunos incluso temían que los rusos tuvieran pensado tratar a los judíos igual que habían hecho los nazis. Algunas mujeres ya habían sufrido sus abusos, y no querían volver a tener nada que ver con los soviéticos en toda su vida.

Tras un nuevo día infructuoso, Genie volvió al apartamento, se dejó caer en la cama y ocultó el rostro entre las manos.

—¿Qué voy a hacer? —susurró.

Sus amigas emprendían una nueva vida, pero Genie se sentía como atrapada en un reloj de arena al que dieran la vuelta continuamente, y todo se repetía una y otra vez.

De pronto oyó que llamaban a la puerta. Genie se incorporó sorprendida. Halina nunca llamaba. Se apresuró hacia ella para abrirla. ¿Sería posible? ¿Por fin habría conseguido dar con ella Feliks? Genie contuvo la respiración mientras accionaba el picaporte y reconocía a la persona que tenía frente a ella.

—Probablemente no es a mí a quien esperabas, ¿no? Vamos, no te quedes ahí parada como un pasmarote. Estoy molida.

La madre de Halina entró en el apartamento, y Genie cerró la puerta tras ella.

Le acercó una silla y le trajo pan y mermelada de la Cruz Roja.

—¿Cómo estás? ¿Cómo conseguiste…? ¿Cómo has estado desde entonces?

Genie calló y se quedó mirando absorta a su suegra, que en ese momento le parecía como si fuera un espectro.

—Ay, deja las formalidades. Pues hecha un asco, como todos. Todas las demás murieron, debes de estar sorprendida al ver que sigo con vida.

—Estoy tan contenta de que estés aquí. ¿Qué paso exactamente? ¿Te escapaste? —Genie se acordó de que tras aquella noche en el granero le habían perdido la pista. Al reemprender la marcha por la mañana no había ni rastro de ella, pero estaba claro que había conseguido huir.

—No.

—¿No? No lo entiendo. Aquella mañana ya no estabas. Pensamos que…

—Busqué un lugar cálido en el sótano, y allí encontré un poco de vino. Bebí un par de tragos, y hambrienta como estaba, el alcohol me dejó casi inconsciente de inmediato. Me quedé dormida, y al despertar al día siguiente ya no había nadie.

—¡Cielo santo! —Genie se llevó una mano a la boca. Luego se encogió de hombros y le ofreció una sonrisa.

—Después me uní a otro grupo. Me daba miedo tener que afrontar todos los peligros yo sola, a mis cincuenta años. Seguramente os pasó algo parecido.

En ese instante Genie ya no pudo contener sus emociones. ¡La madre de Halina había estado durmiendo toda la mañana tras embriagarse! Ojalá estuviera allí Halina. ¿Dónde se habría metido?

—Tengo que preguntarte algo. ¿Crees que Feliks sigue vivo? Le he buscado por todas partes, cada día voy a la estación, pero… —Genie no acabó la frase.

—Ay, hija mía. No te hagas ilusiones. No creo que siga con vida. Todos han muerto. Y los pocos que han sobrevivido tienen que empezar de cero, una nueva vida. Eres joven; deberías partir junto con los demás hacia América. Si pretendes esperar a Feliks…, sería como confiar en que me hicieran reina de Polonia.

Genie bajó la mirada y notó cómo una lágrima le caía en el dorso de la mano; la madre de Halina le cogió ambas manos entre las suyas.

Pero le daba igual lo que dijeran los demás: Genie seguía buscándolo. Casi cada noche, las tres mujeres se contaban las novedades mientras tomaban su té con pan. La madre de Halina las animaba una y otra vez a hacer planes para el futuro, sugiriéndoles que acabaran su formación, o que se pusieran a trabajar en la Cruz Roja. Solía sentarse en la cama con los pies en alto. Seguía siendo tan brusca como siempre, pero las amigas de Genie conseguían hacer que sonriera.

Después de tomar el té con las vecinas, Genie se iba a pasar la tarde a la estación. Lo primero que hacía era deambular de un lado a otro durante aproximadamente una hora, describiendo a Feliks a los pasajeros que esperaban su tren, y preguntando si le habían visto. También preguntaba a los maquinistas y al personal de taquilla, los cuales, todos los días, cuando veían llegar a Genie, sacudían la cabeza de un lado a otro antes de que pudiera repetir la pregunta. Cuando la estación se quedaba vacía, Genie se sentaba en un banco a esperar el siguiente tren.

Una noche Halina le preguntó a Genie si no le resultaba aburrido pasarse todo el día dando vueltas por la estación. Genie se encogió de hombros sin mediar palabra. Después de todo, había cosas mucho peores. Sentarse en un banco de madera y sentir el viento revolviéndole el pelo, que se estaba dejando crecer de nuevo, no le parecía una forma tan desagradable de pasar la tarde.

Por otro lado, así tenía una excusa para no buscar trabajo. Se negaba a trabajar hasta haber encontrado a Feliks. Sin él no había ninguna razón para ganar dinero. ¿Para qué? Solo con Feliks quería tener una familia, y entonces sí necesitaría un empleo. Hasta que eso no sucediera, pasaría sus días en la estación, persiguiendo a la gente que subía y bajaba de los trenes. Y cuando la estación se quedaba vacía, esperaba al siguiente tren. Sabía..., simplemente estaba segura de que en algún momento Feliks llegaría en uno de ellos.

La madre de Halina le aconsejaba constantemente que se planteara si no debería emigrar a América. Sería una oportunidad de comenzar una nueva vida. Genie era una joven hermosa y tenía toda la vida por delante. Pero ella se mantenía firme. En la Cruz Roja le habían recomendado que esperara a Feliks, y eso es lo que hacía. No se movería de allí hasta que lo hubiera encontrado.

Genie iba a la estación de trenes y esperaba, día tras día. Y así transcurrieron seis meses.

Dos amigas más de Genie decidieron marcharse, y ella las acompañó a la estación. Aquellos que deseaban emigrar necesitaban de considerables recursos económicos, pero ellas habían encontrado quienes las avalaran en América. Le pidieron a Genie que se reuniera con ellas más adelante, aunque por supuesto también comprendían que no se diera por vencida en su búsqueda.

Sus amigas agitaron sus pañuelos desde la ventana de su compartimento, riendo, y Genie se despidió de ellas saludando con un brazo. Meditabunda, se dejó caer en un banco y se preguntó si alguna vez volvería a estar tan alegre como ellas ahora.

Empezó a balancear las piernas. Pero poco a poco fue cayendo en el desánimo; se puso en pie con un suspiro. Ver a sus amigas tan ilusionadas ante su futuro no la había animado precisamente. El grupo de sus amigas cada vez era más reducido; y sin embargo, quedarse había sido su propia decisión.

Justo cuando estaba a punto de irse de la estación, su mirada se posó en una mujer con un niño. Genie la examinó con más detenimiento. Conocía a aquella mujer, la había visto antes en algún lugar. De repente, el corazón le dio un vuelco.

—¿Frau Rosner? ¿Manci Rosner? —la llamó Genie. Estaba del todo segura: era la mujer de Henry, un amigo de Feliks que él le había presentado en Plaszow. Le parecía que hacía cien años de eso.

La alcanzó en el paso subterráneo.

—¡Ah, hola! Eres la mujer de Feliks, ¿verdad?

—Sí, sí, soy yo. ¿Sabe algo de él? —le preguntó Genie esperanzada.

A punto de llorar, aferró una de las manos de Manci Rosner, la cual pareció comprenderla, y le ofreció una leve sonrisa.

—Lamentablemente no. Pero mi marido está vivo. Henry está en Múnich. Le debemos la vida a Oskar Schindler. Los tres trabajamos para él en su fábrica. Soy consciente de que podemos considerarnos afortunados.

—Me alegro muchísimo. Su marido es un músico extraordinario. Frau Rosner, tengo que pedirle un favor. ¿Sería tan amable de preguntar a su marido por Feliks? Por favor, pregúntele dónde cree que puede estar —le rogó Genie.

—Por supuesto, lo haré —respondió la mujer, amable.

Le posó una mano en el brazo a Genie y notó que estaba temblando. Henry y Feliks eran viejos amigos y todavía estaban en el mismo campo cuando Genie fue obligada a abandonar Plaszow. Tal vez sabría algo del paradero de Feliks. Genie se despidió con un gesto de la mano y dio media vuelta. Pero antes de que se hubiera alejado demasiado, Manci la llamó.

—¡Eugenia! Estoy segura de que la vida te deparará muchas alegrías —aseveró mientras señalaba con la barbilla a su hijo.

Genie sonrió cortésmente y giró sobre sí misma para marcharse en la dirección contraria. En cuanto estuvo fuera de su vista, echó a correr hacia el apartamento. Estaba impaciente por contarles aquel encuentro a Halina y a la madre de esta.

—Han pasado semanas, Eugenia. Creo que deberías ir al conservatorio y retomar tus estudios.

Genie dejó caer la cabeza sobre la mesa con un gruñido. Halina no cejaba en su empeño.

—Sé que Manci Rosner te ha dado esperanzas, pero solo porque su marido haya sobrevivido, eso no significa…

—¿No significa el qué? ¿Que Feliks también haya podido sobrevivir? —espetó.

Se lanzaron mutuamente miradas que echaban chispas. La madre de Halina alzó las manos a la defensiva, pero Halina se llevó airada los puños a las caderas.

—Óyeme bien. Deseo más que nada en el mundo que mi hermano siga vivo. Pero la vida a veces es injusta. He dejado de buscar y empezado a trabajar. Y tú deberías hacer lo mismo. La Cruz Roja no nos dejará vivir aquí toda la vida.

—Pero si odias tu trabajo.

—Es solo un trabajo, Eugenia. A Feliks también le gustaría que hicieras algo —dijo Halina refunfuñando.

Genie se puso en pie de un salto y se plantó ante Halina.

—Venga, tranquilizaos las dos —intentó apaciguar la madre.

—No te atrevas a decirme lo que a mi marido le gustaría. Soy la única que lo está buscando.

—Sí, hablas con los vecinos mientras te invitan a tomar el té, y te pasas el día en la estación de tren, una forma verdaderamente intensa de buscar.

—Halina. Basta ya. Venga, vamos a buscar algo de comer. Ahora mismo.

Resoplando de ira, Halina se dejó llevar hacia el exterior por su madre. Genie apartó la silla y se dejó caer en la cama.

Poco después llamaron a la puerta, y Genie profirió un gemido. Seguro que Halina había dejado a su madre en la Cruz Roja y regresaba para seguir discutiendo.

—¡Piérdete!

La puerta se abrió, y Genie ya podía imaginar la expresión de reproche en el rostro de Halina.

—¡No quiero verte! ¡Me pones enferma! Estoy harta de la forma en que hablas de Feliks. ¡Está vivo! ¡Está vivo y os equivocáis si creéis lo contrario! Estoy harta de vivir aquí; no quiero... No puedo más... Yo...

—Mi amada...

El corazón de Genie dejó de latir un momento. Aquellas suaves palabras que le llegaban desde la puerta no habían sido pronunciadas por la voz de Halina ni la de su madre. El tiempo pareció detenerse mientras se incorporaba y lentamente se giraba en aquella dirección.

Feliks se había quedado inmóvil en el umbral, y la miraba con incredulidad. Tenía lágrimas en los ojos. Con las manos temblorosas, Genie dio un paso hacia él. Los ruidos procedentes de la calle dejaron de oírse, el viento amainó, e incluso las motas de polvo parecían haberse quedado inmóviles, suspendidas en el aire.

Todos los sonidos se apagaron.

El mundo se había parado mientras ellos se exploraban con la mirada.

—¿Feliks?

Él asintió, y mientras en su rostro se dibujaba una sonrisa, las lágrimas le corrían por las mejillas. Dando un grito, Genie se arrojó en sus brazos. Feliks se tambaleó al recibir su abrazo, pero no se desequilibró. El mundo entero desapareció mientras se abrazaban. Genie no se separaría de él nunca más.

—Cuéntamelo otra vez.

—¿En serio?

—Sí, no me canso de escucharte —aseveró Genie.

Feliks se echó a reír y le besó la frente.

—Te quiero tanto. Y si mi voz puede hacerte feliz, obviamente no me gustaría defraudarte.

Tras haber pasado largo tiempo disfrutando del simple hecho de estar juntos, por fin encontraron las palabras para contarse mutuamente sus respectivas historias. Él empezó a explicar lo sucedido a partir del momento en que los separaron en

Plaszow. Genie se acurrucó contra su cuerpo, y recorrió con un dedo el contorno de su vientre. Apoyó la cabeza en su hombro y se dispuso a escucharlo.

Feliks no se hizo ilusiones al ver que Genie no regresaba a su lado aquella noche. La estuvo esperando, con la expectativa de ver de nuevo su sonrisa, la que había suscitado en ella la hogaza de pan que había intercambiado. Incluso aunque le doliera el estómago de hambre, y aquel pan le hubiera costado el anillo de su padre: se sentía bien al hacer algo por ella.

En su infancia nunca le había faltado comida ni amor, había sido una niña consentida. Resultaba evidente que era una de las muchachas más hermosas del gueto. Con sus vestidos de volantes parecía una muñeca de porcelana en medio de aquella grisura de cementerio. A veces Feliks vislumbraba fugazmente su silueta a través de la ventana del café, paseando con sus amigas por el gueto. Sus vestidos azules y amarillos destacaban en contraste con las sucias calles.

En el campo de trabajo había intentado protegerla. Si de él hubiera dependido, no habría tenido que trabajar ni un solo día en su vida. Pero allí tenía que pasar por eso. Era la única forma de sobrevivir. ¿Acaso habría llegado el momento que Feliks más temía?

Feliks sabía qué estaba sucediendo, pero no quería ni podía aceptarlo. Fuera de sí, a causa del miedo que sentía, buscó por todos los rincones, la llamó a gritos.

Feliks nunca se dejaba llevar por el pánico, pero en esos instantes sintió un enorme peso en su corazón que amenazaba con asfixiarlo. Se llevó una mano al pecho y escuchó en silencio atentamente su propia respiración. Tenía que calmarse de inmediato.

—Bueno, acabemos de una vez con esto. Tenemos que preparar el instrumental. Feliks, hijo, ¿qué sucede?

Al abrir los ojos, Feliks vio al médico jefe frente a él, examinándolo con sincera preocupación. Feliks lo tenía en gran estima. Había trabajado en el hospital más importante de Cracovia y era un experto con mucha experiencia en su especialidad, que había enseñado muchas cosas a Feliks, sobre todo en el ámbito de las autopsias. Casi todos los prisioneros que eran hospitalizados estaban condenados a morir; algunos incluso ya estaban muertos cuando se los llevaban. Pero aquellos que continuaban con vida debían perderla en sus manos por orden de los nazis. El médico jefe le había instruido que tras administrarles la inyección mortal había que dejar el cuerpo intacto durante un tiempo. Por la noche determinaban la causa de la muerte.

La mayoría de los pacientes estaban tan desnutridos que solo eran piel y huesos. En sus rostros ahuecados, sus facciones parecían casi estar pintadas.

Aunque oficialmente Feliks trabajaba como médico, a él no se lo parecía. Hacía mucho tiempo que había perdido la cuenta de las veces que había incumplido su juramento de no perjudicar a ningún ser humano bajo las órdenes de los nazis. El médico jefe a menudo le recordaba que no mataban a los pacientes, sino que «acortaban su sufrimiento».

De todos modos tampoco tenían margen de acción, y le parecía que sumirse en el sueño de una forma apacible siempre sería mejor que morir como consecuencia de una paliza. Sin embargo, Feliks no podría deshacerse de sus sentimientos de culpa en toda su vida, sobre todo cuando pensaba en los niños.

Su trabajo le deparaba noches de insomnio. Y al proponer a Genie que durmiera con él, aunque su intención era ofrecerle cierta sensación de seguridad, en realidad casi estaba pensando más en sí mismo que en ella. Cuando se encontraba entre sus brazos, mientras le cantaba una melodía hasta que se quedaba dormida, conseguía distraerse de los horrores de sus actividades diarias. Cuando cuidaba a Genie, podía olvidarse de sí mismo. Y por eso la necesitaba, pero… ¿dónde estaría ahora? Feliks se pasó las manos por la cara y profirió un gemido.

—Ha sucedido una desgracia. Deberíamos haber preparado aquella operación de apéndice, tal como sugirió. Ahora es demasiado tarde —balbuceó Feliks.

El médico jefe, aterrorizado, le puso una mano sobre el hombro.

—¿A qué te refieres? ¿Dónde está Genie?

Feliks se limitó a sacudir la cabeza de un lado a otro, sin decir palabra. La mera idea de lo que ella probablemente tendría que soportar le oprimía el pecho.

—No. Feliks, no puede ser. No, no, no. ¡No había ningún transporte programado para hoy! Mi mujer… ¿la has visto?

—Creo que se las han llevado. Genie no ha vuelto, y ya han hecho el pase de lista de la tarde. Lo he oído afuera —murmuró Feliks.

Mientras seguía buscando palabras de consuelo, su superior se había precipitado hacia el exterior.

Aquella noche Feliks apenas pudo pegar ojo. Solo consiguió sumirse en un sueño intranquilo debido al agotamiento. A la mañana siguiente tenía ante sí a un enfermo de tuberculosis. El hacinamiento y el contacto con tantas personas infectadas hacían que el contagio fuera algo habitual. Si los nazis no conseguían matarlos a todos, aquella insalubridad lo haría. Nunca en su vida había experimentado Feliks unas condiciones de higiene tan deplorables. A pesar de que intentaban mantener limpia la enfermería en la medida de lo posible, los gérmenes proliferaban por todos lados.

El hombre que ocupaba aquel catre sostenía un pañuelo sobre la boca. Feliks lo inspeccionó. Estaba salpicado de manchas de sangre. No era una buena señal.

Feliks pidió al paciente que le describiera los síntomas, intentando disimular su consternación cuando le habló de sus huesos doloridos. Eso significaba que las bacterias ya habían anidado a un nivel profundo. No contaban con medicamentos; solo podían ofrecerle agua y tranquilidad como tratamiento. Otro caso sin remedio; se preguntó cómo se lo iba a decir. El joven parecía fuerte, sus espesas cejas le conferían una expresión despierta. Feliks no podía valorar si sería capaz de afrontar la noticia de su muerte inminente.

Pocos días después en el catre de aquel hombre había una mujer de unos cuarenta y tantos años. Feliks se preguntó si uno de sus compañeros le habría administrado en el agua al tuberculoso las gotas para liberarlo de su sufrimiento, o si los nazis lo habrían asesinado. A menudo se paseaban por la enfermería y acababan con la vida de algunos pacientes de forma aleatoria.

A veces Feliks los observaba para intentar dilucidar si lo hacían por puro aburrimiento, o siguiendo órdenes de algún superior, o simplemente por placer. Casi siempre le parecía que era una mezcla de todas aquellas razones. Aunque la noche anterior Feliks no había escuchado ningún disparo.

La mujer que ahora yacía en aquel catre tenía un brazo roto a resultas de una paliza. Pero cuando Feliks se acercó a la cama de campaña, ella le sonrió. Se sintió aliviado. La mujer comprendía que había tenido mucha suerte. La mayoría de los prisioneros sometidos a castigos físicos eran golpeados hasta la muerte, pero al parecer a ella al menos le habían dado otra oportunidad. Feliks le apretó la mano sana, y luego examinó el hueso roto. Se trataba de una fractura abierta, que era necesario enderezar antes de poder curar la herida.

Feliks estaba a punto de abordar aquella dolorosa manipulación, y empezó una cuenta atrás. Al llegar a cero, cerró los ojos, pero justo en ese instante se abrió la puerta. Feliks se sobresaltó y soltó el brazo. Al oír cómo la mujer gritaba de dolor, él se disculpó con la mirada. ¿Qué había llevado al médico jefe a irrumpir de aquella forma tan impetuosa?

—¿Qué pasa?

—Auschwitz.

—¿Qué?

—Ahí es donde se las han llevado. A Auschwitz. También a mi mujer. Además de a tu madre y a tu hermana. Feliks, ¿por qué no huimos cuando tuvimos la oportunidad? ¿Por qué no hicimos aquellas operaciones? ¿Qué creíamos que iba a pasar? —El médico jefe empezó a sollozar.

Se dejó caer en otro catre cercano al de aquella paciente y hundió la cara en las manos, llorando. Feliks estaba angustiado. Nunca antes había visto a su superior mostrar emoción alguna. Pero ahora sus hombros se sacudían con las convulsiones provocadas por el llanto. Lentamente Feliks se acercó a él.

—Auschwitz es un campo de trabajo, igual que este. Lo más probable es que las pongan a trabajar en una fábrica.

—No. En Auschwitz queman a los judíos en crematorios. Nos meten incluso todavía vivos en los hornos. Tu mujer..., mi mujer..., las pobres.

Feliks agachó la cabeza, abatido. ¿Por qué no habían actuado antes?

Por el rabillo del ojo pudo ver que la paciente se incorporaba despacio y se ponía en pie, para ir hacia él cojeando y ponerle la mano buena en el hombro.

Una semana después Feliks recibió la confirmación de sus sospechas. Estaba limpiando a cuatro patas el suelo, manchado con la sangre de su paciente más joven. Le habían arrancado la carne a latigazos, hasta llegar al hueso. La espalda era una sola herida, la piel colgaba de ella hecha jirones. Se había desangrado muy rápido, pero el médico quería llevar a cabo la autopsia en busca de otras causas de muerte. A la mayoría de los fallecidos se les diagnosticaba desnutrición o una infección oculta, algo que Feliks sospechaba poder confirmar también en ese caso.

Mientras frotaba el suelo, se acordó de Genie. Hasta entonces el peor día de la guerra había sido aquel en el que habían dado una paliza a Genie. Al contemplar el maltrato que habían sufrido su frágil cuerpo y su delicada alma, había sentido como si le hubieran propinado un latigazo en el corazón. Ver cómo gemía de dolor mientras dormía todavía le atormentaba. Su cuerpo y su alma eran tan puros, tan inocentes, que Feliks temía que no pudiera superar semejante trauma. Afortunadamente consiguió sobrevivir, y él tenía la esperanza de que soportaría todo lo que le tocara vivir en Auschwitz con idéntica resiliencia.

Oyó pasos acercándose y llamó al médico jefe:

—Estoy casi listo. Ya sé que hoy tenemos inspección.

En su campo de visión aparecieron un par de botas negras, y la mano con la que sujetaba el cepillo detuvo su movimiento al instante. Alzó la vista y dio un respingo. Sobre él se encontraba Büttner, con las manos entrelazadas en la espalda, balanceándose sobre los tacones. Feliks se incorporó.

—*Creía que la amaba* —empezó a decir en alemán.

—¿Cómo dice? —preguntó Büttner receloso.

A Feliks nunca se le habría ocurrido dirigirse de ese modo a ningún otro miembro de las SS, pero se trataba de Büttner. Furioso, se plantó frente a él.

—*Mi hermana, Halina. Creía que la estaba protegiendo. Y a mi mujer también, la cuñada de Halina.*

—*Eso estoy haciendo.*

—*¡Se las han llevado a Auschwitz!*

—*Sí. Me encargué de que tu madre también subiera al tren. La habían asignado a la otra fila* —explicó Büttner en voz baja.

Feliks arrugó la frente. Sabía perfectamente adónde conducía la otra fila, y se quedó anonadado por completo. Büttner había salvado la vida de su madre.

—*Y sin embargo, las ha enviado a Auschwitz. El peor de los campos.*

—*Yo no las he enviado allí. Solo estaba al lado cuando sucedió.*

—*Para mí no hay diferencia* —bufó Feliks.

Se retorció las manos y se acordó de su amada Genie. Tenía que haberla protegido. Halina se lo había prometido. Y ahora lo más probable es que estuviera muerta.

—*He venido a decirte que vas a ser reubicado. Mañana por la mañana viajarás en un transporte de prisioneros a Dachau. Allí te las apañarás bien* —añadió Büttner.

Hizo un gesto con la cabeza, como asintiendo para sí mismo, y giró sobre sus talones. Ya en el umbral volvió a girarse hacia Feliks.

—*Y Halina también sobrevivirá. Es... guapa, y habla alemán tan bien como tú. Lo conseguirá.*

A Feliks le hervía la sangre al oír decir a Büttner que su hermana era guapa. Aquella palabra adquiría un matiz repugnante al salir de su boca, y hacía que le preocuparan los demás oficiales de las SS que pensaban igual que él.

—*¿Y qué hay de Genie?* —gritó Feliks.

Büttner se encogió de hombros con un suspiro.

—*Lo siento.*

Büttner se marchó, y a Feliks se le rompió el corazón. La verdad es que la voz de Büttner había sonado como si realmente lo lamentara por Genie. No podía pensar en otra cosa que en su sonrisa de felicidad cuando escuchaba cómo tocaba el piano. Sus ojos, tan abiertos, entusiasmados, y su risa cristalina cuando la acariciaba entre acordes. Pero mientras rememoraba aquel recuerdo, su sonrisa se transformó hasta apagarse.

Una lágrima descendió por su mejilla, y aquella imagen se desvaneció.

El trayecto en tren fue un infierno. Hacinados como bestias, apenas pudieron respirar durante aquel largo viaje. Feliks no tenía nada más que poder trocar, porque ya había cambiado su última posesión terrenal por una hogaza de pan. Al menos había conseguido aliviar un poco el dolor de estómago de Genie provocado por el hambre. Deseó que siguiera conservando el sabor del pan en la lengua y eso la ayudara a pensar en él cuando le llegara el final.

Lloró por ella, pero aquel penoso viaje en tren no le permitía regodearse en la autocompasión. Ya únicamente se preguntaba de qué forma iba a morir. ¿Sería el hambre o el agotamiento lo que acabaría con él? ¿O tal vez moriría a manos de un oficial de las SS?

Al final del recorrido, los soldados de las SS les hicieron saltar del tren y les instaron a avanzar. Todos echaron a correr, y Feliks aprendió enseguida a no esperar a recibir instrucciones. Cuando un guarda empezaba a gritar órdenes, ya debían haberse puesto en marcha mucho antes. En la fila en la que estaba formando pasó por un gran portón a través de una valla de alambre de púas electrificada, tras la cual había un foso y una muralla con siete torres de vigilancia.

Había entrado en el campo de concentración de Dachau. Feliks intentó orientarse mientras seguían obligándolos a avanzar. En apariencia el campo estaba dividido en dos zonas, una con unos treinta barracones, y otra donde estos estaban separados por un muro y una valla. ¿Tal vez se encontrarían allí los infames crematorios?

Tras registrarlos, les hicieron entrega de sus uniformes de presos. Feliks arguyó que era médico además de un músico talentoso. Al atravesar el campo vio a prisioneros trabajando en distintas obras en construcción. Algunos trabajaban en los barracones, otros en la reparación de las calles del campo. En la manga del uniforme llevaban distintivos triangulares de diferentes colores, cuyo significado desconocía. El suyo era de color amarillo.

Aquella noche tuvo que compartir el catre con tres hombres más, pero se durmió enseguida. Se enteró de que para los oficiales de los cuerpos de vigilancia había un casino con un piano. Tenía la esperanza de que lo destinaran allí. Mientras se deslizaba en el sueño tamborileaba sobre su estómago una de sus piezas favoritas de Chopin, recreándola en su mente y tarareándola en voz baja. La tocaría en todos sus registros para los guardas.

Al día siguiente supo con más detalle cómo funcionaba el campo. Era semejante a Plaszow en cuanto a que se le asignaba un trabajo a cada prisionero, y en que apenas les daban nada de comer; pero la organización del campo era distinta.

De hecho, había dos zonas en aquel campo. La reservada a los prisioneros comprendía varios barracones, entre ellos uno al que llamaban la parroquia. Los clérigos en realidad representaban cierta amenaza para el régimen de Hitler, y a Feliks no dejaba de sorprenderle su presencia, puesto que había dado por hecho que los cristianos, y sobre todo sus eclesiásticos, estaban exentos de los horrores de los campos de concentración.

En otro de los barracones se realizaban experimentos médicos. Ya desde el primer día los nuevos presos fueron advertidos por sus compañeros que llevaban allí más tiempo, tanto si querían oírlo como si no: quienes ponían un pie en el barracón de los experimentos, no volvían a salir de allí.

Circulaban rumores sobre las peores formas de tortura. Feliks casi no podía creer que tuvieran un fundamento real, pero eso apenas tenía importancia. Los rumores se propagaban entre los presos como una enfermedad contagiosa. La intención de aquellos supuestos médicos era comprobar lo que sucedía en las muy variadas situaciones a las que debían hacer frente los soldados en la guerra. Querían averiguar qué tratamiento podrían dar a los soldados que habían estado expuestos a fuertes heladas en el Frente Oriental o cuyo avión hubiera sido derribado en el mar del Norte. Para ello obligaban a algunos prisioneros a pasar de cinco a seis horas desnudos en bañeras con agua helada, o a permanecer en el exterior atados a un poste durante el invierno. Las observaciones de los efectos del frío en sus cuerpos se anotaban en expedientes en los que se describía la congelación de sus extremidades y el paro coronario. También se comprobaban los efectos que tenía la altitud en los pilotos que tenían que abandonar sus aviones con el mecanismo de eyección: se simulaban en cámaras de vacío las condiciones de presión a más de cuatro mil metros de altitud. Los prisioneros a los que obligaban a permanecer en ellas sufrían respiración agónica y convulsiones espásticas hasta morir. A otros les abrían el cerebro en vida para determinar la causa del mal de altura.

Otros experimentos tenían como objetivo conseguir que el agua salada fuera potable o combatir la malaria. Y eso era tan solo lo que llegaba a oídos de los prisioneros. Feliks no quería ni imaginar lo que sucedía en ese barracón de los experimentos. En cualquier caso, quienes los llevaban a cabo eran médicos.

A Feliks eso le enfurecía: después de todo, aquellos facultativos también habían prometido abogar por el bienestar de sus pacientes. En Plaszow, Feliks se había sentido culpable cuando ayudaba a los enfermos a tener una muerte apacible durante el sueño; pero que un médico torturara de aquella forma a un ser humano era algo que simplemente no podía ni imaginar, algo repugnante. Y se alegraba de que lo más probable era que Genie por lo menos hubiera muerto de forma rápida.

Había construcciones adyacentes a los barracones donde vivían los prisioneros con lavaderos, cocinas, duchas, talleres y un «búnker», en el cual se llevaban a cabo los castigos. En el patio entre el bloque de prisioneros y la cocina tenían lugar los fusilamientos.

Había otra zona separada del recinto de prisioneros por un alto muro y más vallas de alambre de púas, que los prisioneros solo llamaban «muerte». Allí había dos crematorios y una cámara de gas. Feliks se alegraba de que al parecer no llevaban allí a prisioneros vivos, sino solo a los que habían sido ahorcados o fusilados porque habían ofrecido resistencia de forma activa, o a aquellos que habían muerto a causa de las atroces condiciones de vida en el campo. Todos los cadáveres se incineraban allí, y el olor era casi insoportable.

Sin embargo, estaba contento con el trabajo que le habían asignado. El primer día lo llevaron al casino de los oficiales para tocar el piano. Después de la primera pieza quedó claro que pedirían su presencia cada día.

Otros prisioneros trabajaban en cuadrillas de construcción en el campo, o en las zonas aledañas construyendo carreteras y drenando los páramos circundantes, y también como mano de obra de la industria ligera.

Feliks tocaba sobre todo música alemana, y mientras estaba sentado ante las teclas podía observar con detenimiento a su audiencia. Al casino únicamente tenían acceso oficiales de alto rango, y tan solo en algunas ocasiones guardas acompañados por un superior. Comían y bebían entre risas alegres. Mientras tocaba, Feliks podía escuchar algunas de sus conversaciones. De ese modo consiguió mantenerse al corriente de la evolución de la guerra, que hasta entonces desconocía. Cuando regresaba por la noche a su barracón, contaba a sus compañeros lo que había podido oír. Hacía tiempo que no había demasiadas novedades. Básicamente los oficiales se quejaban de todo, pero no comentaban las estrategias militares. Al parecer, el frente alemán resistía ante los aliados; pero solo de momento, aseguró Feliks a los demás prisioneros.

Desde su llegada, pasaba cada día en el casino, y ya podía distinguir a los oficiales entre ellos. Había algunos que acudían con regularidad, y tras haber escuchado a Feliks durante unas cuantas veladas, empezaron a sentarse siempre a la mesa que se hallaba justo frente al piano.

Un día, en medio de aquel grupo, Feliks se fijó en un hombre de facciones afiladas, con unos intensos ojos azules que le observaban con mucha atención. Los oficiales a derecha e izquierda estaban conversando. Sin necesidad de esforzarse demasiado, Feliks entendió todo lo que decían.

—Después de todo, no estamos aquí para socializar con esos cerdos. De todos modos, no se les puede considerar como seres humanos iguales que nosotros, a esos infrahumanos —aseveraba muy alterado uno de los hombres sentados más cerca de Feliks.

Dio un golpe con el puño sobre la mesa, haciendo tintinear las copas. Algunos de los presentes sonrieron. Al parecer, esos arrebatos debían de ser habituales en él. El oficial sentado frente a él asintió y añadió:

—Durante años, esos delincuentes han permanecido impunes. Pero ahora estamos al mando. Si esos cerdos hubieran llegado al poder, ya nos habrían cortado la cabeza.

—Y tú, Hilmar, ¿qué opinas? —Ambos observaban expectantes al oficial sentado justo en medio, que se rascaba la barbilla sin perder de vista a Feliks. Parecía no estar escuchando, hasta que por fin contestó.

—Lo que tú digas, Konrad —respondió perezosamente.

Feliks intentó disimular lo que creía haber visto en el rostro de Hilmar. ¿Era resignación, una señal de que se aproximaba el final?

Feliks finalizó la pieza con un *glissando* y dejó que su mano flotara en el aire mientras levantaba despacio el pie del pedal. Luego se dirigió al público y preguntó en alemán:

—*¿Alguna petición?*

Aunque nadie solía reaccionar, le gustaba preguntar a la audiencia. Era cuestión de educación. Deslizó la mirada por la sala, pero los asistentes estaban enfrascados en sus conversaciones. Feliks se encogió de hombros y volvió a posar las manos sobre el teclado para tocar otra sonata de Beethoven. Justo entonces se oyó una voz.

—*Un nocturno de Chopin, por favor. El que más le guste* —dijo Hilmar.

Al hacer su petición, se limitó a mirarse las manos, pero Feliks hizo un leve asentimiento con la cabeza. Con un suspiro de satisfacción, empezó a tocar una de sus piezas favoritas.

Feliks se acordó sin querer de Büttner, y se preguntó si ese tal Hilmar estaría hecho de la misma pasta que él. Alguien que llevaba el uniforme de las SS, pero que no permitía que el poder o estar bajo el influjo de los demás le hicieran cometer las mismas atrocidades. Feliks grabó en su mente la cara de Hilmar y decidió que en el futuro siempre tocaría un nocturno de Chopin cuando él estuviera presente.

Tras tener que presenciar una ejecución y permanecer en posición de firmes durante una hora mientras pasaban lista, Feliks se dirigió de regreso a su barracón. Tardó un poco en darse cuenta de que alguien caminaba a su lado. Su mirada se posó sobre el distintivo en la manga de aquel hombre de mayor edad.

—Eres del bloque de la parroquia, ¿no? ¿Debería llamarte padre? El mío seguro que está muerto, sería bonito volver a usar esa palabra de nuevo —empezó a decir Feliks mientras le guiñaba un ojo. El sacerdote se echó a reír y le dio unas palmaditas en el hombro. Luego le posó una mano en la espalda, y Feliks sonrió.

—Llámame como quieras, hijo mío. Estás en lo cierto. Soy uno de los muchos sacerdotes que estamos en el campo, la mayoría de nosotros católicos. Veo que eres judío.

—Sí. ¿No tienes miedo de contaminarte si me tocas? —preguntó Feliks medio en broma.

El sacerdote arrugó la frente y luego hizo un gesto con la cabeza que denotaba compasión.

—Dios debe de estar mirándonos con desprecio al ver cómo nos dividimos y luchamos entre nosotros.

Feliks asintió, pero se preguntó qué tratamiento, en opinión del párroco, debería darse a los judíos. Había una gran variedad de prisioneros: judíos, polacos, rusos, franceses, yugoslavos y checos, todos teniendo que soportar lo mismo, y sin embargo unos y otros hacían que su estancia allí fuera aún más insoportable. Se quejaban del barracón porque había muchos emigrantes, o propinaban palizas a otros presos porque eran homosexuales. Se los podía diferenciar por los distintivos. Feliks estaba contento de poder apartarse de todo aquello en su rutina diaria y tocar en el casino. Aunque jamás habría imaginado que algún día preferiría estar entre nazis que con su propio pueblo. Pero la desesperación y la miseria llevaban a los prisioneros al límite, y les hacían sacar su peor cara.

—¿Has pensado alguna vez en recibir el bautismo?

Feliks dio un respingo. Casi se había olvidado de que el cura seguía caminando a su lado. Se rio con amargura: era increíble que siguiera intentando convertir a gente en aquellas circunstancias.

—Nunca lo haría. Soy judío. Mi familia es judía. Y eso no cambiará jamás. Por mucho que Hitler lo intente. Sobreviviremos a todo esto —afirmó Feliks, rotundo.

Miró al sacerdote con aire combativo. ¿Cómo se atrevía a intentar convertirlo?

Feliks volvió a notar la mano en su espalda y escuchó frunciendo el ceño lo que el cura le dijo entonces.

—Comprendo que seas fiel a tus creencias. Pero Dios sabe cómo es tu corazón. Se mostraría conforme con que intentaras proteger a tu familia. Si tu supervivencia dependiera de que fueras cristiano, tampoco sería el fin del mundo.

—¿Qué pretendes decir con eso, padre? ¿Debería acercarme al portón y decir a los guardas que me has bautizado, que ahora soy católico, y que ya me puedo ir a casa? ¿Crees que eso funcionaría?

—Por desgracia no, hijo mío. Pero si sobrevives esta guerra, piénsalo. Por el bien de tu familia.

—¿Y en caso de que me haya quedado sin familia?

—Bueno, eso ahora está en manos de Dios —respondió el sacerdote en tono solemne.

De nuevo, Feliks se echó a reír. Se dio cuenta de que ese sacerdote lo decía en serio. Realmente quería ayudarle.

Feliks asintió en un gesto de agradecimiento para despedirse cuando se separaron sus caminos.

Ya en el catre, Feliks no conseguía conciliar el sueño; no por culpa de su estómago vacío, o del cuerpo que dormía a su lado, sino porque los pensamientos se arremolinaban en su mente.

¿Sobreviviría a la guerra? Y en caso de que al final así fuera, ¿cómo podría apartarse del camino de sus antepasados?

Hilmar tenía épocas en las que acudía con mayor frecuencia al casino. A veces iba cada día, y se quedaba algunos minutos, o a veces horas, se tomaba algo y hablaba con sus acompañantes. Cada vez se trataba de oficiales diferentes, pero como mínimo siempre venía acompañado por alguien.

Puesto que hacía días que no asistía a sus actuaciones, Feliks calculó que pronto debería volver a acudir al casino, y al verlo aparecer con su uniforme de las SS, sonrió para sus adentros. Hora de tocar una pieza de Chopin. Pero justo pisándole los talones entró otro oficial al que Feliks ya conocía.

—Parece que te alegras de verme.

Feliks intentó no dejar traslucir su sorpresa, y siguió tocando impertérrito, mientras Büttner se hacía con una silla y se sentaba al lado del piano. Feliks miró a su alrededor asustado; ¿no se estaba arriesgando Büttner al hablar con él? Se alegraba realmente de poder hablar allí con alguien, más aún con aquel oficial que conocía su pasado. No había vuelto a ver a Büttner desde Plaszow. No pudo evitar pensar en los días en que todavía tenía cerca a su madre, a su hermana y, sobre todo, a su amada Genie.

—Tocas bien —asintió Büttner.

Feliks ejecutó un trino particularmente espectacular, y con un suspiro respondió:

—Gracias. Me alegro de que te guste.

—¿No es agotador? ¿Tocar todo el día para los oficiales? —preguntó Büttner.

Feliks lo miró con un gesto que denotaba incredulidad. ¿Cómo habría llegado a esa conclusión?

—¡Para nada! La música es una de las mayores alegrías de la vida. Es gracias a ella que he conseguido mantener la cordura —afirmó Feliks con sinceridad.

—¿Tocas otros instrumentos?

—Acordeón, armónica y órgano.

—Podría conseguirte un acordeón.

—¡Eso sería fantástico! Gracias.

Feliks finalizó la pieza de Chopin y comenzó a tocar un vals, también de forma brillante. Aunque hizo la transición de una a otra de tal forma que pasó desapercibida para los asistentes. Genie en cambio se habría dado cuenta, y se mostraría embelesada con su virtuosismo. Feliks sonrió.

De pronto se oyeron fuertes voces procedentes de una mesa cercana. También Büttner se giró para mirar al oficial que abochornaba a otro mando más tímido, haciendo que se estremecieran sus hombros con cada palabra.

—¡Aquí no hay sitio para el sentimentalismo! Si alguien no tiene ganas de ver sangre, será mejor que se marche a otro sitio. Cuantos más cerdos judíos eliminemos, menos tendremos que seguir alimentando.

—Ahí lleva algo de razón —masculló Feliks.

Vio cómo se curvaban las comisuras de los labios de Büttner. Y mientras pulsaba con un poco más de fuerza de lo normal las teclas con el fin de ahogar la acalorada discusión, se relajó en su taburete ante el piano, con Büttner a su lado.

Los prisioneros temían los castigos más que la muerte. Casi todos estaban seguros de que no verían el fin de la guerra. Pero no querían sufrir de forma innecesaria. Los métodos correctivos más habituales consistían en golpes de porra o latigazos. Sin embargo, las infracciones más graves, en cambio, se sancionaban con mayor severidad: se les obligaba a pasar la noche entera en una celda donde solo se podía estar de pie, o atados a un poste, o se les destinaba al bloque de los experimentos.

Tras la convocatoria diaria para pasar lista, el sacerdote había empezado a visitar a Feliks con más frecuencia. Al parecer, tenía un encargo divino; en cualquier caso, aprovechaba la menor oportunidad para hablarle. Feliks se dejaba hacer, básicamente porque le daba qué pensar en medio de aquel aburrimiento supino. Y a veces incluso convertirse al catolicismo no le parecía tan mala idea, sino que, al contrario, le resultaba muy tentador. Además, en las iglesias que había visitado hasta entonces siempre se había sentido a gusto.

Feliks estaba cansado y tenía que reprimir los bostezos mientras tocaba. Büttner había cumplido su promesa de traerle un acordeón. Era un instrumento excelente, pero prefirió no preguntarle de dónde lo había sacado.

A menudo se encontraba en el campo de visita. Oficialmente Büttner seguía destinado en Plaszow, pero le explicó que sus obligaciones le llevaban a distintos campos de concentración.

Feliks se preguntaba en qué consistirían esas «obligaciones», pero se guardaba para sí esa cuestión. Sabía que el único cometido de las SS era hacer sufrir e incluso matar a los judíos.

A pesar de todo, le agradaba su compañía. Siempre acercaba su silla al piano y escuchaba con atención. Büttner era realmente un gran amante de la música, y con frecuencia elogiaba a Feliks por su virtuosismo. Contagiaba con su entusiasmo a los demás oficiales, que venían a escucharle tocar el piano o el acordeón.

En una de sus visitas, Büttner estaba cómodamente sentado en una silla, como de costumbre, esta vez con los pies en alto, haciendo girar un vaso de cristal con whisky en la mano.

—¿Crees que tocarías mejor borracho? —preguntó Büttner en voz alta.

Para complacerle, Feliks alzó la vista y lo miró con curiosidad.

—No lo sé. ¿Debería probar?

A Büttner le brillaron los ojos y sonrió como si se estuviera imaginando a Feliks tocando bebido y luego bailando encima del piano.

Feliks sacudió la cabeza de un lado a otro con fingida decepción. De pronto, la expresión en el rostro de Büttner cambió, mientras tomaba un largo trago de whisky.

—Halina está viva. Tu madre también.

Feliks se quedó sin aliento. Atónito, dirigió su atención a Büttner.

—¿Qué has dicho? ¿Cómo lo sabes?

—He estado en Auschwitz. Están allí. Tu hermana trabaja en el registro. No sabía cómo decírtelo.

Ahora la respiración de Feliks se aceleró, mientras entrecerraba los ojos. ¿Büttner sabía que estaban vivas durante todo ese tiempo, y sin embargo no se lo había dicho? ¿Qué pretendía evitar? Feliks abrió la boca para enfrentarse a Büttner, cuando este añadió algo en un tono apenas audible.

—Y tu mujer, Genie, también está viva.

Los dedos de Feliks se quedaron atascados en las teclas y como resultado tocó un acorde equivocado. Abrió los ojos como platos con gran sorpresa. ¡Genie estaba viva! Su Genie... De repente, Feliks tuvo la sensación de que no quedaba aire en toda aquella sala. Sus dedos se acalambraron. Olvidó cuál era la pieza que estaba tocando.

—Quiere que te diga que te ama —dijo Büttner sin el mínimo asomo de ironía.

Con lágrimas en los ojos, Feliks empezó a tocar otra pieza. Había recuperado la esperanza. Si Genie seguía viva, tenía una razón por la que todavía valía la pena seguir luchando. Debía sobrevivir porque le había prometido que le plantaría un jardín, y él no era de los que incumplían sus promesas tan a la ligera.

Al anochecer, Feliks se apresuró a volver al barracón. Adelantó al cura, que lo miró sorprendido y lo llamó a gritos para decirle algo. Pero Feliks no disponía de tiempo para él. Tenía algo urgente que hacer.

Saltó sobre la plataforma y se dejó caer en el jergón. Se quitó un zapato y aflojó la tabla del suelo bajo la cual guardaban algunos objetos prohibidos. Con un cuchillo de cocina se dispuso a recortar el cuero de su zapato. No le resultó demasiado difícil, porque ya estaba muy desgastado. En un abrir y cerrar de ojos consiguió los dos trozos que necesitaba. Luego extrajo uno de los cordones y también lo cortó con el cuchillo. Los demás prisioneros que ya habían regresado se sentaron a su alrededor para ver qué hacía. No le preguntaron nada, pero tampoco parecían demasiado intrigados. Simplemente miraban con qué frenesí efectuaba aquellas operaciones.

Feliks levantó el colchón y metió la mano en un agujero que había practicado previamente. Nadie sabía de su existencia, puesto que durante las inspecciones la llevaba siempre consigo: la foto preferida de Genie, tomada justo después de que se prometieran en el gueto. Con aquella sonrisa digna de un premio. Le había hecho cosquillas por la espalda y le había dado un beso en aquella irresistible mejilla suya en el preciso momento en el que el fotógrafo accionaba el disparador.

La tenía en gran estima, pero ahora la sacó de su escondite y la dispuso sobre uno de los dos trozos de cuero. Luego se reclinó hacia atrás y contempló su obra. Faltaba algo. Feliks se levantó de un salto, y los demás se estremecieron ante aquel movimiento brusco. Pidió lápiz y papel a sus espectadores, aunque no tenía grandes esperanzas de conseguirlos. Pero entonces el jefe del barracón se le acercó con una sonrisa.

Alargó la mano hacia Feliks con un pequeño trozo de papel y un bolígrafo y tomó asiento a su lado. En un primer momento no supo qué escribir. Hasta hacía apenas unas horas Feliks creía que Genie estaba muerta. Sin embargo, enseguida revivió los sentimientos que despertaba en él, y puso por escrito su sincero voto de amor. Al terminar, entraron en el barracón los últimos presos. Unió los dos trozos de cuero en forma de corazón, comprobó el resultado con una sonrisa, y se lo guardó en el bolsillo.

Tuvo que llevarlo encima más tiempo de lo que le habría gustado. Estaba prohibido poseer nada, y era consciente de que si encontraban aquel corazón de cuero de inmediato sería destruido. Pero no se dejaba amilanar tan fácilmente.

Por fin, unos cuantos días más tarde Büttner volvió a arrimar su silla al piano. Feliks estaba tocando un movimiento lento de sonata, y cuando las conversaciones de los oficiales empezaron a animarse, se inclinó hacia él y susurró:

—Tengo que darte algo.

Büttner se echó a reír, y Feliks se sonrojó.

—¿Qué podrías darme?

Feliks aumentó el volumen, y luego inspiró hondo. Tenía que ser muy cauto.

—Tengo un regalo para Genie. ¿Podrías hacérselo llegar, por favor?

—¿Qué clase de regalo? —preguntó Büttner con gran asombro.

Feliks retiró una de las manos del teclado y rebuscó en su bolsillo el corazón de cuero. Se lo mostró brevemente a Büttner, y luego siguió tocando con ambas manos.

—Contiene una foto de cuando nos prometimos. ¿Podrías dársela la próxima vez que vayas a Auschwitz?

—¿Te has vuelto loco? ¡No es tan sencillo! —replicó Büttner, antes de reírse desconcertado. Feliks cerró los ojos con un suspiro. Debería haber sabido que era un despropósito. Pero Halina siempre le había hablado de lo importante que era Büttner. Tenía que hacerlo por él. Por ambos.

—Büttner, por favor.

—No puede ser.

—Te lo ruego.

—¡No! —De repente su voz tenía un tono categórico. Miró en derredor, y luego profirió un suspiro—. Escúchame. Me encantaría ayudarte, pero no puedo. Es demasiado peligroso. Si me descubrieran... No puedo dejar que me pillen con la foto de dos judíos en un maldito corazón. Nos lo harían pagar a todos con nuestras vidas.

—¿Y si el corazón fuera para Halina? Entonces ¿sí lo harías?

—Me estás pidiendo demasiado. En Plaszow las cosas eran distintas. Ahora están en Birkenau; lo siento, pero es el peor campo de todos.

—Precisamente por eso necesita Genie este corazón, más que nunca. Por favor, Büttner. —Nunca antes había suplicado Feliks nada tan desesperadamente. Pero Büttner negó otra vez con la cabeza.

Feliks suspiró y decidió recurrir a una baza que a él mismo le repugnaba.

—Si me haces este favor, Halina te tendrá en gran consideración. Seguro que te lo pagará de la forma más agradable que existe —susurró Feliks con renuencia, pero plenamente convencido.

Büttner apretó los labios. Feliks interpretó la ausencia de una respuesta como un sí. Con discreción pasó la mano por debajo del taburete, le hizo entrega del corazón y suspiró aliviado al comprobar que Büttner se lo guardaba en el bolsillo.

Sin más palabras, Büttner se puso en pie y salió del casino. Feliks siguió con la mirada a aquel oficial de las SS que acababa de esfumarse llevando en el bolsillo el diminuto corazón hecho con el cuero de un zapato. Tenía la débil esperanza de que de alguna manera se lo hiciera llegar a Genie, dado que había puesto en él todo su amor por ella.

Los días cada vez se le antojaban más largos, pero las semanas se convirtieron en un reloj sin agujas. El tiempo transcurría sin que se diera cuenta. Cada momento era una tortura, pero con cada puesta de sol aquel ciclo eterno se iba acercando un poco más a su fin.

Desde el momento en que permitió que los recuerdos regresaran, se dio cuenta de lo lejos que quedaba su vida pasada. Solo si hacía un gran esfuerzo podía rememorar quién había sido antes de que el horror lo convirtiera en otra persona. Aunque Büttner le transmitía mensajes de su madre, su hermana y Genie, él apenas los podía integrar como parte de su realidad.

Hacía tanto tiempo de aquello. El amor seguía presente, pero tenía la sensación de que era como un castillo en el aire, un anhelo lejano al que solo podía aferrarse en sueños. A veces se imaginaba a sí mismo como parte de esas fantasías, cenando con su familia o tocando el piano para Genie, pero le parecía algo irreal, como sueños que, aunque le aliviaban temporalmente de su dolor, eran de todo menos sanadores.

Tenía que concentrarse en seguir con vida, obligarse a comer todo lo que pudiera y esforzarse por mantener el favor de los nazis. Hasta el momento había conseguido caer en gracia a aquellos oficiales, a pesar de ser judío.

Otro día en aquel infierno eterno: Feliks tocaba el acordeón, mientras Büttner y Hilmar conversaban sentados a la mesa situada más cerca del piano. Era algo no tan poco frecuente; parecían buenos conocidos. Büttner era quien estaba más cerca de Feliks, y no dejaba de observar a los demás oficiales de las SS mientras daba sorbos a su bebida.

—Se están inquietando por momentos —murmuró dentro de su copa de whisky.

Feliks estaba tocando un par de acordes y un *glissando*, y luego pasó a la siguiente estrofa. Respondió en un murmullo:

—Los prisioneros ya se han dado cuenta. Los aliados están avanzando, ¿verdad?

—Sí. Estamos perdiendo en ambos frentes.

—El régimen de Hitler sobrevivirá —intervino Hilmar—. En cientos de ciudades está preparada la *Volkssturm*. Cuidado, Büttner, no les des falsas esperanzas a los judíos. Tal vez tengamos que trasladar a unos cuantos prisioneros, pero nos impondremos.

Feliks hizo como si no estuviera escuchando. Si los trasladaban a otro campo, por lo menos sería interesante. La situación allí había empeorado tanto que los crematorios apenas daban abasto para tantos cadáveres. Lo que temía la mayoría de los prisioneros era que las SS los mataran a todos para no tener que liberarlos en el último momento.

Incluso cuando se propagó la noticia de la retirada de los alemanes, no reaccionaron con excesivo entusiasmo. En su mayor parte lo que sentían era básicamente miedo. Les parecía inimaginable que su calvario terminara de repente con la llegada de los aliados.

A medida que pasaban los meses y se acercaba el final de 1944, parecía que aquel sería su último invierno. El campo de concentración de Dachau se había convertido en un mundo cerrado de muerte y decadencia. En el hacinamiento sin esperanza, el tifus hacía estragos. Feliks se percató de las señales de advertencia, y el médico que había en él no deseaba más que ayudar. Pero lo único que podía hacer era fomentar la higiene entre sus compañeros de barracón, y tratar de esquivar el contagio. La desnutrición por sí sola fue la causante aquel invierno de muchas muertes. Cada mes fallecían cientos, a partir de diciembre llegaron a perecer incluso hasta cien presos al día. Los prisioneros caían como moscas por doquier.

Llegó un punto en que los crematorios no pudieron asumir aquella cantidad. Ya casi no quedaba carbón, y puesto que fallecían tantos a diario, hicieron que los presos los enterraran en otro lugar. Se cavó una fosa común en la población cercana de Leitenberg, porque las SS ya no sabían qué hacer. En realidad, las brigadas de enterradores no debían en ningún caso salir del campo para no ser vistas, pero las montañas de cuerpos apilados simplemente excedían las previsiones; no había otra solución.

Un buen día Feliks percibió que el ambiente en el casino era distinto al habitual. Los oficiales parecían nerviosos. Feliks les había oído hablar con frecuencia del avance de los americanos, pero hasta entonces no habían demostrado excesiva preocupación. Por lo general solo se escuchaban fuertes maldiciones y puñetazos golpeando las mesas. Pero ese día se mostraban más alterados de lo normal, y no disimulaban las miradas de desaliento que intercambiaban. Büttner y Hilmar no habían hecho acto de presencia, de modo que Feliks no podía preguntar a nadie qué estaba pasando. Aunque resultaba obvio: la incertidumbre acerca del futuro próximo se respiraba en el aire, casi de forma palpable. Antes de que acabara su turno le hicieron salir del casino, algo que todavía no había ocurrido nunca. Miró varias veces a su alrededor, asombrado.

La convocatoria para pasar lista acabó pronto, pero tras el último llamamiento no dieron la señal habitual que indicaba que podían retirarse. Los prisioneros se preguntaban qué estaba pasando.

Entonces empezaron a llegar guardas de todas partes. Ordenaban a gritos a los prisioneros que formaran en filas. Con un suspiro, Feliks se dirigió a la columna de la derecha hacia la que lo empujaban. ¿Les habría llegado su hora?

Esperó con paciencia bajo el cielo cubierto de nubes, mientras la cola avanzaba lentamente. Delante había varias mesas, a las cuales estaban sentados otros guardas que tras tomar notas distribuían a los prisioneros a la izquierda o a la derecha. Al final le tocó el turno a Feliks, quien dio un paso adelante.

—¿Nombre?

—Feliks...

—¡Hey! ¿Qué hace un cristiano aquí?

Feliks se dio la vuelta y vio a Hilmar aproximándose. Le saludó con un casi imperceptible movimiento de cabeza.

—Su apellido es Gwozdz.*

—Aquí pone Feliks Nelken —leyó el guarda.

Feliks estaba a punto de confirmar su nombre cuando vio que Hilmar le lanzaba una penetrante mirada y luego volvía a tomar la palabra. Ahora su voz casi tenía un tono amenazador.

—Se llama Gwozdz. ¿No estará pensando en deportar a un

* «Gwóźdź» significa clavo en polaco, por tanto, es la traducción al polaco del apellido Nelken.

cristiano? Ese transporte es solo para judíos. ¿Hay alguna razón por la cual está incumpliendo las órdenes?

—Yo... no, comandante jefe, es que lleva el distintivo amarillo...

—Está claro que se trata de un error. Yo mismo comprobé a este prisionero durante su admisión y lo clasifiqué como preso político polaco, pero parece ser que los idiotas del vestuario no se toman demasiado en serio su cometido.

—Tiene toda la razón. Y tampoco saben leer. Apártese de la fila entonces. —El guarda indicó por señas a Feliks que abandonara la fila, y Hilmar lo acompañó.

Feliks miró a los ojos a los demás prisioneros, a los que en aquella fila les aguardaba la muerte. Había varias colas muy prolongadas, y al contemplar cada uno de aquellos rostros abatidos con los que se cruzaba, se dio cuenta de la suerte que había tenido. Hilmar le había dado un apellido polaco, y eso le había salvado la vida.

Qué extraño que una vida pueda cambiar de ese modo su rumbo en un solo momento. En realidad iba de camino a la muerte. No habría quedado de él nada aparte de un cadáver enterrado en una colina, tal como les sucedería a tantos otros miles de prisioneros.

Cuando poco después llegaron los americanos, casi parecía algo irreal. Oyeron el fuego de la artillería, y aunque las SS del campo volvieron a tomar las armas, no pudieron hacer frente a las tropas estadounidenses, que avanzaban ante el portón del campo.

Era un milagro.

Los presos, delgados como esqueletos, consiguieron arrastrarse hasta la cerca de púas. Los soldados americanos parecían estar conmocionados ante aquella visión, como si les resultara inconcebible. No entraron en el campo, sino que se limitaron a arrojar tabletas de chocolate y cigarrillos por encima de la valla de alambre de espino. Quizá tenían miedo de contagiarse de alguna enfermedad, y con toda la razón. Todavía quedaban miles de prisioneros, pero apenas eran esqueletos en estado de descomposición.

Los soldados ante el portón hacían comentarios en voz baja entre ellos. Feliks no entendía una palabra. Pero pronto se difundió lo que decían.

Aparentemente los estadounidenses estaban luchando por mantener la compostura. Habían encontrado un tren con cuarenta vagones, todos llenos hasta arriba de cadáveres.

Cuando se dieron cuenta de que quedaban tan pocos supervivientes, por fin se decidieron a entrar en el campo, y se ocuparon de enfermos y heridos. Les dieron comida, y Feliks advirtió a los demás que comieran despacio. Y, sin embargo, tuvo que presenciar la muerte de muchos de los que habían aguantado hasta la liberación por comer demasiado rápido de repente.

Feliks fue a parar a un hospital alemán. Pesaba treinta y cinco kilos, y necesitó de seis transfusiones de sangre. Tras recibir la última, preguntó al médico cuál era la mejor manera de llegar a Polonia. El médico lo miró atónito y le dijo que ya no había nada para él en ese país. Feliks respondió indignado que su familia había estado en Auschwitz y que tenía que encontrarla. La expresión en el rostro del médico cambió; ahora solo delataba compasión.

—Han matado a todos los de ese campo —afirmó. Feliks se quedó devastado.

El tiempo que pasó en el hospital fue una tortura. Feliks estaba furioso con Büttner, porque al final había permitido que todas murieran, también Halina. Después de esforzarse tanto, no las había salvado. Pensaba en su pobre Genie y se preguntaba si acaso habría muerto con el corazón de cuero en la mano. Y mientras el cuerpo de Feliks se recuperaba, anímicamente cada vez estaba peor. Hasta que un día llegó alguien especial de visita.

—¡Pero qué demonios!

Feliks se incorporó y sonrió por primera vez desde hacía mucho tiempo. Henry, el violinista del café, no había cambiado desde la época que pasaron juntos en el gueto.

—Tienes un aspecto horrible —murmuró Henry mientras se sentaba al borde de la cama de Feliks.

—Resulta evidente que durante la guerra tomamos caminos distintos. Habría preferido el tuyo con diferencia.

—Sí, sobre todo porque gracias a Oskar Schindler mi mujer y mi hijo también han sobrevivido. ¿Qué ha pasado con tu familia? —preguntó Henry en tono vacilante.

Feliks cerró los ojos y negó con la cabeza. Henry posó una mano sobre su pierna y suspiró.

—Lo siento de veras. Pero tienes que seguir adelante. También por ella. ¿Cuáles son tus planes?

—Regresar a Polonia obviamente ya no tiene sentido. Ya no me queda nadie allí.

—Entonces ¿quieres empezar aquí de cero?

Feliks asintió. No sería fácil, pero no tenía elección. Podía labrarse una nueva vida en Alemania. Trabajaría tocando el piano para financiarse lo que le quedaba de carrera. Tal vez después podría encontrar trabajo en un buen hospital, y…

Feliks detuvo en seco sus pensamientos. Fallaba algo en su plan: Genie no formaba parte de él. Su corazón se había roto en mil pedazos.

Henry se despidió, pero pronto volvió a visitarlo. Cada una de sus visitas le daba nuevas esperanzas a Feliks. Lo animaba a volver a tocar el piano y a buscar un hospital que lo contratara. Y cuando se ganó la confianza de las enfermeras, le permitieron llevar a Feliks al jardín. Había una delegación de la Cruz Roja a la vuelta de la esquina, y Feliks también iba allí cada vez más a menudo a tocar.

Un buen día Henry volvió a visitarlo; Feliks justo acababa

de comer cuando su amigo irrumpió en el umbral. Feliks se levantó sonriendo de la cama. Cogió una baraja de la mesilla de noche y la agitó en el aire.

—¿Te apetece echar una partida? —preguntó.

Pero dejó de sonreír al ver la expresión en el rostro de su amigo. Estaba rojo como un tomate y sin aliento. Parecía evidente que había ido hasta el hospital sin dejar de correr. Ahora se encontraba plantado ante él, rígido, con la mano aún en el picaporte. Feliks ya empezaba a preocuparse, cuando las comisuras de los labios de Henry comenzaron a curvarse.

Y luego se echó a reír. No con un suave gorjeo, sino a pleno pulmón, hasta jadear sin aliento:

—Está viva, Feliks. Genie está viva.

Al oír aquello, Feliks dio un paso hacia adelante, con la intención de acribillarle a preguntas, y de pronto se desplomó bruscamente hacia atrás: se había desmayado y yacía en el suelo inconsciente.

De inmediato acudieron la enfermeras, alarmadas por el ruido sordo producido por su cuerpo al caer. Henry más tarde le contaría que todo el personal pareció sorprenderse considerablemente. Sin embargo, a Feliks no le importaba en absoluto. Aunque el médico no estaba seguro de si debía darle el alta debido a aquel desvanecimiento, él mismo decidió abandonar el hospital. Tenía que viajar lo antes posible a Polonia.

Feliks se dirigió de nuevo a la estación e intentó convencer al vendedor de billetes en la taquilla, aunque todos sus esfuerzos fueron en vano: sin dinero no había billete. Pidió limosna a los transeúntes que se cruzaban en su camino, pero nadie quería escuchar la conmovedora historia de otro judío.

Se sentía impotente. Genie estaba viva, pero seguían estando separados, un país entero se extendía entre ellos.

Se dejó caer en un banco y apoyó la cabeza entre las manos. Luego oyó dos voces hablando en un tono elevado. Feliks se dio cuenta de que hablaban en inglés. Alzó con cautela la cabeza y observó al grupo de oficiales americanos. De repente oyó la palabra Cracovia y dio un respingo. Se puso en pie de un salto y corrió hacia ellos.

—Soy de Cracovia. Si me lleváis con vosotros, os haré una visita guiada de la ciudad. Con todas sus atracciones turísticas. Cracovia es una ciudad muy bonita —dijo, las palabras saliendo a borbotones.

Intentó disimular un poco su alegría al comprobar que uno de los oficiales al parecer hablaba polaco. Este lanzó una mirada inquisitiva a sus compañeros y luego se encogió de hombros.

—¿Y nos harías esa visita gratis?

Feliks asintió mientras retorcía con nerviosismo las manos detrás de la espalda.

—Bueno, pues entonces puedes venir con nosotros.

Feliks estaba entusiasmado. Tal como había prometido, llevó a los oficiales a todos los lugares de interés. Les explicó la leyenda del dragón de Wawel y la importancia de la ciudad en la historia de Polonia. Aunque lo cierto era que no podía dejar de pensar en Genie. Casi tenía la esperanza de encontrársela casualmente por la calle durante la visita.

No obstante, al no producirse aquella casualidad, se dirigió a la Cruz Roja y preguntó por ella. Le dieron su dirección y le dijeron que vivía con otras dos personas. Feliks sintió compasión por Genie al imaginarse cómo se sentiría compartiendo un apartamento con dos desconocidos. Pero enseguida se enteró de los nombres de sus compañeras: su madre y su hermana, que también habían sobrevivido.

Poco después Feliks se hallaba ante la puerta. Llamó dando unos cuantos golpecitos, tan despacio como su acelerado corazón se lo permitía. Y a continuación oyó la más bella de todas las voces. Al reconocerla, las lágrimas afloraron a sus ojos.

Era evidente que estaba enojada, y sin embargo su voz sonaba a sus oídos como la de un ángel. Volvió a llamar, y de nuevo escuchó su voz. No pudo resistirse más, empujó la puerta, y allí estaba ella.

Las lágrimas se deslizaron por sus mejillas al ver las preciosas facciones de Genie. Ahí estaban aquellos ojos inolvidables, inocentes, y aquella sonrisa que iluminaba todo su hermoso rostro. Ahora sus cabellos caían en tirabuzones hasta la altura de las orejas, y él pensó que había tenido suerte. Otras todavía seguían rapadas.

Pero estaba en los huesos, tenía la barbilla afilada, y los pómulos sobresalían bajo la piel. Se encontraba muy flaca, como todos los demás. Él se ocuparía de que nunca más le faltara de comer. Trabajaría día y noche para que siempre tuviera bastante. Incluso a través de sus ojos empañados por las lágrimas, Feliks se dio cuenta de que a su esposa le temblaban las manos. Había cambiado, pero seguía siendo ella.

Pasaron una noche de la más pura felicidad. Y al día siguiente, sentada sobre el regazo de Feliks, con los brazos alrededor de su cuello, Genie le hizo repetir su relato una y otra vez. Cuando su madre y su hermana también escucharon su historia, se dieron cuenta una vez más de la enorme suerte que habían tenido. De algún modo habían conseguido sobrevivir. Genie se había propuesto seriamente en una ocasión que si se reencontraba con Feliks nunca volvería a separarse de él. Y esa era su intención. Ni siquiera Halina podía dejar de sonreír mientras decidían, sentados a la mesa de la cocina, qué deberían hacer con sus vidas a partir de entonces.

Feliks quería volver a Alemania y trabajar en un hospital. Y eso es lo que decidieron. A Halina y a su madre tampoco había nada que las retuviera en la ciudad, la cual solo servía para recordarles en todo momento lo que habían perdido, por lo que al cabo de unos cuantos días salieron de Cracovia. Múnich fue la ciudad de su elección, y tras haberse instalado mínimamente, Feliks animó a su esposa a buscarse una ocupación. De modo que Genie empezó a ayudar en la Cruz Roja. Básicamente se dedicaba a trámites burocráticos, pero por lo menos estaba ocupada, y ahora sabía que había trabajos mucho peores.

Además, allí podía aprender inglés. Una americana destacada en Múnich llamada Eloise tomó bajo su protección a Genie. Eloise tenía una paciencia increíble, y trataba con amabilidad y cortesía a Genie. Cada día aprendía nuevas palabras en su rutina en la oficina. Luego aprendió a formular frases. Y con el tiempo consiguió hacerse entender en inglés.

Feliks también practicaba aquel idioma con uno de los médicos. No se cansaba de recordarle a Genie la importancia de aprender inglés si querían emigrar algún día a Estados Unidos. Halina insistía constantemente en que era una pérdida de tiempo. Pero durante su trabajo en la Cruz Roja Genie podía comprobar a diario el estado de su solicitud de emigración. Para poder viajar a ese país necesitaban a algún ciudadano americano como aval, y hasta que no lo encontraran tendrían que esperar. Por desgracia, había muchas más personas intentándolo además de ellos.

Miles de judíos y otros refugiados albergaban la esperanza de empezar una nueva vida en América. Mientras tanto, muchos miembros de la comunidad poco a poco consiguieron volver a su vida anterior y a su religión. A excepción de los pocos que habían rezado en los barracones todas las noches, muchos no habían podido practicar su religión abiertamente durante años. Genie acompañaba a Halina siempre que podía a las oraciones. Era un hábito de su vida anterior, y por eso le aportaba cierto consuelo.

—Nos estás retrasando Genie, como lleguemos tarde otra vez…

Genie lanzó a su cuñada una mirada indignada. Había vuelto tarde del trabajo que hacía con Eloise, y Halina ya le estaba metiendo prisa para llegar a las oraciones de la tarde. Justo mientras se estaba peinando los rizos con los dedos, se abrió la puerta. Feliks le dio un beso en la mejilla a Genie y tomó asiento a su lado en la mesa.

—¿Qué estáis tramando? —preguntó mientras le cogía la mano a Genie.

—No es asunto tuyo —replicó Halina.

Genie miró fijamente a Halina con perplejidad. Estaba acostumbrada a la forma directa de hablar de su cuñada, pero le sorprendió que también se dirigiera a Feliks de ese modo. Miró de reojo insegura a su marido y vio cómo sus hombros se ponían rígidos.

—Halina, te he dejado muy claro que no deberías llevar a Genie siempre contigo a esas ceremonias.

—¿Ceremonias? Nuestros rezos no son ceremonias; son nuestra forma de vivir. ¿Cómo te atreves? —dijo vociferando Halina.

Feliks se puso en pie de un salto.

—Solo quiero lo mejor para mi familia. No seguiremos participando en eso. Hace semanas que te dije que vamos a convertirnos al catolicismo.

—Estás loco.

—Es posible. Pero por lo menos estoy vivo, aunque me llames loco. Genie, no vayas con Halina a la oración.

¿Cuándo había decidido que se harían católicos? Genie no comprendía qué estaba pasando exactamente, pero asintió, aturdida. Tenía una confianza ciega en Feliks.

—Tal vez sea mejor que no venga, de todos modos allí nadie sabe quién es. ¿En serio tenías que cambiarte también de apellido, Feliks? ¿Y renunciar al de tu familia? —Estaba claro que Halina no había acabado con sus reproches.

—El nombre Gwozdz me salvó la vida. Nelken siempre será mi apellido judío, pero mi familia católica llevará el nombre polaco Gwozdz —explicó Feliks.

Genie, asombrada, dirigió ahora una mirada furtiva a Feliks. Sabía que el oficial de las SS en Dachau había inventado ese nombre para salvar a Feliks, pero creía que eso era algo del pasado. ¿Realmente tenían que cambiar de apellido?

—Feliks, ¿tendremos que llamarnos Gwozdz en el futuro? Quiero decir que... ¿Qué diría mi padre? —preguntó vacilante.

¿Qué habría dicho su familia al respecto? De repente Genie recordó las largas tardes en el gueto, y aquella voz quejumbrosa que se lamentaba de que uno de sus tíos se había casado con una católica. Los labios de Genie se crisparon. ¿Qué habría dicho su abuela si supiera que ella también iba a convertirse?

Feliks percibió la lucha interna de Genie, y la envolvió en sus brazos.

—Tu padre ya no está para decirte su opinión. Y justo por eso debemos hacerlo. No es indiferente cómo nos vea el resto del mundo. En nuestro corazón seguiremos siendo Nelken. Ambos lo sabemos y Dios también. ¿Por qué necesitan saberlo también los demás?

—En mi vida he oído nada tan ridículo, Feliks. Por supuesto que es importante que todos los demás os reconozcan como familia Nelken. ¡Es vuestra herencia! El nombre de la familia, de nuestros antepasados. Vais a dejar que el mal gane la batalla. Hemos perdido a millones, y ahora pretendes diezmarnos más aún.

—Halina, estás exagerando. Tan solo quiero usar otro apellido. No se va a acabar el mundo por eso —repuso Feliks, con voz cansada.

—No, solo se acaba el mundo de Dios.

Genie miró a Halina con desdén. A veces exageraba de veras. Estaba a punto de echarse a reír cuando vio la mirada triste de Feliks. Era como si aquella discusión le estuviera rompiendo el corazón.

—Pues os deseo que os lo paséis muy bien en vuestra vida vacía, señor y señora Gwozdz. Qué bien que hayáis sobrevivido para nada —bufó Halina.

Con una risa amarga, abrió la puerta y se fue sin cerrarla.

—¿Entiendes ahora lo mucho que he tenido que soportar todos estos años? —espetó Genie.

Alargando el brazo, señaló teatralmente la puerta con el dedo índice extendido. Feliks suspiró y volvió a dirigir su atención a su esposa.

—Ven, querida, quiero enseñarte algo.

Le ofreció el brazo a Genie y ella entrelazó el suyo sonriéndole. Feliks la llevó hasta otra zona de la ciudad, desconocida para Genie, por lo que ella le preguntó adónde iban. Pero él se limitó a tararear una melodía, sin ofrecerle ninguna respuesta.

Se detuvieron ante una iglesia, y Genie se echó a reír avergonzada.

—¿Tenemos que convertirnos ahora mismo? —preguntó en tono escéptico.

Feliks la rodeó con un brazo por los hombros y la trajo hacia sí.

—En esta iglesia toco el órgano. De vez en cuando te he comentado que tenía una actuación, pero nunca te dije dónde. Sobre todo porque sabía que Halina se pondría furiosa si se enteraba. Pero unas cuantas iglesias católicas me pagan algo de dinero por tocar durante la misa. Junto con lo que gano en el hospital muy pronto tendremos suficiente para nuestra nueva vida —explicó Feliks lleno de orgullo.

—Eso es fantástico. Pero seguiremos siendo judíos. Me refiero a que podemos ser judíos con un nombre polaco, ¿no?

—No debemos precipitarnos. Pero mira esta iglesia. Hermosa, ¿no te parece?

Genie la observó con detenimiento y luego se encogió de hombros. Nunca antes había estado en una iglesia, aunque las coloridas vidrieras eran realmente preciosas. El edificio era de menor tamaño que las sinagogas que conocía, pero sabía que algunas iglesias eran grandes como castillos enteros. En su infancia no se le había ocurrido pensar ni una vez en otras religiones. Su familia era judía, punto. Y apenas había dedicado ningún pensamiento a los cristianos antes de la guerra. Por otra parte, su familia nunca había sido demasiado creyente. Celebraban las festividades más importantes y rezaban, pero sus padres se encontraban muy lejos del judaísmo ortodoxo. Su fe estaba tan entretejida con su vida que le parecía imposible deshacerse de ella como algo externo y reemplazarla por otra cosa. Simplemente formaba parte de su identidad. Y tal vez ahí era donde radicaba el problema. Genie era judía porque sus padres lo habían sido. Le habían enseñado en qué debía creer y qué templo tenía que frecuentar. Había crecido en un estilo de vida que le había venido dado. No era que sintiera en su interior una auténtica fidelidad hacia el judaísmo.

Tenía un vago recuerdo de una época en la que se había sentido orgullosa de ser judía; pero incluso ese recuerdo parecía lejano y fuera de su alcance. Esa versión de Genie había desaparecido hacía ya mucho tiempo, y apenas podía rememorar aquella sensación.

En el futuro Feliks se ocuparía de ella, y si él consideraba que debían convertirse al catolicismo, lo haría.

Pasaron varios meses, y mientras el estado de ánimo de Genie iba mejorando continuamente al tiempo que sus habilidades en inglés, gracias a su trabajo con Eloise, Halina refunfuñaba cada vez más. Apenas se dignaba a mirar a Feliks. Para él también era duro, puesto que siempre había tenido una relación cercana con su hermana. A su madre tampoco le gustaba su decisión, pero eso no afectaba a la relación con su hijo. Probablemente, pensaba Genie, le bastaba con sentirse afortunada por el hecho de que sus dos hijos hubieran sobrevivido.

Una tarde, sentados a la mesa para cenar, Genie dejó que las últimas gotas de su sopa cayeran desde su cuchara al plato.

—Las raciones son cada vez menos abundantes —comentó.

—La Cruz Roja hace lo que puede. El final de la guerra ha sido verdaderamente horroroso. En la mayoría de las ciudades apenas queda algo que funcione —prosiguió la madre de Feliks, mientras acababa su sopa.

Feliks cogió la mano de Genie y la apretó con fuerza. Ella alzó la vista y él le guiñó un ojo. Luego pasó un poco de su sopa al plato de ella.

—Creo que quieren que no seamos tan dependientes. Todos los que todavía están en condiciones de trabajar ya han encontrado un empleo. Y los demás están intentando sobrevivir como pueden, o bien hace tiempo que se han marchado de Europa. Ojalá podamos nosotros... —Feliks se interrumpió a sí mismo y se giró en dirección a la puerta, que se había abierto de golpe. En el umbral vieron a Halina, y tras ella a un rabino.

Toda la familia se puso en pie.

—Rabino Joshua. ¿A qué debemos el honor? —preguntó Feliks con sumo respeto.

El rabino entró en el apartamento y sentó a la mesa. Todos lo imitaron, excepto Halina, que apoyó las manos en la silla que ocupaba Feliks, y se quedó de pie tras él.

—Perdonad la molestia, pero Halina me ha informado de un tema de la máxima importancia —explicó el rabino Joshua en hebreo.

Genie no entendía lo que decía, pero por su áspero tono de

voz dedujo que no estaba precisamente encantado con ellos. El rabino se disponía a seguir hablando, pero Feliks alzó una mano y le interrumpió.

—Perdone, pero mi mujer no habla hebreo. Le ruego que hable en polaco.

—Estoy hablando en serio —prosiguió el rabino en un tono aún más enérgico, sin ceder a la petición de Feliks.

Genie miró de reojo a su marido, y él le posó una mano sobre la rodilla.

—Como ya he dicho antes, le pido que hable en polaco por favor. De lo contrario será un placer para mí acompañarle hasta la puerta —insistió Feliks.

De forma instintiva, Genie alzó la vista hacia Halina, que se aferraba con aún más fuerza a la silla de Feliks. Sus ojos echaban chispas. El rabino no había dejado de mirar fijamente a Feliks, pero ahora desvió la mirada hasta Genie, la cual sonrió tímidamente. El rabino frunció los labios.

—Como prefieras. Estoy aquí porque Halina me ha confiado un asunto de extrema gravedad. Por lo que me ha dicho, estáis pensando abandonar la fe. ¿Es eso cierto?

—Sí, rabino Joshua —confirmó Feliks sin asomo de duda.

El rabino se inclinó hacia adelante y apoyó las manos en la mesa. Examinó a Feliks con los ojos entrecerrados.

—Hablas con demasiada banalidad sobre un tema tan serio. Si no me equivoco, ¿has sobrevivido a Dachau, y tu mujer, a Auschwitz?

—Es cierto. Y justo ahora estamos sobreviviendo a esta conversación —dijo Feliks.

Genie tuvo que contener la risa, mientras observaba la reacción de Halina, la cual empezó a mover la cabeza de un lado a otro. El rabino ignoró el comentario de Feliks y prosiguió:

—Os casasteis según el rito judío. En el gueto, ¿estoy en lo cierto? Luego ambos habéis sobrevivido a la guerra como un milagro. No han sido muchos los afortunados a los que se les ha concedido ese destino. ¿No deberíais dar gracias a Dios? ¿Y cómo se lo vais a pagar? ¿Dándole la espalda a él y a vuestra comunidad?

Feliks le tomó la mano a Genie y resiguió con el dedo la línea de vida. Se hizo un silencio sepulcral, hasta que por fin Feliks rompió la tensión. Alzó la cabeza y explicó con gran confianza en sí mismo:

—Rabino, amo a mi comunidad. Pero amo aún más a mi familia. Hemos pasado por un infierno. Durante años, un verdadero infierno; pero no me he alejado de Dios. Aunque tenía motivos más que suficientes para estar resentido por haber permitido que los nazis nos trataran como lo hicieron. Podría haber cuestionado por qué nos ha enviado tanta desgracia y tanta muerte durante todos estos años. Podría incluso dudar de su existencia, puesto que no quiso intervenir para evitar todas estas atrocidades, a pesar de su amor infinito por nosotros, sus hijos. Sé que ha pasado la guerra en Suiza, pero mi familia no tuvo esa suerte. Hemos visto el lado más oscuro del ser humano, y confieso que eso no ha servido exactamente para fortalecer mi fe en Dios. Pero tampoco la he perdido. Judíos, católicos..., en el fondo todo es lo mismo. Pero si la pertenencia a la comunidad judía condena a mi familia a la destrucción, y en cambio abrazar la fe católica nos protege, no tengo la menor duda de cuál debo elegir —explicó Feliks de manera abierta y honesta.

Genie se mostró completamente de acuerdo con él. No quería volver a experimentar todo aquel sufrimiento, ni tampoco más pérdidas.

Volvió a preguntarse qué dirían sus padres. ¿De seguir con vida, habrían tomado una decisión semejante? Pensó en su querido padre y trajo a la mente el momento en que la obligó a ponerse las botas de esquí. Con una determinación rayana en la histeria, la había instado a llevarlas en todo momento. Y eso le había salvado la vida. Su *tat* quería que viviera, y por eso tenía que seguir tomando decisiones inteligentes.

—Os equivocáis. Los judíos ya no seremos perseguidos. Vosotros nos estáis poniendo en peligro al hacer que nuestra comunidad disminuya en número. Es una mala decisión —dijo Halina alzando la voz.

Se cruzó de brazos, mientras Feliks seguía apretando la mano de Genie. Intercambiaron miradas sonriendo.

Parecía obvio que nunca llegarían a ponerse de acuerdo. Genie tenía la esperanza de que en algún momento podrían al menos dejar de lado sus diferencias y encontrar todos la paz que se merecían, fuera donde fuera. Al parecer, la religión seguía siendo causa de división tras el fin de la guerra.

¿Tal vez podría Halina reencontrarse con Büttner y llevar la vida que deseaba? ¿Dónde se habría metido? ¿Seguiría con vida? Por mucho que al principio Genie también hubiera cuestionado su manera de actuar, ahora admitía que de verdad era distinto a los demás. En alguna ocasión le había sonreído sinceramente, mientras que los otros nazis siempre mostraban un rostro inexpresivo, como si el horror de lo que presenciaban y ellos mismos hacían les hubiera hundido el alma en un abismo. En cambio, Büttner parecía considerar a los prisioneros como seres humanos, y como tales los trataba, aunque llevara aquel uniforme. ¿Hasta qué punto eso le convertía en cómplice? Alzó la vista hacia el anguloso mentón de Feliks y recorrió su contorno con el dedo. En todo su relato siempre había hablado de Büttner en los mejores términos. Habían pasado mucho tiempo juntos en el campo de concentración, y era evidente que Feliks también veía lo bueno en él.

—¿Y ahora qué hacemos? El futuro es tan incierto. Muchos de nuestra comunidad han emigrado a América —comentó Genie.

El rabino se incorporó al ver que obviamente su presencia

ya no era necesaria. Halina lo acompañó a la puerta, no sin antes lanzarles a ambos una mirada furibunda.

Y de ese modo también cerró la puerta a una relación que nunca volvería a ser tan profunda como en sus orígenes.

—Emigrar a América no es tan fácil como querríamos —suspiró Feliks.

—Lo sé. Tampoco estoy diciendo que ese tenga que ser nuestro camino, pero estoy muy confusa. Solo es eso. ¿Qué hacemos ahora?

—Mi amada, yo me ocuparé de eso. Pero sí sé cuál es nuestro principal objetivo...

—Ah, ¿sí? ¿Y cuál es?

—Me convertiré en un hombre grandote y gordo y te plantaré un jardín.

Cinco años después por fin llegó ese momento. Para Genie y Feliks era como comenzar dos veces una nueva vida: habían tenido un bebé, y les aguardaba un futuro en América. Habían esperado durante años hasta encontrar a alguien que los quisiera avalar, pero al final la espera había dado sus frutos, aunque al principio les hubiera parecido muy improbable. Eloise y su marido, Frank, hallaron la manera de ayudarlos a emigrar a América. Encontraron una vacante en un hospital para Feliks en un lugar llamado Texas, y de ese modo su futuro quedó asegurado. A pesar de todo, sufrieron numerosos contratiempos, y en cada ocasión parecía que nunca lo conseguirían. En 1951 Estados Unidos ya no permitía la entrada de tantos judíos, aunque pudieran ofrecer un aval. Era mucho más fácil para los católicos, y esa fue la razón de que, después de todo, decidieran convertirse a aquella fe.

El bautismo tuvo lugar en una de las iglesias en las que Feliks tocaba el órgano. El sol matinal penetraba en la iglesia a través de las coloridas vidrieras y teñía los bancos. Aunque no era la mayor iglesia católica de Múnich, sí era un templo bastante impresionante. Genie llevaba a su bebé en brazos, y Feliks la rodeaba por los hombros. Ella le sonrió, y él le besó en la nariz.

La iglesia no estaba demasiado llena. Halina se negó a presenciar la ceremonia, algo que entristeció profundamente a Feliks. Pero en la primera fila estaba su madre, y Genie suspiró aliviada. También habían acudido unas cuantas amistades que habían hecho en los últimos años en Múnich.

Aunque lo cierto es que les era indiferente. Al fin y al cabo no era una de las grandes actuaciones de Feliks. Ahora se trataba de un nuevo comienzo para su pequeña familia judía. Y cuando el sacerdote los bendijo y salpicó sobre ellos el agua bautismal, Genie conservaba su fe en el corazón. Allí seguiría viviendo, junto con su padre y su madre, Jurek y la pequeña Halinka.

—Que el Dios todopoderoso, el Padre, el Hijo y el Espíritu Santo os bendigan —concluyó el párroco.

Genie miró de soslayo inquisitivamente a Feliks. Él le guiñó un ojo, y juntos respondieron:

—Amén.

Un nuevo comienzo
1951

La pequeña emitió un gorgoteo y cerró los puños mientras Genie la alzaba de la cuna de madera para cogerla en brazos. La apretó con fuerza contra su cuerpo, mientras se abría paso entre los demás pasajeros. La travesía no estaba siendo para nada agradable. Apenas les dieron comida y agua, y tuvieron que armarse de paciencia; costaba creer que algún día llegarían a buen puerto.

Llevaban dos semanas en el buque de guerra, y parecía como si el océano también opusiera resistencia a su viaje. Las olas se alzaban, entrechocándose, y cada vez que una de ellas arremetía contra el casco, los pasajeros se inclinaban sobre la barandilla para dar de comer a los peces.

Genie estaba de pie en la popa, contemplando el mar abierto. El reflejo del sol sobre las olas le recordó los destellos de las estrellas en el cielo. Ojalá su familia estuviera allí para poder disfrutar también de aquel espectáculo.

Retiró la manta de algodón y con un suspiro posó suavemente una mano sobre los cabellos rubios de su hija, mientras miraba aquellos ojos azules que parpadeaban soñolientos hacia ella. Su bebé... Era una niña muy hermosa, pero...

—Bueno, Genie... ¿Cómo están mis chicas? —susurró Feliks, que se había acercado a ella por detrás, mientras le daba un beso en la mejilla y luego se inclinaba hacia adelante para posar sus labios también sobre la manta.

—¿Falta mucho para llegar? —preguntó Genie por enésima vez.

Con una sonrisa, Feliks le rodeó la cintura con un brazo.

—Sabíamos que no sería fácil, pero valdrá la pena. Empezaremos de cero. Una nueva vida. Ya sabes lo que dicen todos de América: es todo lo que nuestras familias habrían soñado para nosotros.

—Es verdad. Sé que la abuela daría saltos de alegría. Siempre hablaba de lo fantástico que era América.

—Todos están orgullosos de nosotros. Sé qué es lo que te preocupa, Genie. No vamos a dejarlos en la estacada. Polonia siempre será nuestra patria, el país en el que crecimos. Pero América va ser el lugar donde nuestra pequeña familia comenzará una nueva vida. Y su espíritu siempre nos acompañará en cada paso del camino.

—Querrás decir para nuestra gran familia, ¿no? No te olvides de que quiero tener doce hijos. Podríamos... Espero que nos convirtamos en una gran familia. Una familia completa.

—Sigo pensando que es un proyecto un tanto ambicioso. Pero ya iremos viendo. Para empezar, nos ocuparemos de cuidar a esta pequeña, ¿te parece? —dijo Feliks con una sonrisa divertida.

Lo miró con cierto reproche en la mirada, pero cuando él posó sus labios sobre los de ella, Genie asintió. Mientras la besaba, ya la había convencido.

Su pecho subía y bajaba como si tuviera que cruzar el Atlántico con sus propias fuerzas. De nuevo contempló a su bebé y respiró profundamente. Por supuesto, Feliks tenía razón, y sin embargo estaba preocupada. ¿Cómo saldrían adelante?

De repente unos gritos arrancaron a Genie de sus pensamientos. En cubierta la gente bullía de excitación, y una vez más sintió el miedo en las piernas. ¿Estarían siendo atacados? ¿Se estaría hundiendo el barco? Pero no era el caso: en la cubierta superior había un hombre inclinado sobre la borda, gesticulando. Siguió con la mirada la dirección que señalaba su brazo alargado con el dedo índice.

—¡Hey! ¡Os lo estáis perdiendo! ¡Mirad! ¿No os parece maravillosa?

Genie alzó la vista hacia Feliks, inquieta. Él la cogió de la mano y la condujo hasta la proa. Se abrieron paso a través de los cuerpos sudorosos, y Genie habría apostado a que todo el pasaje estaba en la cubierta. Los pasajeros alzaban los brazos, gritando, y se abrazaban unos a otros. Genie se llevó una mano a la frente a modo de visera, parpadeando deslumbrada por la luz del sol.

Y entonces la vio. Todavía costaba reconocer sus contornos, pero algo se recortaba en la lejanía. No parecía demasiado grande desde aquella distancia, aunque sí lo era en comparación con la silueta de los edificios de la ciudad. Solo podía ser una cosa. Había oído hablar tanto de ella, y sin embargo ahora casi no podía creer estar viéndola. Una promesa de libertad a la entrada de aquel país. Era casi demasiado hermoso para ser verdad. Pero ahí estaba. La estatua de la Libertad. Su verde resplandeciente irradiaba la promesa de un nuevo futuro.

Las lágrimas afloraron en los ojos de Genie, y de forma instintiva apretó el pequeño bulto contra su pecho llena de esperanza.

—Feliks..., pellízcame. Debe de ser un sueño.

Notó la presencia de Feliks a su lado, aunque este parecía no reaccionar. Alzó la vista hacia él: también tenía los ojos brillantes. Apretando los dientes, hizo un esfuerzo por tragarse sus propias lágrimas y la rodeó por los hombros aún con más fuerza con un brazo. Genie suspiró aliviada y rezó una silenciosa oración.

Con la mirada al frente, dejó que una única lágrima resbalara por su mejilla mientras en sus labios asomaba una tímida sonrisa. Su pequeña familia judía había sobrevivido, con la fuerza del amor y la música, a pesar del odio y el genocidio. Allí donde la humanidad había fracasado, había triunfado el amor. Y como prueba de ello, Genie todavía conservaba el corazón de cuero de Feliks.

No deberíamos juzgarnos unos a otros por ser blancos o negros, católicos o judíos. ¿O acaso queremos otro Hitler que destruya este hermoso mundo?

No consintamos que nadie mate a nadie, vivamos en paz. Que no haya odio, sino amor. Y por favor, asegurémonos de que nunca más vuelva a ocurrir algo semejante.

EUGENIA GISELA WEIN GWOZDZ (1924 - 2001)

Miembros de la familia:

Jurek: asesinado en marzo de 1943, víctima de un disparo en las alcantarillas

Halinka: asesinada en marzo de 1943, víctima de un disparo en las alcantarillas

Genie (Eugenia): sobrevivió a la guerra

Tat (Henryk): asesinado en marzo de 1943, víctima de un disparo en su fábrica

Mamá (Regina): asesinada en marzo de 1943, víctima de un disparo en su fábrica

Abuela: asesinada en 1942, lugar desconocido

Tío Henri: asesinado en 1943, lugar desconocido

Tío David: sobrevivió a la guerra

Betty (mujer de David): asesinada en 1942, lugar desconocido

Lilli: asesinada en marzo de 1943, víctima de un disparo en las alcantarillas

Helga: fecha desconocida, ahogada en un barco en el mar Báltico

Feliks: sobrevivió a la guerra

Halina: sobrevivió a la guerra

Regina (madre de Halina y Feliks): sobrevivió a la guerra

Emanuel (padre de Halina y Feliks): asesinado en noviembre de 1944 en la cámara de gas